U0139820

集古像赞 明 孙承恩编撰 嘉靖十五年刊本

王立群读史记

布衣天子

汉高祖刘邦

王立群 著

上册

東方出版社

集陈胜、吴广和秦始皇于一身的开国皇帝

秦始皇是秦帝国的创建者，陈胜、吴广是推翻秦帝国的首义者。依常理，秦始皇和陈胜、吴广是势不两立的两种人，但是，现实中却偏偏出现了既积极响应陈胜、吴广的首义，拉起队伍，造秦帝国的反；灭了秦帝国后，又效法秦始皇，建立一个没有秦帝国之名，却有秦帝国之实的新王朝的人。

这个集陈胜、吴广和秦始皇于一身的人，就是汉帝国的开国皇帝刘邦。

秦始皇创建了延续2132年的秦制，但是，庞大的秦帝国仅仅存在了15年就轰然坍塌。这场发生在秦帝国大地上的惊天剧变，出乎当时所有人的意料。

这场惊天剧变源于两个戍卒陈胜、吴广的振臂一呼。仅仅两个月后，一个与秦始皇同龄的在逃罪犯刘邦，也举起了反秦的大旗。经过三年折腾，刘邦第一个进入关中，顺利杀入秦都咸阳，末代秦王子婴向刘邦投降。

虽然项羽入关后，凭借其武力将刘邦赶出关中，只封了他一个汉王。但是，一个在逃罪犯，经过几年折腾，灭了强秦，打败西楚霸王项羽，最终成了九五之尊的帝国首领，不得不说是一个传奇。

陈胜、吴广揭竿而起，高喊“天下苦秦久矣”这一口号仅仅两个月后，刘邦同样发出了“天下苦秦久矣”的呼声。在信息极为不发达的秦代末年，陈胜、吴广的起义，并没有被强大的秦帝国军队迅速镇压，反而成为燎原之势，愈烧愈旺。这种历史大势，让刘邦敏锐地感觉到：机会来了！因此，刘邦的“天下苦秦久矣”和陈胜、吴广的“天下苦秦久矣”有着巨大的差异。

陈胜、吴广是在一片沉寂的大地上，为了自己和八百戍卒的生死，冒着极大的风险，发出“天下苦秦久矣”的呼声，鼓舞八百戍卒跟随自己拼死一搏。这是对严酷控制全国百姓的秦制帝国的决战令！这是五千年中华史上，第一位揭竿而起的下层戍卒首领的正义宣言。

刘邦的“天下苦秦久矣”，是看到反秦起义已经遍地开花，改变自己逃犯命运的机会来了。他以“天下苦秦久矣”的口号，作为自己拉杆子，分一杯羹的动员令。

起义之初，刘邦在大本营丰邑丢失的窘境中，首先投靠景驹，打算从景驹处借兵夺回根据地。但是，秦军的突然到达，让刘邦的借兵未能实现。此时，项梁军团正在附近，刘邦转而投靠项梁，借兵借将，夺回了自己的大本营。更重要的是，陈胜被杀后，项梁召集各地将领开会，刘邦因为借兵，成为项梁的部下，参加了议立楚怀王熊心的重要会议。

这是秦末大起义中一次极为重要的会议！

后来，项梁战死，楚怀王熊心借机夺回指挥大权，重用刘邦，让他避开秦军主力，西行入关，使刘邦早于项羽两个月进入关中，成为怀王之约——“先入定关中者王之”的最大受益人！

四年楚汉战争中，刘邦一直高举着为怀王复仇的大旗。在历数项羽的“十大罪状”中，刘邦将多条罪状和项羽擅杀怀王相关联。这杆大旗，让刘邦在政治上占尽了道义上的便宜。

刘邦在怀王被杀之初，并无丝毫反应。只是在受到“新城三老董公”为怀王发丧的启发后，他才下令全军为怀王发丧，打出诛杀逆臣项羽的旗号。

设想一下，如果刘邦当了皇帝，他能容得下头上还有一个“楚怀王熊心”的领导吗？肯定容不下。如果项羽不先除掉怀王，那么，最终当了皇帝的刘邦也一定会杀了怀王，毕竟“天无二日，人无二主”嘛！

刘邦不但在政治上充分利用了项羽杀怀王这件事，而且，在军事上也取得了对项羽的完胜。政治，只是一种宣传手段，真正解决问题的是在军事上消灭项羽集团。

军事上，项羽是此期的战神，刘邦远不是他的军事对手。因此，在荥阳会战的二十八个月中，项羽以绝对优势碾压着刘邦。最终，刘邦利用韩信、彭越、黥布三大战将，特别是韩信，横扫整个黄河以北，先后灭掉魏、代、赵、燕、齐五国，攻占了大半个中国，彻底断了项羽的粮道，逼迫项羽放回太公、吕后等刘邦亲属。然后，刘邦撕毁协议，追杀项羽，逼迫项羽于乌江自刎。

有人常说刘邦是流氓！不错！刘邦确有流氓做派，他“溺儒冠”，骑在大臣周昌的脖子上，还洋洋自得地问周昌：我是什么样的君主？这些在正统史书中难得一见的烂事儿，没有一条符合人们心目中的帝王标准。

刘邦的秽言恶行，和他的出身息息相关。一个出身基层贱吏的亭长，一位喜欢插科打诨的小混混，有这些烂事儿，很正常，它让我们看到了一名活脱脱的秦代小吏的真实面貌。

这些帝王糗事能写入《史记》，应当和《史记》是司马迁的私人著述有关。私家著述，无更多顾忌，对开国皇帝也可以毫不留情，秉笔直书。后世改为官修史书，帝王的此类糗事，再也不会出现在史书记载中，“为尊者讳”，遮蔽了一个个帝王的真实面貌，也使帝王失去了真实性。

我们这篇序文的标题是《集陈胜、吴广和秦始皇于一身的开国皇帝》，这一标题是根据秦汉历史的事实拟定的。其实，这一标题还不能完全概括刘邦的作为。刘邦当上皇帝后，先后诛杀了韩信、彭越、黥布三位开国功臣，这种作为和后世的明太祖朱元璋有一比。如果将刘邦放在整个帝制中国的历史上看，他其实是集陈胜、吴广和秦始皇、朱元璋于一身的开国皇帝。简言之，他是一位集帝制造反者、帝制继承者、帝制走向更加专制者于一身的开国皇帝。

精彩讲述摘引

1. 一个人要想在有限的人生中成就一番事业，一定要有时代的大平台和个人的小平台。没有时代的大平台，就不能借助于历史潮流的力量，不能成为时代的弄潮儿；没有个人的小平台，时代的大平台就不属于自己。

2. 高人指路，贵人相助，个人努力，小人监督是成就人生的四项基本原则。

3. 一个人能够在大时代里成为弄潮儿，一靠个人才智，二靠时代平台。没有个人才智就没有成功的内因，没有时代平台就不能顺应历史之势，借不上时代的东风。

4. 每一次社会大震荡，特别是改朝换代的大变革，都是一次社会各方势力的大洗牌。有人在这样的洗牌中由底层成功翻身歌唱做主人，有人则从高处落下直接跌进地狱。

5. 一个人可以不搞政治，但最好要懂一些政治。特别是那些在各个领域中获得了巨大成就的人，不能不懂点政治。

6. 在中国古代的帝国制度下，为争夺皇权上演的闹剧太多了。所有追求成功的人，追求的都是手段的高明，绝不是手段的高尚。高尚不实用，高明才实用。

7. 人的一生中真正关心你的人非常少，只看结果，不问原因的人太多太多；因此，不要指望会有人仔细认真地关心你，即使是非常欣赏你的人，他也会因为各种原因忽视你。在这一点上要学会理解，不要抱怨。

8. 当社会发展到一个转型期，整个社会的权利格局、财富分配将会面临大调整，谁最先觉察到、把握到，谁就能在大变革中成为最大受益者。

9. 政治家的形象就是公权力的符号。一旦形象被毁，政治家的政治生命也就终结了。古今中外，没有哪一位政治家不注意自己的公众形象。刘邦则是秦亡汉兴之际，最注重而且最懂得维护个人形象的政治家。

10. 即使在冷兵器时代，真正决定战争胜负的也不是主将个人的武功，而是对战争特点的准确认识和精到把握。谁做到了这一点，谁就会成为战争的最大赢家！

目录

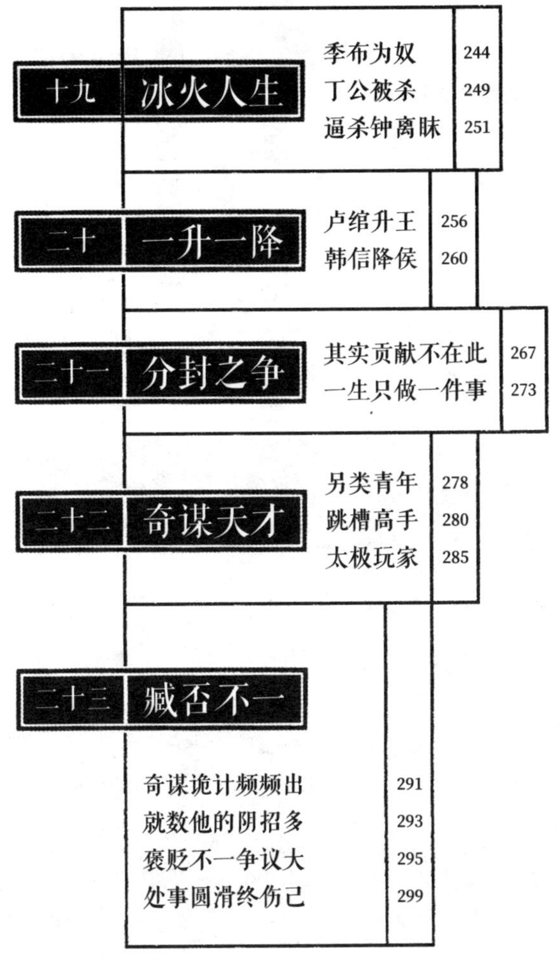

这个皇帝不简单

汉高祖刘邦是中国历史上最具传奇色彩的皇帝之一，"草根也能当皇帝"的奇迹就是从他开创的。在他之前的历代君王们，大多拥有显赫的家世，春秋五霸、战国七雄，无不如此。千古一帝秦始皇，如果没有一位身为秦王的父亲，也不可能继位秦王，更不可能兼并六国、一统天下。刘邦不具备这样的先天条件。他的职业生涯始于秦帝国的一个基层贱吏（亭长），后误打误撞而成为一名在逃犯。可就是这么一个草寇，只用了短短七年时间就折腾成大汉帝国的开国皇帝。后人对这位布衣天子的一生充满好奇。从他的出生到早年经历，再到他的婚姻与日常生活，无不引人想要一探究竟。这位布衣天子究竟有着怎样的传奇人生？他为什么会有如此多姿多彩的人生际遇？今人应当怎样看待他的一生呢？

五大传奇

秦昭襄王五十一年（前256），刘邦出世，大幕开启，他的传奇人生开始演绎。这位后来的布衣天子至少拥有五大传奇表现：一是出生传奇，二是喝酒传奇，三是婚姻传奇，四是面相传奇，五是经历传奇。

出生传奇。

刘邦的出生十分奇特。据《史记·高祖本纪》和《汉书·高帝纪》的记载，刘邦并不是刘太公的亲生儿子。刘母（刘媪）当年在一个大湖旁边歇息时，不知不觉睡了过去，梦见自己和一位神仙在一起巫山云雨。当时，雷电交加，天色昏暗。眼见天气突变，刘太公急忙外出寻找刘媪，竟发现一条蛟龙盘桓在刘媪身上。回家后不久，刘媪就怀上了孩子，这孩子就是刘邦。

其先刘媪尝息大泽之陂，梦与神遇。是时雷电晦冥，太公往视，则见蛟龙于其上。已而有身，遂产高祖。——《史记·高祖本纪》（中华书局2014年修订本，书中引用《史记》皆出自此版本，以下不一一注明）

刘邦出世之后，长得鼻梁高挺，眉骨圆起，竟和那条“蛟龙”有几分神似。而且更奇怪的是，他的左边大腿上竟有七十二颗黑痣！

隆准而龙颜，美须髯，左股有七十二黑子。——《史记·高祖本纪》

喝酒传奇。

刘邦年轻的时候贪杯，好喝两口小酒，但手头并不宽裕。钱，我所无也；酒，我所欲也。那怎么办呢？刘邦有他的办法：赊！他向开酒馆的武负、王媪两位女老板赊酒。喝醉了，就放荡不羁地躺在酒馆里呼呼大睡。这一睡不得了，武负、王媪竟然经常见到刘邦身上隐约有蛟龙盘桓，不禁大为惊讶。更令人不解的是，每次刘邦在她们两家赊了酒，这一天的生意往往就会特别好。年底结账的时候，这两位老板干脆将刘邦欠的酒债一笔勾销了。

好酒及色。常从王媪、武负贳酒，醉卧，武负、王媪见其上常有龙，怪之。高祖每酤留饮，酒雠数倍。及见怪，岁竟，此两家常折券弃责。——《史记·高祖本纪》

婚姻传奇。

刘邦的结发之妻是吕雉。刘邦称帝，吕雉被史书称作“吕后”。刘邦下世后，吕雉掌控汉代朝政长达十五年，成为汉代政坛的“女一号”，和武则天、慈禧并称中国历史上的三大女主。

吕雉缘何会嫁给刘邦？这桩婚姻也充满了传奇色彩。

刘邦当泗水亭长时，县令的老友吕公举家移民至沛县。吕公原本是单父县（今山东单县）人，为躲避仇家，逃到了沛县。县里的乡绅、官吏听说县令的好友来了，都赶来凑热闹喝酒。主持宴会的萧何宣布：凡交纳礼金不够一千钱者只能坐在堂下。刘邦是当亭长的，平日和县里这些乡绅、官吏混得很熟，便也来凑热闹。他进门后递了一张帖子，上面赫然写着“贺钱万”三个大字，实际上他一个子儿都没拿。

单父人吕公善沛令，避仇从之客，因家沛焉。沛中豪桀吏闻令有重客，皆往贺。萧何为主吏，主进，令诸大夫曰：『进不满千钱，坐之堂下。』高祖为亭长，素易诸吏，乃给为谒曰『贺钱万』，实不持一钱。——《史记·高祖本纪》

吕公看了“贺钱万”的帖子，大吃一惊，立即起身到门口相迎。史书上说，这位吕公善于看人相面，他一眼就注意到刘邦的相貌非同一般，因此对刘邦格外敬重，并请他入了上座。

谒入，吕公大惊，起，迎之门。吕公者，好相人，见高祖状貌，因重敬之，引入坐。——《史记·高祖本纪》

萧何知道刘邦一个子儿都没拿，便帮刘邦打了个圆场：刘季（刘邦无名，兄弟以伯、仲、季为名）这个人就这样，爱吹牛，大家别太在意啊。

刘季固多大言，少成事。——《史记·高祖本纪》

酒过数巡，见大家都喝得差不多了，吕公便用眼神示意刘邦散场后别急着走。刘邦会意，耐心等候到酒宴结束。吕公对刘邦说道：我从年轻时就喜欢给人相面，见过的面相太多了，说实话，从来没见过像你这么好的面相，希望你多多珍重。我呢，有一个女儿，希望她能成为你的妻子，一辈子侍奉你。刘邦原本只想吃顿霸王餐外带混几口酒喝，这可好，白吃白喝一顿不说，还用"贺钱万"三个字捞了个老婆。天下竟有这样的好事，刘邦自然一口应下。

谁料吕公的夫人死活不同意这桩婚事，她抱怨吕公说：你常说要把咱女儿嫁个"贵人"，沛县县令和你关系那么好，他来提亲你都没答应，咋就这么轻易地把女儿许给了刘季？吕公只是说，这不是你一个妇道人家能明白的。最终还是把女儿嫁给了刘邦。

酒阑，吕公因目固留高祖。高祖竟酒，后。吕公曰：『臣少好相人，相人多矣，无如季相，愿季自爱。臣有息女，愿为季箕帚妾。』酒罢，吕媪怒吕公曰：『公始常欲奇此女，与贵人。沛令善公，求之不与，何自妄许与刘季？』吕公曰：『此非儿女子所知也。』卒与刘季。——《史记·高祖本纪》

吕夫人为什么不满意这桩婚事呢？主因只有一条：刘邦、吕雉年龄相差过大。

《史记 · 高祖本纪》中记载了沛县县令向吕公求婚一事："沛令善公，求之不与。"这两句话有三种理解：一是“沛令”为自己向吕公提亲；二是“沛令”为儿子向吕公提亲；三是“沛令”为他人之子向吕公提亲。

无论县令是为自己提亲，还是为他人提亲，皆可推知吕雉绝非“剩女”，她的婚姻是正常的。如果这一点得到证实，那么吕雉当时的年龄应当不足二十岁。刘邦生于公元前256年，他和吕雉所生之子刘盈出生于公元前211年，此时刘邦已经四十六岁。刘盈还有一个姐姐鲁元公主，鲁元公主如果与刘盈相差一两岁的话，吕雉生鲁元公主之时，刘邦应该有四十四五岁了。据此推算，刘邦和吕雉结婚时应当是四十三四岁，两人的年龄相差如此之大，这应是吕雉母亲坚决反对的主因。

一个已过不惑之年的小吏，凭着一句“贺钱万”的大言，白赚了一位不到二十岁的妙龄少女为妻，这不能不说是天下奇闻一件啊。

面相传奇。

上文讲刘邦的传奇婚姻时已经涉及他与众不同的面相。刘邦当亭长时，工资待遇并不高，经常要回家种地以维持家用。有一天，吕雉带着自己的儿子、女儿正在田地里干活。一位老人路过，向吕雉讨水喝。吕雉不但请这位老人家喝了水，还招待他吃了饭。老人吃完喝完，看了看吕雉的面相说：“夫人天下贵人。”吕雉一听，赶快请老人“相两子”。老人看过吕雉的儿子刘盈的面相，说：“夫人所以贵者，乃此男也。”看过吕雉女儿的面相，老人说：也是贵人啊。

老人走后不久，刘邦来到自家田里。吕雉就把老人的话讲给刘邦，刘邦一听，赶忙问：老人走多长时间了？吕雉说：时间不长。刘邦赶忙追上老人，问起刚才的那些话。老人回答说：“夫人、婴儿皆似君，君相贵不可言。”刘邦一听，兴奋地对老人说：“诚如父言，不敢忘德。”后来，刘邦当了皇帝，吕雉当了皇后。儿子刘盈继位为帝，史称汉惠帝。被相面的那个女儿，就是后来鼎鼎大名的鲁元公主。当年那位预言刘邦一家大富大贵的老人，却再也没有露面。

老父相吕后曰：『夫人天下贵人。』令相两子，见孝惠，曰：『夫人所以贵者，乃此男也。』相鲁元，亦皆贵。老父已去，高祖适从旁舍来，吕后具言客有过，相我子母皆大贵。高祖问，曰：『未远。』乃追及，问老父。老父曰：『乡者夫人婴儿皆似君，君相贵不可言。』高祖乃谢曰：『诚如父言，不敢忘德。』及高祖贵，遂不知老父处。——《史记·高祖本纪》

经历传奇。

有一年，亭长刘邦奉命押送一批犯人到骊山修秦始皇陵。当时，被征发到骊山修皇陵的刑徒被称作“骊山徒”。刚出发不久，这批“骊山徒”就开始陆续逃亡，走到丰邑西边的大湖“丰西泽”时，已逃走过半了。刘邦算了一下，照这个速度，到不了骊山，这些“骊山徒”就逃光了。自己押送的犯人逃了个精光，那是失职，按大秦律法，不免落个死罪，不如自己也逃了吧。就这样，刘邦一不做二不休，干脆就在“丰西泽”把剩下的“骊山徒”全放了，说：你们走吧，我也就此逃亡了。谁料想，刘邦的纵徒之举，竟然得到了剩下的“骊山徒”的盛赞，有十几位“壮士”表示愿意跟着刘邦干。

高祖以亭长为县送徒郦山，徒多道亡。自度比至皆亡之，到丰西泽中，止饮，夜乃解纵所送徒。曰：『公等皆去，吾亦从此逝矣！』徒中壮士愿从者十余人。——《史记·高祖本纪》

关于刘邦“丰西泽”纵徒的时间无确切记载，史学界有人推测此事在始皇三十五年到三十七年之间。总之，事发于秦始皇的晚年了。

“丰西泽”纵徒之后，刘邦和随行之人一块儿喝了场酒，开始寻找落草之处。经过一个大湖时，刘邦命一人到前面探路，那人回来之后，说：前面有一条大蛇挡着路，还是退回去吧。刘邦醉醺醺地说：“壮士行，何畏！”便上前，拔出佩剑，将大蛇斩为两段。又坚持着走了几里路，刘邦实在醉得不行，便靠在路边睡了过去。不久，有人路过刘邦斩蛇的地方，看见一个老太太在哭。问她为什么哭，老太太说：有人杀了我的儿子。问她儿子为什么被杀？老太太说：我的儿子是白帝子，化为一条蛇，挡住了赤帝子的路，结果被赤帝子杀了。这人认为老太太是在胡说八道，想到官府控告她妖言惑众。就在此时，那个老太太竟消失不见了。那位路人继续前行，遇到刘邦一行人，把刚才见到的这一幕当作笑话说了一下。刘邦一听，内“心独喜”，那些跟随他的人也一天天对刘邦敬畏起来。

行前者还报曰：『前有大蛇当径，愿还。』高祖醉，曰：『壮士行，何畏！』乃前，拔剑击斩蛇。蛇遂分为两，径开。行数里，醉，因卧。后人来至蛇所，有一老妪夜哭。人问何哭，妪曰：『人杀吾子，故哭之。』人曰：『妪子何为见杀？』妪曰：『吾子，白帝子也，化为蛇，当道，今为赤帝子斩之，故哭。』人乃以妪为不诚，欲告之，妪因忽不见。后人至，高祖觉。后人告高祖，高祖乃心独喜，自负。诸从者日益畏之。——**《史记·高祖本纪》**

刘邦在芒、砀山落草之后，吕雉和其他人常常来找他，神奇的是每次都能找到。刘邦感到奇怪，询问吕雉，吕雉说：你在的地方上空常有一团云气，循着这股云气找，就一定能找到你。刘邦一听，又是一阵“心喜”。沛县的年轻人听说了这件事，很多人表示愿意跟随刘邦。

高祖怪问之。吕后曰：『季所居上常有云气，故从往常得季。』高祖心喜。沛中子弟或闻之，多欲附者矣。——**《史记·高祖本纪》**

何来传奇

《史记》中的几位重量级帝王，如秦皇、汉武，都没有像刘邦这样富有传奇色彩，为什么唯独刘邦的人生伴随着这么多奇闻逸事呢？

概而言之，主要有两个原因：

一是政治需要。

二是时代限制。

刘邦布衣出身，草莽起家，三年亡秦，四年灭项，七年得天下，成为大汉帝国的开国之君。如果不搞一场造神运动，让天下百姓知道他刘邦绝非平常之人，那后果就会相当严重。眼看着何等强大的秦帝国仅仅维持了十五年便轰然坍塌，一介草民堂而皇之地开辟新朝，天下千千万万的人都会做起皇帝梦来！如果真是这样，刘邦就麻烦了。天下布衣何止千万，是不是人人都可以像刘邦那样，夺过他人江山过一把皇帝瘾？被逼反秦的陈胜就曾呐喊："王侯将相宁有种乎！"大汉帝国除了要抵御匈奴入侵、诸侯王分裂，还得应对时不时冒出来企图武力篡位夺权的"张邦"和"李邦"们。所以，刘邦夺取天下后，大力宣传君权神授之说，极力演绎自己真龙天子的身份，潜台词就是：不是任何人都可以凭借武力夺得天下的！

历史在大汉帝国之前的进程中通常是这样的状况：秦庄襄王、秦始皇等历代君王，本来就是君位的合法继承人，原始身份是公子，继位程序是通过"法律"途径。他们的继位合情、合法、合理，公开、公平、公正，容不得他人说三道四，也不怕他人觊觎君位。即使如此，秦始皇正式掌权后还需平定嫪毐的叛乱，铲除吕不韦的势力呢。

所以，对于汉高祖刘邦的神化，是大汉帝国建立之后的一种必然的政治需要。所谓的出生传奇、喝酒传奇、婚姻传奇、面相传奇、经历传奇，这些说法在刘邦生前就已经传得沸沸扬扬了。刘邦下世后，这些传奇故事更是广泛流传，当然也少不了民间百姓的附会，最终被司马迁一起写进了《史记》。

司马迁作为一位历史学家，为什么要将这些今天看来非常荒诞的传奇故事写进史书之中呢?

据《史记》的相关记载，我们可以推测，司马迁生活的西汉中叶，也就是武帝时期，诸如此类的传奇故事充斥在有关高祖刘邦的文献记载中。司马迁正是根据这些文献的记载撰写《史记》的。

刘邦是大汉帝国的开创者，要求司马迁对这些传奇故事完全视而不见未免太强人所难了。司马迁对待它们只能有两种态度：信，或者不信。信，肯定要大书特书；不信，也不能不写。司马迁可以在行文中有意暴露刘邦的某些卑微之处，但是，他绝不能将这些广为人知的传奇故事完全摒弃在《史记》的《高祖本纪》之外。

这是时代的制约，我们不能对当时的学者过于苛求。但是，翻开今传的《史记》《汉书》中的《高祖本纪》《高帝纪》，满目尽是这些充满传奇色彩的故事。那么，我们究竟应当怎么看待这些荒诞无稽的传奇故事呢?

传奇解读

人和龙相配生子，是为感生现象。通过感生而出现的帝王，被称为“感生帝”。中国古代典籍明确记载的“感生帝”共有七例：一为炎帝，二为黄帝，三为颛顼，四为尧，五为舜，六为禹，第七例就是人龙交配而生的刘邦。前六位都是传说时代的非凡人物，如炎、黄二帝被尊为华夏民族的人文始祖，尧、舜、禹三帝亦被儒家视为圣人，他们在中华民族历史上都有着崇高的地位。而刘邦——西汉王朝的开创者汉高祖，乃唯一一个信史时代的感生帝。

《史记·高祖本纪》记载刘邦为“感生帝”，可能有两方面的原因：第一，刘媪与蛟龙相配而生刘邦的故事，在当时非常盛行，且被西汉政府和民间百姓广泛认可，最终被司马迁采纳。应该说，这个故事是刘邦自我神化以威慑天下的一个谎言，它和刘邦在武负、王媪店中喝酒睡着后显示龙形一样，意在说明刘邦是天生龙种。第二，记录的历史，皆经过史家的甄别和选择，在一定程度上是史家主观意识的体现。也许，在司马迁的视角，刘邦乃现世之人，而创下如许的功业和贡献，亦是可勉强媲美前贤的非凡人物，故在《史记》中采纳感生之说。

人龙交配而生刘邦的宣传，确实忽悠了汉初的芸芸众生。但是，现代科学告诉我们，人与其他动物绝对不可能通过交配生育后代，更何况是杜撰出来的“龙”呢？人龙相配生子，只是一个美丽的传说罢了。据此，今人往往将那条“蛟龙”释为某个野男人，还有人说刘邦乃汉朝第一私生子！如果说人龙相配而生是刘邦的自我神化，那么，剥去神话的外衣，当年的故事，在现代竟衍生出野合生子的新说，反倒给自己母亲脸上抹了黑，这是刘邦万万没想到的吧。

话说回来，刘邦神化自己起于何时？是起于刘邦称帝之后，试图以此威慑天下？还是起于隐匿芒、砀之时，为以后的造反服务？我个人倾向于认为：所有关于出生传奇的故事，产生于刘邦称帝之后的可能性比较大。刘邦面相的奇异之说，《史记》有记载，但是，这些记载并不能让今人相信刘邦当皇帝和他的面相有什么必然的联系。吕公相面嫁女一事也值得斟酌，吕公如果确有高超的相面术，他对两个女儿吕雉和吕媭婚姻的不同做法就令人费解了。

据《史记 · 樊郦滕灌列传》记载，樊哙是一个“以屠狗为事”的卖狗肉的屠夫，他的妻子是吕公的二女儿吕媭。樊哙这么一个卖狗肉的屠夫也娶到了吕公的女儿，而历史文献并没有记载樊哙的面相有什么奇异之处。吕公总不能给大女儿吕雉找了个面相大富大贵之人，二女儿就马马虎虎嫁给个卖狗肉的屠夫吧？樊哙后来的确因追随刘邦而功封舞阳侯，但吕公当年嫁女之时，绝对想不到樊哙还能因功封侯。可见，吕公避难沛县之时，其实只想在沛县安顿下来。两个女儿，一个嫁了刘邦，一个嫁了樊哙，均是当时社会底层之人。不想后来竟然皆成气候，当皇帝的当皇帝，当大臣的当大臣，这都是时势所造，岂能事先料到？吕公相面嫁女的传说，大可不必深究。

虽然如此，《史记》记载吕公相面嫁女之事，也是事出有因的。

刘邦的面相真会让吕公如此惊讶吗？不大可能。相貌堂堂和其貌不扬确实有区别，但一个人的相貌绝不是决定其一生事业、成就的主要因素。清朝的历代皇帝，长相皆一般，丝毫谈不上相貌堂堂。可见，当皇帝并非一定生有异相。

但是，刘邦是中国历史上第一位平民皇帝，有关他的传奇太多太多。也许是时代风气的制约，司马迁不能不把当时流传极广的这些故事写进去。通过吕公相面揭示出刘邦天子之相的故事，也就堂而皇之地出现在了《史记》之中。

如果不是相面，那吕公究竟为什么看中了刘邦呢？我认为，“吕公大惊，起，迎之门”的重要原因是刘邦“贺钱万”的大言！谁能在这种场合拿出一万钱来喝个份子酒呢？没有人！吕公作为一个为了躲避仇家而不得不背井离乡的人，急需在他乡找一个值得信赖的女婿，他看中的正是刘邦这种当面忽悠而面不改色心不跳的从容与胆略。

刘邦凭着一句“贺钱万”的大言，坐了上座，入席之后，不但毫无羞惭之色，而且狎侮在座的其他客人。你想想，能够拿出一千钱以上的人是什么人？肯定是县里的腕儿，而且还都是大腕。而刘邦如此放荡不羁，靠的是什么？胆略！当然，我们也不排除参加宴会的人都非常熟悉刘邦的做派，谁也没拿他当回事，也犯不着和他较真儿。

至于讨水喝的老人为刘邦、吕雉和两个孩子相面这件事，有两种可能：一是确有此事，二是富贵后的附会。假如真有此事，老人究竟是出于感谢还是当真擅长相面，这很难说。老人从吕后那儿不但讨到水喝，还意外地得到一顿饭，说两句好听的，也是人之常情。但这些话无疑会让刘邦对自己的人生产生极强的自信。如果是富贵后的附会，那和龙种说一样，既是炫耀，也是对他人的威慑。

赤帝子斩杀白帝子的故事显然太玄幻。斩蛇可能会有，但所谓赤帝子斩杀白帝子，则纯属无稽之谈。可这种传言对刘邦来说太有用了：一是搞得人人怕他，二是让刘邦深感自命不凡。《史记》和《汉书》之所以拿赤帝子、白帝子说事儿，也并非空穴来风，而是和两汉时期盛行五德终始说有关。

“丰西泽”纵徒是个什么性质的事件？有人说是刘邦自觉反秦的开始。《史记·高祖本纪》有一条明确记载：“秦始皇帝常曰‘东南有天子气’，于是因东游以厌之。高祖即自疑，亡匿，隐于芒、砀山泽岩石之间。”这里说的是，秦始皇认为天下的东南方出现天子气，于是采用巡游的方式以压制这股天子气；刘邦觉得这可能是指自己，便“亡匿，隐于芒、砀山泽岩石之间”。其实，刘邦隐匿芒、砀山的唯一原因是解纵刑徒触犯了严酷的秦律。至于秦始皇认为“东南有天子气”，“东游以厌之”，当属子虚乌有。刘邦“亡匿，隐”在芒、砀山中，从此被迫走出了体制，但也仅此而已。他并没有像陈胜一样高举反秦大旗，所以自觉反秦者是陈胜，而不是刘邦。如果刘邦在被卷入秦末大起义之前对自己进行了艺术包装和神化，那也只是一种威慑众生的手段，为自己壮胆而已，并不是为反秦大起义做什么准备。

总之，刘邦身上的各种传奇，一是制造舆论争取认同，二是自我暗示，强大内心。这时的刘季，已经开始向刘邦“变形”。

不论刘邦如何包装自己，隐于芒、砀山终究不是长远之计。布衣刘邦又将怎样走上改变自己人生命运的道路呢？

请看：时代玉成。

二

无论刘邦的人生充满多少传奇色彩，毕竟“丰西泽”纵徒事件将他逼进了人生的死胡同，他只能用“亡匿，隐”的方式，蛰伏在芒、砀山中，过着亡命天涯的生活。恰在此时，中国历史上一个值得大书特书的大事件发生了。因为这个突发事件，刘邦凭空得到一块垫脚石，从死胡同里翻墙而出，迎来了他人生中重见天日的重大转机。那么，这个改变刘邦人生命运的重大事件是什么？刘邦将怎样利用这一机遇改变自己的人生命运呢？

大泽乡起义

秦二世元年（前209）七月，戍卒陈胜、吴广在大泽乡首举义旗，一场大规模的全国性起义开始了。这场政治飓风来势之凶猛，连陈胜、吴广自己也始料未及。他们最初是做好被杀的思想准备的：“天大雨，道不通，度已失期，失期，法皆斩。”这场大雨造成的误期已经成为他们无法回避的死穴。造不造反都是死，这才逼得他们得出一个结论：“等死，死国可乎？”为国事闹腾一番再死又当如何？反正都是一死，死也要死个痛快。

二世元年七月，发闾左适戍渔阳九百人，屯大泽乡。陈胜、吴广皆次当行，为屯长。会天大雨，道不通，度已失期。失期，法皆斩。陈胜、吴广乃谋曰：『今亡亦死，举大计亦死，等死，死国可乎？』——《史记·陈涉世家》

大泽乡起义的消息一经传出，举国震惊，令人不可思议的是各地民众纷纷效仿，或杀县令，或杀郡守，揭竿而起。一时间大秦帝国乱成一锅粥。

斩木为兵，揭竿为旗，天下云会响应，赢粮而景从。——《史记·陈涉世家》

大秦帝国到底乱成什么样子了呢？

《史记·陈涉世家》记载：“当此时，诸郡县苦秦吏者，皆刑其长吏，杀之以应陈涉。”《史记·高祖本纪》记载：“诸郡且皆多杀其长吏以应陈涉。”《史记·秦始皇本纪》载：“山东郡县少年苦秦吏，皆杀其守尉令丞反，以应陈涉。”各地百姓杀死地方长官响应陈胜，竟成时代大潮。就这样，一场政治飓风以雷霆万钧之势登陆了中华大地。

这场政治飓风给“亡匿，隐”在芒、砀山的刘邦提供了一个绝佳的历史舞台！

如果没有这个突如其来的机遇，刘邦可能得乖乖地蛰伏在芒、砀山泽之间，最终被秦帝国剿灭。刘邦和他手底下的百十号人，想要倾覆强大的秦帝国，谈何容易！

有时候，机遇就是这么不讲道理。在历史的转角处，上天恩赐了刘邦，使其绝地逢生，柳暗花明。他从不自觉地反抗变为自觉参加大起义，从逃犯变为义军领袖，这就叫作天赐良机！

跃身沛公

各地百姓杀死地方长官响应陈胜的局面，吓坏了沛县县令。为了自保，沛县县令也想举兵反秦，加入起义联盟。当然，这是一种革命投机行为。

此时，沛县县令身边有两个重要人物，一是萧何，一是曹参。这两个人，在七年后成为汉帝国排名第一和第二的开国功臣。此时萧何是主管人事、总务的“主吏掾(yuàn)”，曹参是辅助主管狱讼的“狱掾”。在沛县，他们二人都算是有势力的官员(豪吏)。萧、曹二人对沛县县令说：您原是秦朝的官员，现在想带领沛县百姓反秦，我们担心您驾驭不了局面，大家不听您的号召。不如召集流亡在外的逃犯，这样您手里就可掌握几百人的力量，再利用他们的力量劫持众人。众人看您势力大，“不敢不听”，岂不更好？县令一听，大觉有理。其实，萧何、曹参的主张，就是把蛰伏在芒、砀山的刘邦等人召集回来。陡然开窍的县令立即派人找樊哙，再通过樊哙去找他的连襟刘邦。此时，刘邦身边已经聚集起百十号人马了。

> 掾，主吏萧何、曹参乃曰：『君为秦吏，今欲背之，率沛子弟，恐不听。愿君召诸亡在外者，可得数百人，因劫众，众不敢不听。』乃令樊哙召刘季。刘季之众已数十百人矣。——《史记·高祖本纪》

听说县令召自己回城，刘邦乐坏了，这真是想瞌睡就有人递枕头啊。然而，樊哙领着刘邦回城之时，县令又改变了主意。

县令是这样想的：县里的父老不拥戴自己，难道刘邦就能真心拥戴自己吗？万一这刘邦有异心，又得萧何、曹参辅佐，自己寡不敌众，下场只怕更坏。所以，他马上下令关闭城门，并想杀掉萧何、曹参。此二人岂是等闲之辈，他俩早已做好联手刘邦的准备，县令这边一变卦，他俩就翻城而逃，投奔刘邦。

> 沛令后悔，恐其有变，乃闭城城守，欲诛萧、曹。萧、曹恐，逾城保刘季。——《史记·高祖本纪》

面对突如其来的变化，刘邦当即给沛县父老写了一封信，用箭射到城墙上。信里说，现今你们还在为沛县县令守城，殊不知天下形势已是“诸侯并起”。一旦这些诸侯杀到沛县，必然屠城。如果你们此时杀了沛县县令，选一个可立为领袖的人，响应天下诸侯，则可保全家族。否则，恐怕避免不了城毁人亡的命运啊。这封信一传开，沛县父老积极响应，率领年轻人一齐动手，杀县令，开城门，迎刘邦，且一致推选刘邦担任沛县县令。

> 刘季乃书帛射城上，谓沛父老曰：『天下苦秦久矣。今父老虽为沛令守，诸侯并起，今屠沛。沛今共诛令，择子弟可立者立之，以应诸侯，则家室完。不然，父子俱屠，无为也。』父老乃率子弟共杀沛令，开城门迎刘季，欲以为沛令。——《史记·高祖本纪》

刘邦心中暗爽，但表面上却说，当前天下纷纷，“诸侯并起”，如果选择的领袖不合适，则会“一败涂地”。我不是自私，而是担心能力有限，不能担当父老兄弟的重托。此等大事，希望推举更合适的人。

刘季曰：『天下方扰，诸侯并起，今置将不善，壹败涂地。吾非敢自爱，恐能薄，不能完父兄子弟。此大事，愿更相推择可者。』——《史记·高祖本纪》

刘邦此番推让显然只是做个姿态，他早对皇帝宝座垂涎三尺了。想当年，“高祖常繇咸阳，纵观，观秦皇帝，喟然太息曰：‘嗟乎，大丈夫当如此也！’”《史记·高祖本纪》此时就有了当领袖的念想，还能真心辞让？不大可信！

平时颇有些威望的萧何、曹参都是文官，懂得自保，深知一旦不成功，秦帝国必定会诛杀他们全族。于是，二人联袂力荐刘邦做领袖。

萧、曹等皆文吏，自爱，恐事不就，后秦种族其家，尽让刘季。——《史记·高祖本纪》

沛县百姓平日早就听说过诸多刘邦的传奇之处，而且占卜的结果也是刘邦最吉。所以，刘邦尽管“数让”，但是，“众莫敢为”，最终还是立了刘邦为沛公（沛县县令，依照楚国习俗县令称“公”）。

诸父老皆曰：『平生所闻刘季诸珍怪，当贵，且卜筮之，莫如刘季最吉。』于是刘季数让。众莫敢为，乃立季为沛公。——《史记·高祖本纪》

就这样，凭着萧、曹的力荐、自身的胆识、百姓的拥戴，刘邦最终成了沛县义兵的领袖。这是刘邦人生命运正式转变最为关键的一步！

一个人要想在有限的人生中成就一番事业，一定要有时代的大平台和个人的小平台。没有时代的大平台，就不能借助于历史潮流的力量，不能成为时代的弄潮儿；没有个人的小平台，时代的大平台就不属于自己。汹涌的反秦浪潮是时代的大平台，“沛公”的身份就是个人的小平台。刘邦成功地抓住了两个平台，实现了他人生的第一个目标：利用秦末大起义拉起一支队伍！

那么，历史为什么选择了刘邦呢？

首先，拥有队伍。刘邦已有了百十号人，虽然没有成什么大气候，但有一支队伍比一无所有之人占了先机。

其次，得到拥戴。刘邦得到了沛县“豪吏”萧何、曹参的拥戴。萧、曹是当地的名吏，有他们辅佐，刘邦的势力得到了强化。

再次，胆识过人。此时反秦浪潮虽然已成汹涌之势，但是，秦帝国仍然保持着强大的军事力量，百姓对此亦有强烈的畏惧之心。反秦起义的前景如何，谁也说不清。按理说，萧何、曹参此前的社会地位都比刘邦高，他们和事件的发生地沛县的关系也深，都比刘邦更有资格做领袖。但是，萧何、曹参有一个共同的弱点：胆小！他们怕，怕起义失败后遭到秦朝政府的疯狂报复，落得个满门抄斩。他们在此之前都无任何案底，亦无任何劣迹，一旦族诛，损失太大！刘邦则不同，他已经是帝国的逃犯。只要秦帝国挺过这场危机，他当不当这个沛公，皆是死罪。既然不当沛公被秦军抓住是个死，当上沛公被秦军抓住还是个死，那么他还怕什么？他心中也许还有这样的念头，自己和秦帝国已经是你死我活之局，自己必须有强大的力量，扼住秦帝国的咽喉，这样才能活下去。有些时候，胆量可以超越能力。萧何、曹参的个人能力皆在刘邦之上，为什么还要尊奉刘邦？就是因为刘邦有胆量，敢于承担灭族的风险。说句套话，这是把脑袋别在裤腰带上干革命！历史上成功者都是胆大妄为者，历史不相信懦夫，历史只属于强者。

最后，自信自强。自信心帮助刘邦筑起一道强大的心理防线，让他有足够的力量迎难而上，并在日后多次失败后也不放弃。所以，刘邦绝不会辞掉沛公之位，更不会错失这个千载难逢的历史机遇。

人类文明的历史进程始终存在一个真理：时势造就英雄，时代玉成大业。秦末大乱，必然要有一个收拾乱局之人。刘邦能在这场翻天覆地的大乱中脱颖而出，是偶然，亦是必然！

时代玉成

但，这只是开始！

接下来的形势并不乐观。

首先是陈胜兵败。陈胜举事之后，曾派周文率军进攻关中。入关前，周文所向披靡，一路凯歌。入关后，周文先是兵败骊山，此后再节节败退，终被秦将章邯所杀。陈胜、吴广直接灭秦的计划瞬间破灭。同时，天下义军不仅面临各地秦军的围剿，而且章邯的主力军团也开始对各路义军进行大规模的军事围剿。不久，陈胜败亡，这意味着天下大势开始逆转。这种局面，对刚刚起事的刘邦非常不利。

紧接着，丰邑失守。秦末大起义举旗之时，天下义军并不团结。每一支义军都面临着两股敌对力量，一是秦军，二是其他义军。秦军被义军视为天敌，义军之间也存在着弱肉强食的竞争。

刘邦初起之时最大的挫折是丰邑守将雍齿率丰邑子弟投魏。后来刘邦经过三次进攻，才将丰邑夺了回来。虽然三攻丰邑费尽周折，但是，丰邑失守给刘邦带来了一个重要机缘——投靠项梁。

话说陈胜、吴广首举义旗之后，天下群起而应者甚多。数以千计的武装集团，大体有三种选择：

一是自立为王。陈胜起兵后自立为陈王。现在看来，自立为王者，都有贪恋权力之心，但树大招风更容易成为秦军和其他武装力量攻击的对象。因此，陈胜在位六个月即被杀。

短命的自立为王者不止陈胜。

秦二世元年（前209）八月，被陈胜派往赵地的武臣自立为赵王。同年十一月，武臣被其部将李良所杀，在位三个月。

秦二世元年（前209）九月，田儋在狄城（今山东高青县南）自立为齐王。秦二世二年（前208）六月，田儋救魏咎时为章邯所杀，在位十个月。

当然也有个别命大的。秦二世元年（前209）九月，韩广为赵国略地至蓟，自立为燕王。韩广在位时间长达三十七个月，后被臧荼所灭。

秦二世二年（前208）九月，魏咎被立为魏王。秦二世二年（前208）六月，魏咎被章邯围困，自杀，在位十个月（魏咎初被立为魏王之时，尚在辅佐陈胜，并没有归国。所以魏咎实际当魏王的时间，仅有六个月）。魏咎被杀后，其弟魏豹于当年九月自立为魏王，后被刘邦派韩信擒获，奉命驻守荥阳（今河南荥阳市东北）时，被汉将周苛、枞公所杀。

二是立人为王。比如项梁，立楚怀王的孙子熊心为王。这样做的好处是充分利用了原诸侯国王族的影响力，有利于在诸侯国原有的地盘上号召当地百姓加入反秦斗争。但是这样做也有弊端，容易失去最高领导权，或者说，至少在名义上失去了最高领导权。一旦出现不测，自己所立之“王”就会变成自己头上的一把利剑。比如项梁立楚王熊心，日后终成项羽的一大政治障碍。

三是加盟连锁。刘邦没有走前两条路，因为他一起兵就遇到了一个大麻烦：大本营丰邑失守。此后一段时间，为了收复丰邑，刘邦不得不两次投奔他人。

先是投靠景驹。景驹是楚国王族的后人，秦末大起义开始之后，被陈胜旧臣宁君、秦嘉立为假王。刘邦投靠景驹，当然是想借景驹之力收复丰邑。但是，秦军很快杀到，景驹自顾不暇，已无力再帮助刘邦。于是，刘邦果断放弃景驹。应该说，刘邦离开景驹军团是一大幸事。不久，景驹军团驻扎彭城，想阻挡项梁集团，结果被项梁集团击败，秦嘉、景驹也双双被杀。若刘邦尚依附景驹，必将与景驹集团一样灰飞烟灭。

离开景驹之后，刘邦马上投奔项梁集团，这是当时最为明智的选择。项梁集团是楚地义军中最强大的集团，深得楚地民众之心。据史书记载，刘邦投奔项梁是因为“闻项梁兵众，往请击丰”《史记·秦楚之际月表》。可见，刘邦投奔项梁亦出于现实的考虑——收复丰邑。

除刘邦外，也有其他义军陆续投奔项梁集团。比如东阳县令陈婴。此人原是一个普通官员。秦末大起义开始之后，东阳县令被杀，县里聚集了几千人，想推举一个首领，但没有合适的人选。于是，他们找到陈婴，要陈婴当他们的首领，陈婴不干，众人不从，强迫陈婴当了东阳义军的首领。此后，这支武装很快聚集起两万人。这帮年轻人想立陈婴当王，不从属于任何集团。陈婴不免有些心动，但是他母亲劝他说：从我嫁到你们家，从未听说过你们家祖上有人富贵过。现在突然得此富贵，恐怕不吉利，不如投奔一个集团，“事成犹得封侯，事败易以亡”。不显眼，就不会成为众目睽睽的首犯。陈婴听母亲这么一说，也不敢称王了。他劝手下的人说：项家世代为楚国名将。现在要想成就一番大事，非项氏不行。如果我们投靠项氏，“亡秦必矣”。于是，众人采纳了他的意见，“以兵属项梁”。其实，项梁此时刚刚渡江西进，听说陈婴占了东阳，原打算和陈婴联手西进，没想到陈婴竟会投奔自己，自是意外之喜。这一时期加入项梁集团的还有猛将黥布（英布）等。于是，项梁集团的兵力很快达到六七万人。

陈婴者，故东阳令史，居县，素信，为长者。东阳少年杀其令，相聚数千人，欲立长，无适用，乃请陈婴。婴谢不能，遂强立之，县中从之者得二万人。欲立婴为王，异军苍头特起。婴母谓婴曰：『自吾为乃家妇，闻先故未曾贵。今暴得大名，不祥。不如有所属，事成犹得封侯，事败易以亡，非世所指名也。』婴乃不敢为王，谓其军吏曰：『项氏世世将家，有名于楚，今欲举大事，将非其人，不可。我倚名族，亡秦必矣。』其众从之，乃以其兵属梁。梁渡淮，英布、蒲将军亦以其兵属焉。凡六七万人，军下邳。——《汉书·陈胜项籍传》（中华书局1962年版。本书所引《汉书》皆此版本，以下不一一注明）

刘邦投靠项梁集团，不但得到了项梁资助的十员战将、五千士兵，而且成为项梁集团的组成部分。加盟一个强大的军事集团，对于刚刚起兵、势单力薄的刘邦来说，等于有了一个“核保护伞”。无论对其他义军，还是对秦军，他都不再是孤军作战。这是刘邦在个人平台上最令人击节赞赏的决定。更重要的是，加盟项梁集团给刘邦带来了两大机遇。

第一个是立楚王心。

项梁得知陈胜遇害的消息后，在薛邑召开了一次重要会议。刘邦此时已经跻身项梁集团，故得与会。这次会议项梁做出一个重要决定：立原楚怀王的孙子熊心为王，号楚怀王。原楚怀王当年被骗入秦，最后客死秦国，楚地老百姓非常怀念他。立他的孙子为楚王，是为了借助楚国王族在楚地的影响力。这个熊心也是可怜，楚国灭亡之后竟沦落为放羊娃，项梁费了好大劲儿才找到他。

立熊心为楚王的执行者是项梁，建议者乃是范增。范增是项梁、项羽集团唯一的谋士，他提出此建议有三点理由：一是陈胜的失败，在于他不立楚王之后而自立为王；二是项梁起兵之后，楚地义军之所以相继加入，是因为项氏乃“世世楚将”，这样的家庭背景让众人怀有立楚王的后代为王的希冀，若不立，恐生变；三是立楚王后人为楚王，可以顺从楚地民众的心愿，有利于笼络人心，增强项梁集团的凝聚力。范增这三条理由打动了项梁。

『今陈胜首事，不立楚后而自立，其势不长。今君起江东，楚蜂午之将皆争附君者，以君世世楚将，为能复立楚之后也。』于是项梁然其言，乃求楚怀王孙心民间，为人牧羊，立以为楚怀王，从民所望也。——《史记·项羽本纪》

说实话，如果项梁不立楚王熊心，那么他战死之后，项羽就成了名副其实的集团领袖，刘邦就是项羽的属下。可是，项梁立了楚王熊心，这等于在他之上又设了一个“领导”，虽然这位“领导”对他没有实质性制约，可名义上的“领导”也是领导啊！项梁遭遇不测后，项羽的资历、实力还不足以撑起大局。这位名义上的“领导”，也就是楚王熊心，获得了相当庞大的权力。而且，项羽和刘邦在楚王熊心面前成了平起平坐的战友。面对这两个人，楚王熊心无疑对刘邦更为倚重。这些情况，对项羽都极为不利。

第二个是项梁战死。

薛邑之会后，项梁集团形势一片大好。先是项梁攻下东阿（今山东阳谷县阿城镇），之后刘邦、项羽合兵攻下城阳，并在雍丘大败秦军，还杀死了秦国丞相李斯的儿子、三川郡守李由。此后，项梁又在定陶（今山东菏泽市定陶区西北）大破秦军。

遗憾的是，章邯虽败，但他的军团可以很快得到秦帝国源源不断的补充。而且，大胜之后的项梁集团，不免有些骄傲轻敌。章邯利用这种局面，在一个月黑风高之夜，成功地偷袭了驻扎在山东定陶的项梁集团。此役楚军大败，项梁阵亡。

秦果悉起兵益章邯，击楚军，大破之定陶，项梁死。——《史记·项羽本纪》

夜衔枚击楚。——《汉书·陈胜项籍传》

项梁战死对项军是一个沉重打击，但对刘邦个人而言，却是一场大机遇、大造化。而且，刘邦抓住了这场大机遇、大造化。

项梁战死之后，楚怀王熊心的心情十分复杂。一方面是胆怯。失去了项梁这个强大的依靠，若章邯继续进攻，楚军再败，自己难保不会覆灭。一方面他又想趁项梁之死确立自己的权威。怎么办呢？削弱项羽，扶植他人，形成制衡。最终，欲望压制了一切。楚怀王熊心立即“从盱台之彭城”，将项羽的军队和将军吕臣的军队全都收归己有，项羽一下子失去了独立指挥权。同时，楚王熊心晋封刘邦为“砀郡长”，统领砀郡军队。刘邦成了独当一面的军团首领，远比项羽更有实权。

楚兵已破于定陶，怀王恐，从盱台之彭城，并项羽、吕臣军自将之。以吕臣为司徒，以其父吕青为令尹。以沛公为砀郡长，封为武安侯，将砀郡兵。——《史记·项羽本纪》

高人指路，贵人相助，个人努力，小人监督是成就人生的四项基本原则。综观刘邦此时得到的一连串的机遇，竟都和项梁相关，我们不得不感慨，项梁实在是刘邦人生旅途中的第一位贵人。

项梁欣赏刘邦，所以资助刘邦十员战将、五千士兵，刘邦这才能够收复大本营丰邑。项梁欣赏刘邦，所以让他参加了薛邑之会。于是，刘邦正式登上楚国政坛。同时，刘邦参加薛邑之会，也意味着他成为拥立楚王熊心的重要功臣，此后得到了楚王熊心的欣赏与支持。

应当说，项梁是当时最具才华的反秦斗士。他的反秦意识极强，而且早在反秦大起义之前就已经做好各种准备。他利用当地丧葬的机会以兵法调度人马，并从中发现人才；他培养项羽，教会项羽“万人敌”的兵法，使项羽成为日后灭秦的领袖。他慧眼识英雄，最早发现了刘邦，提拔刘邦，支持刘邦。项梁如果没有战死，刘邦就不可能西入秦关，更不可能成为大汉帝国的开国皇帝。当时的天下大势，完全在项梁的掌握之中。若项梁坚定地支持熊心，楚王熊心将会成为秦亡之后的新一代国君。若项梁自己有野心，他可能会取代楚国自立门户。项梁的死亡，成全了刘邦。

楚地义军生死存亡之际，秦军主力章邯军团也犯了一个不可饶恕的错误：“楚地盗名将已死，章邯乃北渡河，击赵王歇等于巨鹿。”《史记·秦始皇本纪》章邯误以为楚地义军的名人陈胜、项梁均已被杀，楚地已不值得再关注，于是挥师北上开始攻打赵地义军。这给了遭遇重创的刘邦和项羽以喘息的机会。虽说历史没有假设，但是，如果章邯当时选择继续攻打楚地义军，历史将会如何演变，谁都无法预料。

此后，刘邦受命入关灭秦，项羽作为宋义的副将，北上救赵。刘邦奉命西入秦关可谓占尽了先机！这一点，我们将在下一章重点讲述。

总之，“骊山徒”的大量逃亡逼得刘邦不得不“丰西泽”纵徒，“丰西泽”纵徒逼得刘邦“亡匿，隐”于芒、砀，成为逃犯。大泽乡起义后，沛县县令先是招募他，后又不准入城，逼得刘邦号召沛县父老杀县令，并借机登上沛公之位。刚刚当上沛公，刘邦就遭到雍齿丰邑叛变，被逼得先后投靠景驹、项梁，借兵收复丰邑。加盟项梁集团让他获得了一连串的机遇，特别是立楚王心和项梁战死这两大机遇让他获益匪浅。

刘邦开始并不是一位自觉反抗暴政的英雄，也不是首举义旗的先行者，他是被时代潮流裹挟着前进的成功者。他对秦王朝行将灭亡并无远见，他是在时代潮流的裹挟之下走上了一条机遇与风险并存的道路，成就了他因缘际会的风云人生。

刘邦将怎样走过机遇和风险并存的人生道路呢？

请看：西入秦关。

三

陈胜、项梁相继战死之后，秦军章邯军团将攻击的重点从楚地转移为北面的赵国，并与秦军的另一主力长城军团联合，在巨鹿城下和义军形成大会战之局。赵国不敌，赵王歇向各地诸侯求救。此时，楚王熊心做出两项战略性决定：第一，北上救赵。不救赵，赵军必败，楚地亦将势孤，而秦军乘战胜之威，必将重整旗鼓，再次称雄天下。第二，西进攻秦。趁秦军主力汇集于巨鹿，派奇兵西入关中，直捣黄龙。此事若成功，则一劳永逸。即使不成功，亦可牵制巨鹿秦军，缓解赵国危局。北上西进，皆势在必行，派谁去？谁敢去？谁又有能力去？

受命西征

当时，楚地将领各有各的小算盘。北上救赵的话，必将和秦军主力章邯军团、长城军团决一雌雄。楚地将领怕不怕？怕！可是天下义军云集巨鹿，天塌下来，自有高个儿先顶着，就是怕，那也有个限度。况且，楚地将领中，谁没经历过几场恶战啊。但一想到领一支孤军西入秦关，楚地将领们那可是真没底儿。虽然，怀王与诸将约定先入关中者为关中王，可秦关是什么地方，那可是虎狼之秦的老巢啊。然而，有两位将领却表现得很积极：一是刘邦，二是项羽。项羽怨恨“秦破项梁军，奋，愿与沛公西入关”，想为自己的叔父项梁报仇。但楚怀王及诸大臣最终的决定是，刘邦领军西入秦关，项羽则北上救赵。

当是时，秦兵强，常乘胜逐北，诸将莫利先入关。——《史记·高祖本纪》

西入秦关，是刘邦人生中另一个重大机遇！为什么刘邦被获准西入秦关呢？

这是各种因素综合制衡的结果。

第一，刘邦是长者。

关于西入秦关的人选，楚怀王及诸大臣认为：秦地百姓“苦其主久矣”，如果派一位“长者扶义而西，告谕秦父兄”，不骚扰秦地百姓，应当可以顺利拿下关中。

秦父兄苦其主久矣，今诚得长者往，毋侵暴，宜可下。——《史记·高祖本纪》

也就是说，入关人选必须符合“长者”的标准。“长者”一词，有多个义项。据楚怀王及诸大臣之语，此处之“长者”当为德高望重、宽厚待人之意。

据此标准，楚王及诸大臣认为，项羽性格强悍、残暴，不是理想人选，而刘邦乃“宽大长者”，可以西入秦关。于是拒绝项羽之请，独派刘邦西略秦地，聚集陈胜、项梁旧部。

『今项羽僄悍，今不可遣。独沛公素宽大长者，可遣。』卒不许项羽，而遣沛公西略地，收陈王、项梁散卒。——《史记·高祖本纪》

说项羽残暴，有证据吗？当然有：“项羽尝攻襄城，襄城无遗类，皆坑之。”《史记·高祖本纪》此事，《史记·项羽本纪》也有记载：“项梁前使项羽别攻襄城，襄城坚守不下。已拔，皆坑之。”而且，项羽屠的可不是一个城，而是“诸所过无不残灭”《史记·高祖本纪》，的确够血腥。但问题是，刘邦就没屠城之事吗？《史记·项羽本纪》记载有刘邦与项羽联合屠城一事：“项梁使沛公及项羽别攻城阳，屠之。”这次屠城之事，《史记·高祖本纪》也有记载：“使沛公、项羽别攻城阳，屠之。”

但是，令人不可思议的是，刘邦的“长者”形象，在汉初竟是深入人心。

刘邦未发迹之时，他侍奉沛县豪强王陵像对待自己的兄长一样。刘邦起兵时，王陵也聚集了几千人。但是，王陵的社会地位远高于刘邦，“不肯从沛公”。刘、项之争开始后，王陵归汉。项羽抓了王陵的母亲，安置在自己的军营中，逼王陵就范。王陵派使者前来斡旋此事，王陵的母亲私下对王陵的使者说：“谨事汉王。汉王，长者也，毋以老妾故，持二心……”说完，她当着使者的面自杀了。王陵的母亲以死激励王陵当善事刘邦，理由是，刘邦乃“长者”。

王陵者，故沛人，始为县豪，高祖微时，兄事陵。陵少文，任气，好直言。及高祖起沛，入至咸阳，陵亦自聚党数千人，居南阳，不肯从沛公。及汉王之还攻项籍，陵乃以兵属汉。项羽取陵母置军中，陵使至，则东乡坐陵母，欲以招陵。陵母既私送使者，泣曰：『为老妾语陵，谨事汉王。汉王，长者也，无以老妾故，持二心。妾以死送使者。』遂伏剑而死。——《史记·陈丞相世家》

刘邦手下最重要的说客郦食其，在通观各路义军后，曾对人说：“诸将过此者多，吾视沛公大人长者。”于是，郦食其“求见说沛公”。郦食其投奔刘邦，理由亦是刘邦乃“长者”。

郦食其为监门，曰：『诸将过此者多，吾视沛公大人长者。』乃求见说沛公。——《史记·高祖本纪》

后世的戏剧、小说中，对刘邦有太多的污蔑之词，也许使我们一时很难接受刘邦“长者”的形象。但，历史就是历史，不能等同于戏剧、小说。这种现象，值得我们深入思考。

第二，怀王支持。

既然项羽和刘邦都有屠城的劣迹，为什么“怀王、诸老将”只反对项羽西入秦关呢？这里的“诸老将”是怀王被立之后投奔怀王的原楚国老臣。其实，最重要的决策人应当是楚王熊心，他为什么反对楚国世代将门之后项羽西征呢？

这和一个盟约有关。为了激励将士入关灭秦，楚王熊心和诸将订了一个盟约：先入关者为关中王。

诸将机会均等。可是，胆敢西入秦关者，仅项羽和刘邦两人。楚王熊心绝不会让关中王的头衔落在项羽头上。理由很简单：楚王熊心乃项氏家族所立，且长期被项氏家族压制。如今项梁战死，楚王熊心的心理压力好不容易才减轻了那么一点儿，如果再让项羽当上关中王，项氏家族的势力必将再度膨胀。楚王的位置，熊心恐怕就坐不稳了。如果刘邦当了关中王，必可制衡项羽。那么，楚王熊心面临的压力，可就小多了。

所以说，楚王熊心是刘邦人生中第二个贵人。他像项梁一样，欣赏刘邦，提携刘邦，在关键时刻帮了刘邦一个大忙。

楚王熊心和项梁、刘邦、项羽一样，也是可以称帝之人。司马迁在《史记·秦楚之际月表》首列的是秦帝国纪年，秦亡之后则是“义帝”熊心的纪年。此时的“义帝”熊心，就是天下的共主。而且，楚王熊心亦颇有帝王心智。项梁战死之后，楚王熊心立即夺了项羽的军权。此时，一方面派刘邦西征，帮助刘邦夺取关中王之位。另一方面，任命宋义为北伐主帅、项羽为副帅。这两方面的措施，皆为压制项羽，这表明他不甘心做一个政治傀儡。

实际上，当时六国后裔被拥立为王者，除去齐王田儋之外，皆是权宜之计，是当时各路义军的一种政治需要。所以，这些六国后裔注定都是政治傀儡，成为秦汉之际历史长河中一颗颗流星。楚王熊心不甘心当政治傀儡，他不断地努力，不断地挣扎，希望可以获得实际的权力。但是，这种努力和挣扎都是徒劳的。最终，刘邦是最成功的既得利益者。

而项羽，在此时无疑是一个落魄的失意者。他被派北上救赵，而且还只是副帅，主帅是宋义。

宋义，原来只是一个熟读兵书的书生。项梁在定陶打败秦军主力章邯军团后，项羽、刘邦又合兵杀了三川郡守、秦丞相李斯的儿子李由，连续的胜利让项梁感到飘飘然。宋义最早发现了项梁身上的骄傲情绪，他劝项梁说：“战胜而将骄卒惰者败。今卒少惰矣。”秦军一天天在增兵，我们却盲目自大，这种局面令人担忧。心高气傲的项梁哪里听得进书生之论，直接将宋义打发到齐国去，以求耳根清净。宋义在路上，意外地撞见了齐国使者高陵君显。宋义问：你是去见武信君项梁吗？高陵君显回答：是啊。宋义说：武信君此战必败无疑。您要是悠着点走，也许还能逃过一劫。若是急着见武信君，则必死无疑。

项梁起东阿西，比至定陶，再破秦军，项羽等又斩李由，益轻秦，有骄色。宋义乃谏项梁曰：『战胜而将骄卒惰者败。今卒少惰矣，秦兵日益，臣为君畏之。』项梁弗听。乃使宋义使于齐。道遇齐使者高陵君显，曰：『公将见武信君乎？』曰：『然。』曰：『臣论武信君军必败。公徐行即免死，疾行则及祸。』——《史记·项羽本纪》

果然，秦帝国调集重兵增援章邯，章邯率兵偷袭楚军，在定陶大败楚军，项梁兵败被杀。

项梁之死，楚王熊心先是开心，但很快就又开始纠结了。开心的是，压在自己头上的大山最终倒了。纠结的是，项梁一死，自己手下最善战的项羽，还是项氏家族的人。难道自己还要任命项羽为大将军？难道自己此生都无法摆脱项氏家族的压制吗？恰在此时，有一个人求见。此人为谁？侥幸逃过一劫的高陵君显。

显然，高陵君显是一个从善如流的人，早一天到晚一天到并不打紧，乱世之中保全性命才是最重要的。果然，项梁大败，他意外躲过了这一劫。高陵君显见到楚王熊心后，大力称扬宋义的军事远见：仗还没打，就能预见到失败，“此可谓知兵矣”！楚王熊心一听，心中一动，莫非自己的机会来了？马上召见宋义，经过一番谈话，楚王熊心的心情豁然开朗，下诏：任命宋义为上将，项羽为次将，范增为末将。楚地大军，北上救赵。

宋义所遇齐使者高陵君显在楚军，见楚王曰：『宋义论武信君之军必败，居数日，军果败。兵未战而先见败征，此可谓知兵矣。』王召宋义与计事而大说之，因置以为上将军；项羽为鲁公，为次将，范增为末将，救赵。——《史记·项羽本纪》

预见项梁兵败，是宋义军事生涯中最为精彩的时刻，可惜，也仅此而已了。不久，项羽斩杀宋义，理由是宋义私通齐国，出卖楚国利益。实质上，就是夺取军权。毕竟，乱世之中，枪杆子里面出政权。

此后，项羽破釜沉舟，鏖战巨鹿，先灭王离，再破章邯，消灭了秦帝国赖以生存的两大主力军团，一跃而成为天下诸侯的领袖。这是楚王熊心始料不及的。再后来，项羽西入秦关，自称西楚霸王，分封天下诸侯。先入秦关的刘邦亦不敢与之争锋，避入汉中。

此种局面之下，楚王熊心再无挣扎的机会，很快被项羽杀害。回顾楚王熊心的一生，他一直都希望通过压制项羽，恢复家族旧时的荣耀，可是这一点在当时并不现实。因为，他并无多少可以凭借的资本。他唯一的优势，就是他乃大楚怀王之孙。可是在乱世，第一服从的是实力！项羽的实力，使他不可能永远被他人压在五指山下。就这样，楚王熊心走完了他匆匆而又悲情的一生。

再说项羽。项羽斩杀义帝，是他一生中犯下的一大政治错误，并因此付出了很大的代价。

偷袭陈留

当项羽破釜沉舟，鏖战巨鹿的时候，刘邦正在西入秦关。

刘邦是怎么西入秦关的呢？

出发前，刘邦驻兵砀郡（秦郡，郡治在今河南商丘市南）。从砀郡西入秦关有两条路可走：一是西进，走函谷关进入关中，陈胜的部将周文走的就是这条路线；二是南下，从陕西武关进入关中。据《史记》的《高祖本纪》《秦楚之际月表》《曹相国世家》《樊郦滕灌列传》等文献记载，刘邦行军的路线是先北上，再西进至洛阳，然后南下宛城，从陕西武关进入关中。

刘邦为什么这样走呢？《史记》和《汉书》都没有交代原因，我们只能做一些简单的猜测：先北上是为了解除楚王熊心所在的彭城（今江苏徐州市）受到的秦军威胁，同时也策应宋义、项羽军的北伐，解除其后顾之忧。西进至洛阳，那明显就是想尽快西入秦关了。

西征之始，刘邦并不顺利，但此后越战越勇。从南取宛城开始，刘邦几乎是顺风顺水，高歌猛进，一直打到咸阳。

刘邦为什么能够越打越顺手呢？

他得到了一位贤士的帮助，攻取了重镇陈留，成为此后战役的转折点。

这位贤士是谁？他怎样帮助了刘邦呢？

这位贤士是高阳（今河南杞县西南）酒徒郦食其。郦食其是一个家境贫穷但胸怀大志的“落魄”书生。早年为了生存，他做了个里巷看门人。地位虽卑下，但他狂放豁达又博学雄辩，县中有权势的人都不敢使唤他，称他为“狂生”。

郦生食其者，陈留高阳人也。好读书，家贫落魄，无以为衣食业，为里监门吏。然县中贤豪不敢役，县中皆谓之狂生。——《史记·郦生陆贾列传》

秦末大起义开始之后，郦食其开始寻找机会。像他这样的读书人，自己无法拉起一支军队去打拼，唯一的选择是寻觅一个值得自己辅佐的人。当时，陈胜、项梁手下的将领在陈留一带扩充地盘，经过高阳的有几十人，郦食其经过多方了解，认为都是些自以为是的家伙，一个也没看上；所以，郦食其“深自藏匿”，等待时机。

及陈胜、项梁等起，诸将徇地过高阳者数十人，郦生闻其将皆握龊好苛礼自用，不能听大度之言，郦生乃深自藏匿。——《史记·郦生陆贾列传》

刘邦一路攻城略地，来到了陈留城。闲暇时，刘邦时常询问陈留籍的手下，你们陈留城都有什么出名的人物啊？有一名“骑士”，和郦食其是一条街上的邻居。等到这名“骑士”回家的时候，郦食其亲自拜访他，说：我听说沛公为人傲慢，但胸怀大度。他就是我一直在寻找的主公，你帮我介绍一下，让我见他一面。你就对沛公说，我们街坊有位郦先生，“年六十余”，身“长八尺，人皆谓之狂生”。但是，郦先生自己说“我非狂生”。“骑士”说“沛公不好儒”，来的客人只要戴着儒生的帽子，沛公总是解下儒生的帽子做小便器使用。和人说话，常常破口大骂，你可千万别说你是“儒生”，那要坏事儿的。郦食其说：你只管照我说的话去说！

后闻沛公将兵略地陈留郊，沛公麾下骑士适郦生里中子也，沛公时时问邑中贤士豪俊。骑士归，郦生见，谓之曰：『吾闻沛公慢而易人，多大略，此真吾所愿从游，莫为我先。若见沛公，谓曰「臣里中有郦生，年六十余，长八尺，人皆谓之狂生，生自谓我非狂生」。』骑士曰：『沛公不好儒，诸客冠儒冠来者，沛公辄解其冠，溲溺其中。与人言，常大骂。未可以儒生说也。』郦生曰：『弟言之。』——《史记·郦生陆贾列传》

这位“骑士”就找了个机会，把这些话都跟沛公说了。刘邦到了高阳旅馆，一边伸着腿让两个女人为他洗脚，一边就顺便召见郦食其。

骑士从容言如郦生所诫者。沛公至高阳传舍，使人召郦生。郦生至，入谒，沛公方倨床使两女子洗足，而见郦生。——《史记·郦生陆贾列传》

郦食其看到此番场景，没有下拜，仅作了一个长揖，便问刘邦：足下想助秦灭诸侯呢，还是想率领诸侯破秦呢？刘邦一听，破口大骂：该死的儒生！天下百姓长期受秦祸害，所以各地诸侯才相继起兵反秦，怎么能说我是助秦破诸侯呢？郦食其回答：既然要破秦，一定要聚义兵、诛无道，不应当这么没有礼貌地见长者。刘邦听郦食其这么一说，立即停止洗脚，站起身来，整了整衣服，请郦食其上座，并向他道歉。郦食其趁机为刘邦讲了战国末年六国纵横之事。

郦生入，则长揖不拜，曰：『足下欲助秦攻诸侯乎，且欲率诸侯破秦也？』沛公骂曰：『竖儒！夫天下同苦秦久矣，故诸侯相率而攻秦，何谓助秦攻诸侯乎？』郦生曰：『必聚徒合义兵诛无道秦，不宜倨见长者。』于是沛公辍洗，起摄衣，延郦生上坐，谢之。郦生因言六国从横时。——《史记·郦生陆贾列传》

刘邦一听，心中大喜，立即请郦食其吃饭，席间问郦食其：你有什么好的计谋吗？郦食其回答：足下初起，收聚散兵，“不满万人”，就想“径入强秦”。这好比虎口探险，非常凶险。陈留这个地方，四通八达，城高粮多。我和陈留的县令私交不错，请派我出使陈留，劝说他投靠您。如果他不听，您再派兵攻打也不迟，我还可以为您做内应。刘邦一听，觉得很有道理，立即派郦食其出使陈留，自己则亲率大军尾随郦食其之后。陈留县令不愿向刘邦投降，刘邦便趁陈留县令未加戒备，偷袭陈留，获得成功。

沛公喜，赐郦生食，问曰：『计将安出？』郦生曰：『足下起纠合之众，收散乱之兵，不满万人，欲以径入强秦，此所谓探虎口者也。夫陈留，天下之冲，四通五达之郊也，今其城又多积粟。臣善其令，请得使之，令下足下。即不听，足下举兵攻之，臣为内应。』于是遣郦生行，沛公引兵随之，遂下陈留。——《史记·郦生陆贾列传》

智取陈留是刘邦西入秦关打的第一个大胜仗，意义非凡，更重要的是，这次行动让刘邦大军获得了大量的粮草物资，解除了一定的后顾之忧。此役之后，刘邦封郦食其为广野君。

号郦食其为广野君。——《史记·郦生陆贾列传》

郦食其又向刘邦推荐自己的弟弟郦商。刘邦任命郦商为将军，率领数千人随从自己南下。

郦生言其弟郦商，使将数千人从沛公西南略地。——《史记·郦生陆贾列传》

轻取南阳

刘邦西征第二场关键性战事，是顺利拿下宛县。宛县是秦帝国南阳郡政府（郡治）所在地。刘邦占领陈留后，直接攻打洛阳，失利后率兵南下，在犨（chōu，秦县，今河南鲁山县）这个地方，大败南阳郡守齮（yǐ），迫使南阳郡守齮退守宛县。刘邦此时并未乘胜追击拿下宛县，而是准备绕过宛县西进。刘邦的想法很简单，只要宛县不挡自己西入秦关之道，不延误自己早日进入关中，可以不予理会。

> 南，战雒阳东，军不利，还至阳城，收军中马骑，与南阳守齮战犨东，破之。略南阳郡，南阳守齮走，保城守宛。沛公引兵过而西。——《史记·高祖本纪》

刘邦的这种想法，遭到一位重量级人物的极力反对。

此人是谁？

他就是大名鼎鼎的张良。张良是帮助刘邦夺取天下最重要的谋士之一，在刘邦从布衣至皇帝的传奇生涯中屡建奇功。有关张良其人，我们在讲刘邦称帝后讨论战胜项羽的原因时，将会详细讲解。

陈胜起义之时，张良也聚集了百余个年轻人起兵。后来听说楚国王族后裔景驹被陈胜部下立为代理楚王，驻扎在留（秦县，今江苏沛县东南），张良便打算投奔景驹。路遇刘邦，他就阴差阳错地跟了刘邦，担任了掌管马匹的将领。

> 后十年，陈涉等起兵，良亦聚少年百余人。景驹自立为楚假王，在留。良欲往从之，道遇沛公。沛公将数千人，略地下邳西，遂属焉。沛公拜良为厩将。——《史记·留侯世家》

此后，张良时不时用《太公兵法》劝导刘邦，刘邦听了非常高兴，也经常采用张良的计策。奇怪的是，张良为其他人谈《太公兵法》，其他人都听不懂。张良感慨地说：沛公是天命所授啊！从此，他一直跟随刘邦，也不去见景驹了。

> 良数以《太公兵法》说沛公，沛公善之，常用其策。良为他人者，皆不省。良曰：『沛公殆天授。』故遂从之，不去见景驹。——《史记·留侯世家》

当刘邦率兵绕过宛县，直取武关之时，张良劝告刘邦：沛公就是再急着入关，也不能放过宛县。

目前秦军的兵力还十分强大，又据守险地，如果我们不拿下宛县就直接西进，到时候宛兵在后，“强秦在前”，那就太危险了。

张良谏曰：『沛公虽欲急入关，秦兵尚众，距险。今不下宛，宛从后击，强秦在前，此危道也。』——《史记·高祖本纪》

刘邦一听，恍然大悟。他连夜率兵从另一条路撤回，并更换旗帜，以迷惑宛县守军。等到天亮之时，刘邦的军队已经将宛县县城围了个水泄不通。南阳郡守听闻又有大军围城，立即崩溃，要自杀。门客陈恢拦住他，说，您这时候急于求死，岂不是太早了，等我去游说刘邦。

于是沛公乃夜引兵从他道还，更旗帜，黎明，围宛城三匝。南阳守欲自刭。其舍人陈恢曰：『死未晚也。』——《史记·高祖本纪》

陈恢出城求见刘邦：我听说足下之前与人有过约定：“先入咸阳者王之。”现在您正在攻打的宛县，是一个大郡的政府所在地，下辖十多个县城，百姓多，“积蓄多”。如今大家认为“降必死”，所以都在死守城池。现在您有两个选择：第一，全力进攻。这样您将会有重大伤亡，很不利。第二，绕宛而西。这样的话，宛兵将会尾随攻击，您将失去先入关中为王的机会。我为您提供第三个选择：不如约降。约降之后，让原来的郡守继续驻守本地。您带上他的士兵继续西进。此事一传开，那些您尚未攻打的城池，一定会争着大开城门欢迎您，您的入关之行，将会通行无阻。

乃逾城见沛公，曰：『臣闻足下约，先入咸阳者王之。今足下留守宛。宛，大郡之都也，连城数十，人民众，积蓄多，吏人自以为降必死，故皆坚守乘城。今足下尽日止攻，士死伤者必多；引兵去宛，宛必随足下后：足下前则失咸阳之约，后又有强宛之患。为足下计，莫若约降，封其守，因使止守，引其甲卒与之西。诸城未下者，闻声争开门而待，足下通行无所累。』——《史记·高祖本纪》

在这里，我们不得不说刘邦的一个优点，那就是从善如流。他立即采用陈恢和平解放（约降）

的建议，封南阳郡守为殷侯，并封陈恢千户。此后，刘邦西征军所到之处，无不闻风而降。

沛公曰："善。"乃以宛守为殷侯，封陈恢千户。引兵西，无不下者。——《史记·高祖本纪》

萧何、曹参、周勃、灌婴等一批人，最初就开始追随刘邦，最后皆成名扬天下的开国元勋。但在此时，这批人的才情尚未得到完全展现。刘邦西入秦关途中，分别采纳了郦食其、张良、陈恢三人的谋略，为他顺利地西入秦关发挥了重要作用。郦食其之计，让刘邦的西征军获得了充足的军粮。张良之策，让刘邦认识到夺取南阳郡对西入秦关的重要作用。陈恢之计，不但让刘邦轻松夺取南阳郡，还有效地瓦解了秦帝国的基层政权、军队对中央政府的忠诚度，保证了刘邦西入秦关的时效。

而刘邦，经过这一时期的历练，其政治心态和军事智慧不断成熟，显示出强大的判断力和分析能力。这些品质和能力，保证了他在面对众多才能之士献计献策的时候，能够做到游刃有余。

西征军轻取南阳郡，为刘邦西入秦关打下了坚实的基础。此后，刘邦还将怎样克尽时艰，实现先入秦关的愿望呢？

请看：抢先入关。

抢先入关

四

秦二世二年（前208）七月，刘邦采纳秦帝国南阳郡守舍人陈恢的建议，以“约降”的方式争取到南阳郡守的投诚。此后，秦帝国多处地方政府皆以“约降”的方式投诚，大大减少了刘邦西入秦关的阻力。按照“约降”之策的规定，当地政府须交出军队追随刘邦西征，这为刘邦的西征军提供了源源不断的兵力。刘邦在南阳郡遇到陈恢这么一位智者，实乃三生有幸。此后的西征之路，尚有层层关隘，刘邦将怎样一步步化险为夷呢？

三计取峣关

及赵高已杀二世，使人来，欲约分王关中。——《史记·高祖本纪》

秦二世三年（前207）八月，刘邦的西征军战至武关。武关，自古以来便是从河南西南进入关中的必经之路，春秋时被称为少习关，战国时更名为武关。它和东面的函谷关、北面的萧关、西面的大散关合称“秦之四塞”，皆是兵家必争之地。武关，北依高大的少习山，南濒险要，出关东行，盘山路曲折陡峭，崖高谷深。古人尝云：“武关一掌闭秦中，襄郧江淮路不通。少习虚声能慑晋，却怜拱手送商公。”但是，刘邦进入武关后，并未遭遇想象中的顽强抵抗。他竟然轻松破关，顺利进驻关中。

在此前后，赵高杀秦二世胡亥，并派人和刘邦接触，想和刘邦瓜分关中地区。刘邦拒绝了赵高的建议，继续进军峣（yáo）关。不久，秦王子婴杀赵高，并派出军队，驻守峣关，企图阻挡刘邦继续西进。峣关之战，似乎是在所难免。

刘邦打算派出两万兵力攻击驻守峣关的秦军。但是，张良果断阻止了刘邦。他说，秦军尚强，不可轻敌。张良此时已经胸有成竹，那么他究竟是如何拿下峣关的呢？

第一，陈设疑兵。在前线大张旗鼓地准备五万人的军粮，并在附近山上遍布汉军旗帜，设置疑兵。刘邦的西征军在当时绝无五万之众，准备五万人的军粮，并在附近山上插满汉军旗帜，目的只有一个，那就是虚张声势，瓦解峣关秦军的斗志。

使人先行，为五万人具食，益为张旗帜诸山上，为疑兵。——《史记·留侯世家》

第二，贿赂秦将。张良说，驻守峣关的秦军将领乃屠夫的儿子，可以诱之以利。于是，刘邦派郦食其携带重宝贿赂秦将。这个屠夫之子收到重礼，果然叛变，并表示要和刘邦联手袭击咸阳，共图富贵。

臣闻其将屠者子，贾竖易动以利。——《史记·留侯世家》

令郦食其持重宝啖秦将。秦将果畔，欲连和俱西袭咸阳。——《史记·留侯世家》

第三，发动突袭。屠夫之子表示愿意交出峣关，并和刘邦联手袭击秦都咸阳。但是，张良认为，屠夫之子的行为，不一定能够代表秦军士兵的想法，力劝刘邦趁此良机，突袭峣关。刘邦再次采纳了张良的建议，袭破峣关，并一路杀到蓝田这个地方。子婴赶快调兵，在蓝田和刘邦又进行了一场恶战，秦兵再次大败。

良曰：『此独其将欲叛耳，恐士卒不从。不从必危，不如因其解击之。』——《史记·留侯世家》

沛公乃引兵击秦军，大破之。逐北至蓝田，再战，秦兵竟败。——《史记·留侯世家》

至此，刘邦西入秦关的硬仗全部打完了。三计取峣关，是刘邦灭秦之战中最为关键的一战。此战之后，秦帝国的兵力消耗殆尽，子婴再无与关东义军对抗的筹码。

峣关之战，最为精彩者：第一，当然是张良之计。第二，是郦食其之辩。如果一定要加上刘邦的功劳，我们只能称赞他“从善如流”，加了引号的从善如流。为什么这样说？

幸运地通过武关后，刘邦就妄想以自己手中几乎所有的兵力与峣关守军正面对决，以期尽快击败秦军，抢先进入咸阳，捞到称王关中的资格。这在当时，是极为不明智的，说明此时期的刘邦还处于军事上的成长期。但是，他果断采纳张良的谋划，且派出能言善辩的郦食其，最终还是成为峣关之战最后的胜利者。

此战，刘邦胜得并不光彩，多少有点为达目的不择手段的感觉。但是，刘邦当时的兵力并不多，若真有五万兵力，为何要临时派人，到前方大张旗鼓地准备五万人的粮草呢？又何必漫山遍野地插上汉军的军旗呢？刘邦原打算以两万兵力攻关，差不多就是他的全部兵力了。以区区两万兵马，攻打天险峣关，也只能以诡道胜之了。

子婴即系颈以组，白马素车，奉天子玺符，降轵道旁。——《史记·秦始皇本纪》

至于峣关守将，那个屠夫之子，他似乎很愚笨，但似乎也极为无辜，被张良玩弄于股掌之间，彻底沦为失败的背景布。

蓝田大战结束后，刘邦“约降”秦王子婴。子婴深知大势已去，穿素服，乘白马，系锁链，手捧皇帝玉玺、符节，在轵道（今陕西西安市东北）旁向刘邦投降。中国历史上的第一个帝国——秦帝国终于降下了帷幕，走完了它的最后一步，正式成为历史，成为后人永恒的话题。

此时，正好是十月，是秦帝国历法中新一年的第一个月。司马迁在《史记》中将此年称为汉元年，这意味着，一个时代结束了，一个时代开启了。

三招定秦地

刘邦抢先入关，仅是“万里长征”迈出了第一步。入关以后如何应对？这才是真正考验刘邦政治智慧、政治水平和政治气度的关键时期。

第一，放弃复仇。

秦帝国的覆亡，是天怨人怒集中爆发的结果，是历史的必然。而秦王子婴，很不幸地成为秦帝国的替罪羊。胜利进入咸阳后，刘邦面临着一系列亟待解决的问题。其中最棘手的是如何处理秦王子婴。

秦帝国一统天下的十五年间，横征暴敛，民不聊生。而原楚国子民似乎是最大的受害者，歇斯底里地呐喊出“楚虽三户，亡秦必楚”的口号。刘邦集团的主要成员大都是楚地百姓，他们纷纷要求处死秦王子婴，复仇情绪非常强烈。但是，刘邦此时非常冷静，他劝阻大家说，当初怀王派我西入秦关，就是因为我待人宽容。况且，秦王子婴已经投降了，杀降不吉利。最终，刘邦仅仅拘押了秦王子婴，自己进入咸阳。

诸将或言诛秦王。沛公曰：『始怀王遣我，固以能宽容；且人已服降，又杀之，不祥。』乃以秦王属吏，遂西入咸阳。——《史记·高祖本纪》

刘邦用“宽容”要求自己，说服部下，不杀秦降王子婴，理由有八个字：“人已服降”，“杀之不祥”。这样的处理方式，充分展现了他的政治智慧。若说处理秦王子婴是刘邦必须作答的答卷，那么不能不说，刘邦的此番作答，无疑是较为完美的。

回顾刘邦西入秦关的一场场战争，他在军事上几乎没有任何突出表现。偷袭陈留计出郦食其之谋，智取南阳郡缘于张良劝其回师和陈恢献计“约降”，破峣关亦因张良出谋、郦食其游说。

但是，刘邦在政治上还是比较成熟的。在众人皆曰可杀的局面下，他不杀秦降王子婴，决定放弃复仇。此项意见没有谋士的掺和，仅是他自己的决定。这种政治远见，非一般人所能为也。

第二，还军霸上。

处理好秦王子婴之事，刘邦进入咸阳秦宫。时年五十一岁的刘邦，第一次来到了秦帝国金碧辉煌的宫殿。琳琅满目的奇珍异宝，数以千计的绝色美女，价值不菲的良马、猎狗，令他眼花缭乱，目不暇接。难以抑制激动之情的刘邦，决定当晚就在秦宫下榻。

沛公入秦宫，宫室帷帐狗马重宝妇女以千数，意欲留居之。——《史记·留侯世家》

樊哙见状，立即急了眼，他极力劝说刘邦撤出秦宫。可此时的刘邦，哪里还耐得下心听樊哙的忠言。这时候发挥作用的，仍然是张良。张良说了三点：第一，沛公您是怎样进入秦宫的呢？正因为秦王无道，您今天才能出现在这里。第二，为天下清除暴君的人，应该怎么做？应该以俭朴为准则才对。如果刚刚进入秦都，就想着寻欢作乐，这不是助桀为虐嘛？第三，怎样对待忠言？“忠言逆耳利于行，毒药苦口利

夫秦为无道，故沛公得至此。——《史记·留侯世家》

今始入秦，即安其乐，此所谓『助桀为虐』。——《史记·留侯世家》

于病。”希望沛公听樊哙的话。

且『忠言逆耳利于行，毒药苦口利于病』，愿沛公听樊哙言。——《史记·留侯世家》

张良这三句话，句句皆是金玉良言。刘邦终于清醒了，若非秦王的无道激怒了天下百姓，像自己这样的基层贱吏、帝国罪犯，如何能入得了秦宫？如果自己再像秦王一样放纵欲望，难免重蹈秦帝国的覆辙啊。于是刘邦下定决心，为了自己的长远利益，离开秦宫，还军霸上。

第三，争取民心。

秦朝灭亡的根本原因乃民心尽失。刘邦入关后，如何争取民心，成为他刻不容缓需要攻克的课题。

父老苦秦苛法久矣，诽谤者族，偶语者弃市。——《史记·高祖本纪》

汉元年十一月，刘邦召集关中豪杰，宣布说，关中父老饱受秦朝苛法之害，“诽谤者”要被灭族，两个人在一起说话就要被处死。我和诸侯们约定：第一个进入函谷关者做关中王。现在，我以关中王的身份，与大家“约法三章”：“杀人者死”；伤害他人及偷盗者，按情节轻重处以相应的处罚；其他秦代苛法，一律废除！各级政府官吏应当恪尽职守，让百姓安居乐业。我此番来到咸阳，是为除害，不是祸害，大家不要怕。而且，我已经驻军霸上，等天下诸侯齐集咸阳，再定大计。

吾与诸侯约，先入关者王之，吾当王关中。与父老约法三章耳：杀人者死，伤人及盗抵罪。余悉除去秦法。诸吏人皆案堵如故。凡吾所以来，为父老除害，非有所侵暴，无恐！且吾所以还军霸上，待诸侯至而定约束耳。——《史记·高祖本纪》

“约法三章”为刘邦增加了不少印象分，他深知打铁还需趁热，又派人和秦帝国的官吏一起，到各县各乡发布安民告示。于是，“秦民大喜”，争相以酒肉慰劳刘邦的军队。刘邦对此表示拒绝，说，我们的军粮多，不需要麻烦大家了。关中百姓听说后，更高兴了，唯恐刘邦不做秦王。

乃使人与秦吏行县乡邑，告谕之。秦人大喜，争持牛羊酒食献飨军士。沛公又让不受，曰：『仓粟多，非乏，不欲费人。』人又益喜，唯恐沛公不为秦王。——**《史记·高祖本纪》**

暴政和苛法是秦帝国失去民心、分崩离析的最重要的两大原因。暴政使天下百姓无以生存，苛法使天下百姓无法忍受。大泽乡起义就是被苛法所逼才演变成一场全民大起义。刘邦从社会底层一步步爬到现在，深知百姓所思所想，所以，他及时颁布政策，顺利争取到民心。而得民心者，势必得天下。刘邦走了一步好棋。

刘邦“约法三章”的价值在于：

第一，化繁为简。秦法苛细，“诽谤者族，偶语者弃市”，动辄得咎，百姓无以生存。而刘邦的“约法三章”却大而化之，繁而简之，一下子让关中的老百姓从困境中解放出来。重压之下，一点点的自由，就足以让普通百姓感念良久。

第二，双向制约。“约法三章”，既对关中百姓有约束力，又对关中的义军有约束力。改朝换代的大动荡时期，最容易出现社会秩序的混乱。“约法三章”，要求关中的义军亦须遵守，社会秩序得到保证，这对关中百姓来说无疑是一大福音。

第三，废止连坐。“约法三章”规定犯法者自己承担应得之罚，并不涉及家属。这样的设定，无疑更为人性化，也更能得到民心。

其实，当初智取峣关时，刘邦就下令：“所过毋得掠卤”《史记·高祖本纪》。可见，刘邦在争取民心方面，可谓一以贯之。当然，在争取民心的同时，刘邦亦从中获益多多，为后来得天下打下了坚实的群众基础。

一招犯大忌

面对源源不断的认可与赞许，是人都会滋生些许自我陶醉的情绪，刘邦也不例外。而乐极生悲这样的事情，常常会在这种时刻找上门来。正当刘邦志得意满、情绪高涨的时候，一不小心错走了一步，差点儿令他前功尽弃！这到底是怎么一回事儿呢？

原来，有人向刘邦说了三句话：第一，关中是块宝地，富甲天下，且易守难攻。第二，项羽封秦降将章邯为雍王，称王关中。等到项羽大军一到，这关中就不是您能掌控的了。第三，封堵函谷关，阻止诸侯入关，同时征集关中兵，补充自己的兵力。

或说沛公，曰：『秦富十倍天下，地形强。今闻章邯降项羽，项羽乃号为雍王，王关中。今则来，沛公恐不得有此。可急使兵守函谷关，无内诸侯军，稍征关中兵以自益。』——《史记·高祖本纪》

刘邦觉得这话很有道理，立即下令派兵把守函谷关，并从关中征调大批兵员补充自己的军队。之前我们提过，刘邦在军事上还处在成长期，但在政治上还是有些判断力的。但是，刘邦这一次的决策实在有些武断：

第一，公开将项羽列为敌对势力。

不论是政治斗争，还是军事斗争，核心都是实力的比拼。刘邦此时具备和项羽对抗的实力吗？项羽统率的是天下诸侯联军，实际兵力四十万。刘邦呢？进入咸阳后，“稍征关中兵以自益”，总兵力也不过十万。此种局面之下，刘邦派兵守关，企图拒项羽于函谷关外，这是政治成熟的表现吗？

是时项羽兵四十万，号百万。——《史记·高祖本纪》

沛公兵十万，号二十万。——《史记·高祖本纪》

政治成熟的标志是理智地面对一切。

第二，忽视了项羽此时的掌控力。

关中王是当年楚怀王熊心所许，但此时项羽是关东诸侯的盟主，手握重兵，拥有绝对权力。前面我们提过，乱世之中，实力为尊。所以，到底谁来做这个关中王，现在完全取决于项羽的一念之间。

项羽是怎么打算的呢？据《史记·项羽本纪》的记载：巨鹿之战，章邯败降，“项羽乃立章邯为雍王，置楚军中”《史记·项羽本纪》。《史记·高祖本纪》亦载有此事。可见，巨鹿之战后项羽确实封了章邯为雍王。项羽封章邯为雍王，意味着什么呢？其一，项羽已经取代怀王分封“关中王”。其二，项羽希望自己喜欢的人当“关中王”。其三，项羽将要在关中地区分封若干个王。其四，项羽不会封刘邦为“关中王”。

事实证明的确如此。项羽入关后分封十八诸侯王，章邯被封雍王，都废丘（今陕西兴平市东南）；司马欣被封塞王，都栎（yuè）阳（今陕西西安市阎良区）；董翳被封翟王，都高奴（今陕西延安市东北）。刘邦被封汉王，都南郑（今陕西汉中市）。一个“关中王”被分成了四个诸侯王。

故立沛公为汉王，王巴、蜀、汉中，都南郑。而三分关中，王秦降将以距塞汉王。项王乃立章邯为雍王，王咸阳以西，都废丘。长史欣者，故为栎阳狱掾，尝有德于项梁；都尉董翳者，本劝章邯降楚。故立司马欣为塞王，王咸阳以东至河，都栎阳；立董翳为翟王，王上郡，都高奴。——**《史记·项羽本纪》**

第三，忽略了项羽敌视怀王之约的心态。

当初，怀王是天下共主，与诸将约：“先入定关中者王之。”可现在，项羽成为天下诸侯的新盟主。前任领导的承诺，现任领导会承认吗？

当然不会。

项羽对这个约定早已视若无睹，因此才会在巨鹿之战后封章邯为雍王。但是，他又不愿背负“负约”的恶名，害怕诸侯背叛他。所以，项羽在分封十八诸侯王前，希望怀王能够改变“先入定关中者王之”的约定。怀王熊心可不傻，“怀王之约”可是权力的象征。何为王者？正在于一言九鼎。若此时废弃，相当于向项羽交出自己的权力。所以，怀王坚持按照当年的约定办理。而项羽呢，一狠心，直接分封十八诸侯王。怀王的权力，至此被彻底架空。

刘邦不明白这些道理，反而派兵守关，企图拒项羽于函谷关外，执意要当关中王。项羽能够答应吗？他又将如何应对呢？

请看：在劫“可”逃。

在劫『可』逃

〈五〉

刘邦依仗楚怀王熊心的支持获得了西入秦关的通行证，历时一年，早于项羽两个月进入咸阳，成功灭秦。此时，陶醉在楚怀王“先入定关中者王之”许诺之中的刘邦，贸然接受了“急使兵守函谷关，无内诸侯军”的建议，封锁函谷关，企图阻止项羽和其他诸侯进入关中，以便自己在关中顺利称王。刘邦的这一决定将会引发各路诸侯，尤其是项羽怎样的反应呢?

灭了他：恼了

汉元年十一月，刘邦在关中发布“约法三章”以收拢民心的同时，巨鹿之战中大获全胜的项羽率领四十万诸侯联军浩浩荡荡向西开拔。当他率军到达函谷关时，只见关门紧闭，关内重兵严守。又得知刘邦已经先于自己进入函谷关，并安定了关中，项羽勃然大怒，派猛将黥布等人强行攻破函谷关，进入关中。

行略定秦地。函谷关有兵守关，不得入。又闻沛公已破咸阳，项羽大怒，使当阳君等击关。项羽遂入，至于戏西。——《史记·项羽本纪》

十二月中旬，项羽到达戏水之西。此时，刘邦仍驻军霸上，二人还没机会照面。刘邦的左司马曹无伤向项羽密报：刘邦想称王关中，并计划让子婴担任丞相，而且还要将秦宫中的全部珍宝、美女据为己有。

沛公军霸上，未得与项羽相见。沛公左司马曹无伤使人言于项羽曰：『沛公欲王关中，使子婴为相，珍宝尽有之。』——《史记·项羽本纪》

项羽顿时火冒三丈，气不打一处来。这时候，范增上前对项羽说：刘邦这个人过去贪财好色，但入关后财物不贪，美色不近，说明他野心勃勃、志向高远啊！我找人看了看刘邦头上的气，说是好得出奇，形若龙虎，灿如五彩，乃是天子之气！得赶紧把他降住，千万别错失良机！

今入关，财物无所取，妇女无所幸，此其志不在小。吾令人望其气，皆为龙虎，成五采，此天子气也。急击勿失。——《史记·项羽本纪》

项羽本来就怒火难平，听了范增这番话，更加坚定了消灭刘邦的决心，于是下令：让兄弟们吃好吃饱，明天早上给我灭了刘邦那小子！

项羽大怒，曰：『旦日飨士卒，为击破沛公军！』——**《史记·项羽本纪》**

随着项羽一声令下，一场大战迫在眉睫。而此刻的刘邦，还在大营中做着关中王的黄粱美梦，他无论如何也想不到，一场灭顶之灾正朝自己悄然逼近。

项羽的决定其实并不突然，不能说双方生来就是死对头，但积怨已久却是有目共睹的。两个人原本不在一个空间体系，却被命运强扯到一块儿共事一主，那种明争暗斗的纠结和成王败寇的野心，岂是一般人能了解的！这次刘邦唐突地驻兵函谷关，一不小心提前点燃了导火线，迅速激化了他们之间的矛盾，这从项羽两次“大怒”的强烈反应中不难看出。

函谷关前的第一次“大怒”，项羽怒的是刘邦不但抢先进驻了关中，还把自己给挡在了关外。对于项羽来说，在这两个表象背后深藏着三个深刻的本质问题：一是自尊受伤；二是怀王伤痛；三是破坏战略部署。

先说自尊受伤。

巨鹿之战大败秦军之后，前来救援的各地义军将领对项羽佩服得五体投地，一进项羽辕门，个个“膝行而前”，人人“莫敢仰视”，项羽也因此一战而成为“诸侯上将军”，天下诸侯都尊项羽为盟主。可谓威风八面，叱咤风云！项羽的虚荣心得到了极大的满足，不但渐渐习惯天下诸侯对他的唯命是从，还

于是已破秦军，项羽召见诸侯将，入辕门，无不膝行而前，莫敢仰视。项羽由是始为诸侯上将军，诸侯皆属焉。——**《史记·项羽本纪》**

越来越享受这一礼遇。在他眼中，刘邦也应当和其他诸侯一样对他毕恭毕敬才对！没想到刘邦一点儿面子也不给，竟敢派重兵把守，以武力阻拦自己进入函谷关。对此，项羽能不恼羞成怒吗？

再说怀王伤痛。

刘邦抢先入关，且驻兵函谷关，意在向世人昭示：按照“怀王之约”，只有他才有资格做这个关中王。这难免会让人觉得有故意挑战之嫌。谁都知道项羽对楚怀王的处处压制已隐忍多年，北上救赵时，项羽以副将身份斩杀主将宋义，就是对怀王还以颜色。项羽杀的不是宋义，而是怀王的权威！更何况项羽此时已经取得巨鹿大捷，成为名副其实的诸侯盟主：老子拼死拼活歼灭了秦帝国主力，竟然还抵不上一个“怀王之约”？ 关中王岂是怀王能说了算的？你刘邦也太不识时务了！项羽的内心独白其实都写在了脸上。

三说破坏战略部署。

项羽入关之前已封章邯为雍王，负责管辖咸阳以西地区。这说明什么？说明项羽对灭秦后如何分封天下诸侯是有通盘考虑的。封章邯是一个试验，也是一个示范，给众诸侯吃颗定心丸。而项羽封章邯为雍王时，说的是“王关中”而非封章邯为“关中王”。此处用心绵细，既笼络了章邯，又不让章邯日后坐大，为以后省去不少麻烦。在项羽的政治规划中，关中之地将被分为几个片区，避免出现一王独大的局面，以免危及自己的总盟主地位。

刘邦想做关中王的野心不是一天两天了，项羽不是不知道，但这次刘邦如此大胆地付诸行动，已然严重破坏了项羽的既定战略部署。

人非圣贤。面对这样的状况，料谁都会心中不爽一阵儿。至于这些情绪该不该表露在外，那就需要顾及身份、地位以及场合。虽说项羽把怒气全都写在脸上是其秉性所致，但这样的举动发生在诸侯盟主身上，的确有些欠妥。

刘、项二人曾经在反秦斗争中互为盟友，为着灭秦的共同目标而奋斗；但随着秦帝国的覆灭，刘、项二人的关系正悄然转化，逐渐成为相互对立的两大军事集团，毕竟各自的利益需求有着根本性的冲突。

从宏观历史的角度来看，无论是项羽想做的霸主或是刘邦想当的皇帝，只能是一个人说了算！因此，刘项之争必然是水火不容。刘邦早于项羽认识到了这一点，因此，刘邦怎么针对项羽都有合理之处，同样，认识落后于刘邦的项羽最终也会明白：消灭刘邦是迟早的事儿。当然，沉浸在巨鹿之战大胜之中的项羽对眼下态势发展的认识横竖还达不到这个高度！他仅仅因为自尊受伤、怀王伤痛，又被刘邦破坏了自己的战略部署而随性“大怒”，这说明项羽的政治思想水平有待提高。

项羽到达鸿门后，刘邦左司马曹无伤的告密引发了项羽第二次“大怒”，并促使项羽立即决定武力解决刘邦问题。如果说项羽第一次“大怒”是随性，那么这第二次“大怒”就太过任性，总之是达不到理性。

曹无伤的告密让项羽下决心对刘邦诉诸武力。诉诸武力解决问题本身并没有错，错的是这个决定的基础太脆弱：刘邦要当关中王，要将秦宫珍宝、美女据为己有，要任用子婴为丞相。在项羽看来，这都是刘邦太自以为是，冒犯了自己，但他没有认识到，引发二人关系变化和各种表象冲突的根本原因是利益对立，这才是项羽最致命的问题。

灭火之术：说谎

项羽最终决定以武力解决刘邦。此战若真打起来，中国的历史或将改写。然而，我们已经知道，这一战最后无疾而终。

为什么没有打起来呢？因为刘邦平息了项羽的一腔怒火。

在此过程中，刘邦不得不感激一个人。正是这个人的出现，改变了项羽的决定，挽救了刘邦和刘氏集团。

这个人就是项羽的叔叔（季父）项伯，此时任项羽的左尹，也就是项羽的左丞相。

项羽的决定下达之后，项伯的心里很不安稳。为什么呢？因为他的生死之交张良，现正在刘邦的大营中。项羽大军一旦攻破刘邦的大营，那么张良难免池鱼之祸。怎么办呢？项伯决定连夜奔赴刘邦大营，救出张良。

项伯来到张良帐中，将项羽第二天一早就要对刘邦动手的消息和盘托出，然后劝说张良随自己走，赶紧离开这个是非之地。

素善留侯张良。张良是时从沛公，项伯乃夜驰之沛公军，私见张良，具告以事，欲呼张良与俱去。曰：『毋从俱死也。』——**《史记·项羽本纪》**

项伯此举并非有意泄露项羽的军事机密，而是有一种信念在支配着他：知恩图报！他无法忘记当年自己杀人，是张良救了自己。所以，哪怕付出泄露机密的代价，他也要救出张良。

张良听项伯这么一说，心里不免大吃一惊，但表面上仍然非常镇静。他对项伯说，我这次呢，是奉韩王之命，护送沛公入关。今天沛公有难，我不打招呼就逃走，是“不义，不可不语”。

张良的此番话，非常有讲究。既然项伯救自己是出于“义”，那么自己告诉刘邦也是“义”，于是项伯不得不妥协，同意将这个绝密情报告诉刘邦。

张良曰：『臣为韩王送沛公，沛公今事有急，亡去不义，不可不语。』良乃入，具告沛公。——**《史记·项羽本纪》**

刘邦此前真的没有想到项羽会痛下狠手。亏得自己还傻傻地念叨着怀王之约，没料到项羽这只出山猛虎，已经不玩约定了，而是玩实力。还好，提前了解了项羽的军事计划，尚有一点时间去化解这场危机。

面对突如其来的毁灭性打击，刘邦习惯性地问道，该怎么办呢？

张良此时已经心中有数了，但是他没有直抒己见，而是问刘邦：谁给您出的扼守函谷关这样的馊主意？刘邦急于得到张良的解危之策，所以毫不隐讳地说是听从鲰生的主意。

沛公大惊，曰：『为之奈何？』张良曰：『谁为大王为此计者？』曰：『鲰生说我曰「距关，毋内诸侯，秦地可尽王也」。故听之。』——**《史记·项羽本纪》**

张良又问：您觉得自己这点儿兵力可以抵挡项

羽吗？刘邦听了这句话，深感难堪，沉思了一会儿，坦然承认：我不是项王的对手，但现在该怎么办呢？

> 良曰：『料大王士卒足以当项王乎？』沛公默然，曰：『固不如也，且为之奈何？』——《史记·项羽本纪》

张良问的这两句话，当然不是为了让刘邦难堪，一是了解情况，二是引导刘邦认清形势：项强、刘弱是客观事实。

张良此时才告诉刘邦破解之策："请往谓项伯，言沛公不敢背项王也。"《史记·项羽本纪》张良的应急之策，若概括为四个字，就是"政治欺骗"！若缩减为两个字，就是"欺骗"！当然，也可以概括为一个字，那就是"骗"！

张良的话，犹如黑夜中大海上的灯塔，为刘邦指明了方向。不就是"骗"吗？自己老练得很。回过神儿的刘邦反问张良，你怎么会和项伯有这么深的旧交呢？

> 沛公曰：『君安与项伯有故？』——《史记·项羽本纪》

这句问话看似非常突兀，但仔细一想，其中大有玄机！

此前刘邦急得跳脚，那是真蒙了。现在有了张良的指点，刘邦心里一下子安定下来。这一安定，刘邦的心思就活泛起来了：大战在即，项伯夜闯敌营，将绝密军情通告张良，此事必有蹊跷。所以，他直截了当地询问张良和项伯的关系。

张良回答：我和项伯在秦朝时就是密友。有一次，项伯杀人，犯了死罪，我想办法救了他。如今我有了危难，他就来救我。

> 张良曰：『秦时与臣游，项伯杀人，臣活之。今事有急，故幸来告良。』——《史记·项羽本纪》

好！张良居然和项羽集团的左丞相项伯是生死之

交，这里面，有没有什么值得利用的地方呢？

危机公关：继续说谎

刘邦询问张良，你和项伯谁的年龄大？张良说，项伯比我大。刘邦说，邀请项伯，我要像对待兄长一样招待他。项伯一进来，刘邦“奉卮酒为寿，约为婚姻”。

> 沛公曰：『孰与君少长？』良曰：『长于臣。』沛公曰：『君为我呼入，吾得兄事之。』张良出，要项伯。项伯即入见沛公。沛公奉卮酒为寿，约为婚姻。——《史记·项羽本纪》

也许刘邦比张良更快地认识到，此次危机公关成功的关键在于项伯。当然，这并不能说明刘邦比张良更有智慧，只能说明刘邦比张良更厚黑而已。一句话，利用项伯，欺骗项羽。只有项伯能在战前见到项羽，他刘邦得先忽悠住项伯，然后通过项伯忽悠项羽。

刘邦一见项伯，立即敬酒，“约为婚姻”。“约为婚姻”是什么意思？那是结为儿女亲家！刘邦用了多长时间呢？敬敬酒，聊聊天，两个素昧平生、分处敌对阵营的人，立即结成了儿女亲家，真是匪夷所思！而且，刘邦、项伯结为儿女亲家一事，非张良所教，乃刘邦原创。这不得了！

再说了，两个素昧平生的人结为儿女亲家，这中间得有多少环节啊？第一，得有相识的过程。第二，了解对方有没有儿女。第三，了解对方儿女的婚姻状况。第四，介绍自己儿女的状况。第五，提出结亲的想法。第六，促使对方允诺。这么复杂的环节，刘邦竟然能在初次见面的短短时间中完成！刘邦这套本领，项羽不会，而且也学不来。能大能小，能屈能伸，能远能近，能亲能疏！这才叫危机公关！

至于将来这儿女亲家算不算数，谁知道呢！在这样的博弈中，谁认真，谁就输了。事实上，项羽自杀后，刘邦赐项伯刘姓，封为侯。刘邦当了皇帝，缄口不言这桩婚事，项伯再笨，也不敢有半句怨言。这就叫作此一时彼一时也。

既然结成了亲家，拉近了关系，刘邦就可以通过项伯给项羽一个说法。这个说法的关键就是解释为什么要陈兵函谷关。当然，刘邦的说辞自然不是真相。

刘邦对项伯说，我入关后，一样东西都不敢动。登记官吏、百姓户口，封存仓库，等待项王到来。至于派人封闭函谷关，那是为了防止盗贼出入，同时能随时应对一些突发事件。我日夜盼望项将军的到来，怎么会有叛逆之心呢？希望您替我跟项将军解释解释，不枉我对项将军一片赤诚之心。

『吾入关，秋豪不敢有所近，籍吏民，封府库，而待将军。所以遣将守关者，备他盗之出入与非常也。日夜望将军至，岂敢反乎！愿伯具言臣之不敢倍德也。』——《史记·项羽本纪》

不取关中财宝，本来是为了争取民心。登记户口、封存仓库，本来是为了便于自己以后统治关中。派兵驻守函谷关，本来是拒绝诸侯入关。现在呢，这一切是为了迎接项羽入关而做的准备工作，是为了防盗贼，应对突发事件。一句话：自己绝对没有背叛项羽，希望项伯从中斡旋。

项伯已和刘邦结为儿女亲家，再听了刘邦的解释，当然觉得刘邦的解释有理有据。诸侯们只知道刘邦没抢财宝，封闭仓库，至于刘邦为什么不抢，只有他自己知道。这就给了刘邦一个绝好的机会。因此，刘邦当面撒谎时就毫无顾忌，想怎么说就怎么说。

项伯一听，大为放松，他明白，这番话足以“说服”项羽了。于是，他对亲家公说，明天一早千万别忘了亲自到鸿门向项将军解释一下。刘邦知道，大功告成！关键人物项伯被忽悠住了，下面忽悠项羽就好办了。所以，刘邦连连答应。

项伯许诺。谓沛公曰：『旦日不可不蚤自来谢项王。』沛公曰：『诺。』——《史记·项羽本纪》

项伯回到项羽大营，赶紧面见项羽，将自己在刘邦大营的所见所闻一一禀明，还特别强调：如果刘邦不先入关灭秦，大将军您怎能这么轻松地入关呢？现在人家有大功，我们却要灭了人家，这不合乎道义啊。不如趁这个机会好好招待他一下，项羽听后同意了。

于是项伯复夜去，至军中，具以沛公言报项王。因言曰：『沛公不先破关中，公岂敢入乎？今人有大功而击之，不义也，不如因善遇之。』项王许诺。——《史记·项羽本纪》

事已至此，倒是愈发微妙起来。项伯这一夜在两个大营之间的一来一往，凭空给项羽带来了祸端，项羽竟浑然不知。到这一刻，事情尚存一线挽回的余地，最终的决定权还在项羽手中。只要项羽坚持己见，刘邦就只能坐以待毙。可项羽就是如此轻信项伯，令人哭笑不得。

就在几个时辰之前，刘邦缓过神儿之后还知道问一句：“君安与项伯有故？”而项羽此时却对项伯一系列离奇的举动毫无怀疑，显然脑子里少了这根筋，真是可惜之前白白怒了两次。

项羽这般轻率大意，根本原因在于他还没有意识到刘邦已经成为自己的最大政敌。是的，不是将要，不是正在，而是已经。但凡有点心眼儿、有点全局观的人，都不会容忍项伯夜见张良、刘邦，绝不会轻信“今人有大功而击之，不义也”的说辞，绝不会接受“善遇之”的建议。废话少说，直接开打，这才是项羽应该做出的正确选择。可项羽一不追究项伯通敌，二不询问项伯和张良的关系，三不与人商议就擅自取消了第二天的军事行动。看来项羽终究还是会拘泥于世俗的“义利”之见，无法正确判断分析秦亡之后的天下大局，无法正确看待和处理与刘邦之间的关系……

但是，项羽还有机会，第二天一早他就可以见到自动送上门来的刘邦。如果他扣押或者斩杀刘邦，仍然可以保持胜利者的身份。于是，考验刘邦忽悠功力的关键时刻到来了。他将怎样当面忽悠项羽呢？

请看：鸿门脱险。

六

刘邦凭借张良之计谋，利用项伯之“义气”，暂时缓解了迫在眉睫的军事危机。但是，问题并没有得到彻底解决。第二天清早，刘邦亲自来到鸿门，面见项羽。他将怎样面对盛气凌人的诸侯盟主？怎样让心怀怨气的项羽消气呢？

项庄舞剑

第二天清早，刘邦带了一百多名骑兵赶到鸿门拜见项羽。一见面，刘邦就恭恭敬敬地说，我与将军您全力攻秦，将军在黄河之北作战，我在黄河之南作战。实在没想到，我有幸先入关灭了秦，又在此地与将军重逢。可惜现在有小人挑拨离间，使将军与我之间产生了隔阂。

沛公旦日从百余骑来见项王，至鸿门，谢曰：『臣与将军戮力而攻秦，将军战河北，臣战河南，然不自意能先入关破秦，得复见将军于此。今者有小人之言，令将军与臣有郤。』——**《史记·项羽本纪》**

刘邦这番话很见功力，可以说是中国历史上最出色的说辞之一，短短的几句话却蕴含了三层深意。

第一，模糊敌我。

刘邦明白自己封堵函谷关已经是在和项羽争天下，而项羽未必真正明了两人的关系在秦亡之后已彻底转变。所以，他必须模糊当前的敌我关系，以便躲过此劫。于是刘邦巧妙地利用了这一点，以当年并肩作战的战友情为突破点，将自己在项羽心里的定位拉回到反秦统一战线的阶段，这样便让项羽的认识继续落后于形势的变化。

第二，既打又拉。

项羽决定动武的重要原因是自尊受到了伤害，诸侯盟主的身份受到威胁，所以，抚平项羽的心理伤害是刘邦面见项羽必做的功课。刘邦在言辞中一再表明，自己无心先入关：我实在没想到自己能先入关而且在关中见到上将军项羽。这段话说得非常婉转，一再表明自己根本没能想到先入关，一直认为先入关的应该是项羽。项羽听了这话能不高兴吗？肯定高兴。当然，刘邦一门心思先入关中。西行入关的途中他绕过南阳不打，就是加快入关步伐。但是，此时的刘邦只能这样说，这是熄灭项羽怒火最好的方法。

哪怕是“不自意能先入关破秦”，可“先入关破秦”却是事实。据怀王之约“先入定关中者王之”，自己就应该是关中王。这是绵中有刚。在力捧项羽的同时，利用怀王之约打击项羽的锐气，为开脱自己制造条件。

第三，化必然为偶然。

刘、项之间的矛盾显然不是人为造成的误会，而是根本利益的冲突，最终只能是你死我活的局面。刘邦硬将这种对抗性矛盾说成小人挑拨所致，把必然性的矛盾说成偶然性的冲突，这是在玩政治把戏，用心实在良苦。

刘邦的鸿门说辞在中国历史上很少被人关注到，其实他的这次演出堪称完美。不过，演员卖力是一回事儿，观众是否买账却是另一回事儿。到底项羽被刘邦这番精心炮制的谎言忽悠住了吗？

那是当然。何以见得？有项羽的反应为证。

项羽听完刘邦这番“真情表白”之后，说：那些话都是你的左司马曹无伤说的，否则的话，事情怎么会弄到这个地步？

此沛公左司马曹无伤言之；不然，籍何以至此。——**《史记·项羽本纪》**

项羽这番话，岂不是把曹无伤给卖了？而且卖得很彻底，一点儿不剩地全卖了！为什么呢？项羽为什么要出卖自己的卧底曹无伤呢？因为此刻的项羽感到有些无地自容，自己听信外人的一番话，竟然打算攻打一心一意对自己好的哥们儿，这也太对不起人家了。他需要曹无伤为他的“对不起”承担责任，所以曹无伤就倒霉了。政治从来都是这样的冷酷。

项羽的反应，说明他对刘邦已经毫无芥蒂了。此后，大家就可以放下包袱，从容地吃饭喝酒了。这才有了极负盛名的鸿门宴。

谈起鸿门宴，大家都很熟悉，这可是史上千年难遇之酒无好酒、饭无好饭，惊心动魄、斗智斗勇的一幕好戏。

既然项羽完全听信了刘邦的谎言，那刘邦的性命应该就无忧了，怎么还会有惊心动魄的局面呢？其实接下来一幕幕的画面，均出自大导演范增的手笔，精彩不容错过。

范增是项羽集团唯一的智囊，眼界和见识远在项羽之上。他之前已经注意到刘邦对项羽的威胁，因此极力劝说项羽斩杀刘邦。此时冷眼观看，见刘邦通过简单的几句话，竟能如此挽回局面，这实在是太可怕了。鸿门宴，是除掉刘邦最好的时机。若放虎归山，恐后患无穷。

席间，范增多次给项羽使眼色，让项羽在席间杀掉刘邦。可项羽呢？也不知是真的没见到，还是假装没见到。

范增数目项王，举所佩玉玦以示之者三，项王默然不应。——《史记·项羽本纪》

无奈之下，范增又多次拿出自己佩戴的玉玦，“玉玦”的“玦”和决心的“决”同音，以此暗示项羽快下决心。项羽呢，仍然是毫无反应。范增一看这架势，知道这事儿指望不上项羽，只能是自力更生了。他趁着大家在喝酒，起身走出大帐，叫来项庄。范增对项庄说，项王心太软，不愿意杀刘邦。这样吧，你去敬酒，敬完酒就说给大家舞剑，趁机将刘邦宰了。否则，你们这些人都将成为刘邦的阶下之囚。项庄领命，进入大帐敬酒。敬完酒后，他对项羽说，项王和沛公在一起饮酒，这军中也没有丝竹歌舞可以助兴，不如让我为大家舞剑，权作娱乐了。项羽也不疑有他，表示同意。于是，项庄拔剑起舞，剑尖时不时指向刘邦，刘邦那叫一个心惊胆战。项伯一见，赶快拔剑起舞，有意用自己的身子挡住项庄。项庄无法顺利击杀刘邦。

范增起，出召项庄，谓曰：『君王为人不忍，若入前为寿，寿毕，请以剑舞，因击沛公于坐，杀之。不者，若属皆且为所虏。』庄则入为寿。寿毕，曰：『君王与沛公饮，军中无以为乐，请以剑舞。』项王曰：『诺。』项庄拔剑起舞，项伯亦拔剑起舞，常以身翼蔽沛公，庄不得击。——**《史记·项羽本纪》**

项庄舞剑是刘邦在鸿门宴上遇到的最为凶险的一劫。此劫刘邦本难逃脱，因为在座的只有项羽、“亚父”范增、刘邦、张良四人，旁侍在侧的还有“季父”项伯。随同刘邦而来的樊哙等四员大将，均不得入席。关键时刻，幸亏项伯出手，挽狂澜于既倒，才使刘邦幸免于难。话说这个项伯，大战前夜为了私情而泄露军机糊涂到了家，然而此时却非常机警，项庄一舞剑，他立即明白“项庄舞剑，意在沛公”。所以，“拔剑起舞，常以身翼蔽沛公，庄不得击”。范增的精心策划，就这样被刘邦的“亲家”给搅黄了。

刘邦此次遇险，乃范增一手策划，项羽完全不知情。试想一下，如果项羽知道“项庄舞剑，意在沛公”，他能同意项庄舞剑吗？绝无可能！刘邦和他这次见面时的一番说辞已经让项羽深感对不起自己的好哥们儿了，此时怎么可能同意一场谋杀呢？那么，其他参加宴会的人呢？他们知道吗？

刘邦是猎物，凭他的悟性和敏锐的直觉，早已经在项庄剑芒的吞吐之间，明白项庄舞剑是为了刺杀自己。张良那么精明的人，对此更是洞若观火。范增呢？他是这场谋杀案的主谋，当然知道下面要发生什么。项伯呢？他是刘邦的“亲家”，他要是看不出来，干吗起来陪舞，搅黄范增的谋杀呢？项庄，更不用说了，他是刺客，焉能不知道要刺杀谁？

所以，大名鼎鼎的鸿门宴，说穿了，其实是五位明白人（刘邦、张良、范增、项庄、项伯）陪着一个糊涂人（项羽）吃了顿饭罢了。

项伯护驾，只能解一时之困，但是，这个“饭局”怎么破，尚需要智慧。谁有这个智慧？他会怎样来破这个凶杀“饭局”呢？

樊哙闯帐

眼见情况不妙，张良立即来到营门处。樊哙看见张良，忙问：里面情况怎么样？张良回答说，非常紧急！现在项庄正在舞剑，想要借机刺杀沛公。樊哙说：那太危险了！我得进去，我要和沛公同生共死。说完，便提剑拥盾来到帐前。守门的卫士以双戟拦住樊哙，只见樊哙侧着盾牌一撞，那个卫士扑通栽倒在地。樊哙闯入大帐，面西而站，怒发冲冠，他瞪着项羽，眼珠都快迸出来了。

项羽正喝着酒，突然看见大帐中冲进来这么一位杀气十足的武夫，腾的一下立起身来，手随势按于佩剑之上，做好戒备，大声喝道，你是谁？张良赶紧代为回答，这是沛公的警卫樊哙。

项羽这才放下心来，他看着樊哙的威武之躯，情不自禁地称赞：好一位壮士，赐酒！侍者给了樊哙一杯酒，樊哙道了谢，一饮而尽。项羽又说，再给他一个生猪腿！等猪腿上来，樊哙把盾牌反扣在地，把猪腿放在盾牌上，拔出佩剑切好，大口大口地吃起来。项羽看着樊哙吃猪腿的架势，禁不住赞叹地问，壮士，还能再喝吗？樊哙一听，知道时机已到，便借题发挥说：我死都不怕，还怕再喝一杯酒吗？秦王生有虎狼之心，杀人唯恐不多，罚人只怕太少，所以天下人才会群起叛乱。当年怀王和各位将军有约，第一个进入咸阳灭秦的人功封关中王。如今沛公率先破关进入咸阳，任何东西都不敢动，封了皇宫、仓库，驻军霸上，都是等待大王到来主持大局。至于派兵把守函谷关，那是防备盗贼出入和应对非常事件。沛公那么辛苦地为您着想，不但没有得到封侯之赏，还差点招来杀身之祸。项王您若是轻信小人之言，杀掉有功

于是张良至军门，见樊哙。樊哙曰：『今日之事何如？』良曰：『甚急。今者项庄拔剑舞，其意常在沛公也。』哙曰：『此迫矣，臣请入，与之同命。』哙即带剑拥盾入军门。交戟之卫士欲止不内，樊哙侧其盾以撞，卫士仆地，哙遂入，披帷西乡立，瞋目视项王，头发上指，目眦尽裂。——《史记·项羽本纪》

之臣，这不是在走亡秦的老路吗？我相信大王不会这样做。

项王按剑而跽曰：『客何为者？』张良曰：『沛公之参乘樊哙者也。』项王曰：『壮士，赐之卮酒。』则与斗卮酒。哙拜谢，起，立而饮之。项王曰：『赐之彘肩。』则与一生彘肩。樊哙覆其盾于地，加彘肩上，拔剑切而啖之。项王曰：『壮士，能复饮乎？』樊哙曰：『臣死且不避，卮酒安足辞！夫秦王有虎狼之心，杀人如不能举，刑人如恐不胜，天下皆叛之。怀王与诸将约曰「先破秦入咸阳者王之」。今沛公先破秦入咸阳，豪毛不敢有所近，封闭宫室，还军霸上，以待大王来。故遣将守关者，备他盗出入与非常也。劳苦而功高如此，未有封侯之赏，而听细说，欲诛有功之人。此亡秦之续耳，窃为大王不取也。』——《史记·项羽本纪》

樊哙闯帐是鸿门宴的一个重要转折。樊哙刚进来时，项羽非常警觉。当得知这位彪悍的武士其实是刘邦的警卫时，项羽立刻就放松下来。人以群分，物以类聚，樊哙以他一介武夫特有的粗鲁、豪爽轻易地赢得了项羽的好感，所以项羽才会一口一个“壮士”叫个不停。在粗犷外表的掩护下，樊哙继而上演了一场精彩绝伦的鸿门畅饮，并获得项羽由衷的赞美。人不可貌相，粗中有细的樊哙找准时机，配合着刘邦，旁敲侧击，为刘邦说好话，最后还明贬暗捧，“窃为大王不取也”。这番话出自粗野武夫之口，更显独特的攻心效果。本来就心怀内疚的项羽此时更是无言以对，只能尴尬地说，坐，坐。

项羽在政治上的低智商此时已表现得非常充分了，这和刘邦形成了鲜明的对比。刘邦一看情况稳定下来了，借口上厕所，趁机叫樊哙出来。

坐须臾，沛公起如厕，因招樊哙出。——《史记·项羽本纪》

刘邦逃席

刘邦出了营帐，对大伙儿说：如果现在就

走，没有机会告辞，这似乎不太合适？樊哙立即顶回一句：做大事不顾细节，行大礼不拘小节。人家现在是刀和砧板，我们是砧板上任人宰割的鱼肉，逃命还来不及，还告什么辞？刘邦听完，立即决定三十六计走为上。

沛公曰：『今者出，未辞也，为之奈何？』樊哙曰：『大行不顾细谨，大礼不辞小让。如今人方为刀俎，我为鱼肉，何辞为！』于是遂去。——**《史记·项羽本纪》**

刘邦让张良留下善后，张良问他，您过来的时候带有什么礼物吗？刘邦说，我带了一对白玉璧，想献给项王；一对玉斗，想送给范增。不过看着气氛不对，没敢拿出来，要不你替我送了吧。张良回答，好。

乃令张良留谢。良问曰：『大王来何操？』曰：『我持白璧一双，欲献项王，玉斗一双，欲与亚父，会其怒，不敢献。公为我献之』张良曰：『谨诺。』——**《史记·项羽本纪》**

刘邦的确很机警，他明白虽然摆平了项羽，但那位范老先生可不好糊弄，还是尽快离开这个是非之地为妙。当然，就是走也不是简单地一走了之，而是做了周密的部署，安排得滴水不漏。

为了不打草惊蛇，再生枝节，刘邦毅然舍弃了来时的全部车马和一百多个随从，一个人骑马，樊哙、夏侯婴、靳强、纪信四员大将手持佩剑和盾牌紧随其后，步行出来，抄小路回营。

当时，刘邦驻军霸上，项羽大军在新丰鸿门，两军相距四十里。抄小路返回，大大减少了行程。

当是时，项王军在鸿门下，沛公军在霸上，相去四十里。——**《史记·项羽本纪》**

刘邦临别之际，对张良说：从这条小路到我军驻地，只不过二十里地，你估计我已经回到军中，再入帐向项王道别。

沛公谓张良曰：『从此道至吾军，不过二十里耳。度我至军中，公乃入。』——**《史记·项羽本纪》**

刘邦一人骑马，四员大将不骑马，拿着剑和盾牌在地上走，最大限度地减少了动静；同时，四员大将无马可骑，一旦有意外，他们只能反身格斗，这对刘邦来说是最好的防火墙。刘邦还叮嘱张良，“度我至军中，公乃入”。算计得真细啊！

张良估计刘邦已经赶回大营，这才入帐致歉：沛公酒量有限，不能再饮酒，无法进帐道别，特意命我呈一对白璧献给大王，一对玉斗献给范先生。项羽问，沛公现在在哪儿呢？张良答道，我家主公听说大王要罚他喝酒，离席而去，此时差不多已经回到军营了。刘邦已经逃至军中，项羽还在问“沛公安在”，两相比较，一个精明过人，一个糊涂绝顶。虽然一时的表现还不能决定二人最终的胜负，可是，二人政治上的成熟与幼稚，实在是对比鲜明啊！

沛公已去，间至军中，张良入谢，曰：『沛公不胜杯杓，不能辞。谨使臣良奉白璧一双，再拜献大王足下；玉斗一双，再拜奉大将军足下。』项王曰：『沛公安在？』良曰：『闻大王有意督过之，脱身独去，已至军矣。』——《史记·项羽本纪》

项羽此时并没有意识到后果的严重性，痛痛快快地接受了张良转送的礼品，放到自己的座位上。而范增听张良说刘邦已经回营，气得拔出佩剑，一下将送给他的玉斗击碎，气呼呼地说，小子！真不值得和你谋议大事啊！将来夺项王天下的一定是沛公。我们这些人最终都会被刘邦俘虏啊！

项王则受璧，置之坐上。亚父受玉斗，置之地，拔剑撞而破之，曰：『唉！竖子不足与谋。夺项王天下者，必沛公也，吾属今为之虏矣。』——《史记·项羽本纪》

范增的气急败坏说明他比项羽看得清，他看到了刘邦对项羽集团的巨大威胁，预计到刘邦最终将灭掉项羽。但是，范增这样明骂项庄暗讽项羽的行为，也表现出这位“年七十，素居家，好奇计”《史记·项羽本纪》的老人的不理智。既然刘邦已经成功逃席，骂人又有什么用？这样不加掩饰地指责，只能加剧自己和项羽之间的矛盾，更何况，还当着张良这个外人。俗话说，家丑不可外扬，此时暴露集团内部的不团结，对项羽集团更加不利。后来，陈平归汉之后献反间计，正是利用了项羽对范增的不信任。

“沛公至军，立诛杀曹无伤”《史记·项羽本纪》，为鸿门宴画上了一个完美的句号。

我们不妨回顾一下，刘邦为了从鸿门顺利脱险都使出了哪些招式呢？

一是鸿门说辞，骗取项羽信任；二是项伯陪舞，躲过项庄之杀；三是逃命要紧，不顾脸面；四是识人本性，利用项羽政治上的不开窍。

有人推测项羽和刘邦在鸿门宴上可能达成了战略交易：刘邦让出关中之地，项羽放弃对刘邦的军事打击。有没有这种可能性呢？绝对不可能！项羽的霸主地位是打出来的，不是交换来的。除了后来杀韩王成，项羽没有因为对哪个诸侯产生怀疑就去攻击他，因为项羽需要大大小小的诸侯来支持、成就他的“霸业”。没有臣服于他的诸侯，他的“霸业”就会变成海市蜃楼，美不胜收却遥不可及。

刘邦凭借众人相助，成功从鸿门脱险。但是面对项羽的霸业野心，他还能做关中王吗？项羽将会怎样安置刘邦呢？

请看：屈就汉王。

七

鸿门宴之后，项羽自封为西楚霸王，同时分封了十八位诸侯王。其分封标准有两条：一是尊楚为盟主，二是救赵入关。只要符合这两条就算是“有功”，也就是说，项羽分封的对象主要是两类人：一是随他救赵、入关的将领，二是反秦起义初期时已被确立的诸侯王。关中地区被项羽一分为三：司马欣当年在栎阳任“狱掾”时曾救过项梁的命，被封为塞王，建都栎阳，管辖咸阳以东地区；董翳因为劝章邯降楚有功，被立为翟王，建都高奴，管辖陕北地区；章邯此前已被立为雍王，建都废丘，管辖咸阳以西地区。关中之地被三位秦降将瓜分完了，刘邦怎么办呢？他可是最先入关灭秦的楚军领袖啊，依照“怀王之约”，整个关中之地理应都分封给他才对。那么，项羽到底想要如何分封刘邦？又为什么会做出这样的安排呢？

屈封巴蜀

刘邦机关算尽，鸿门宴之后，狼狈逃回自己的大本营。可是，接下来的日子并不好过。刘邦驻兵函谷关曾令项羽火冒三丈，俨然是心中抹不去的痛；而他还动不动就高举“怀王之约”暗压项羽，这也让项羽一想起来就头痛。好吧，眼不见心不烦，得让你刘邦离我远一点。

项羽、范增在鸿门宴后对刘邦的疑心并没有完全解除，但在外人看来，刘、项二人的关系已经缓和。项羽、范增担心落下一个“负约”的恶名，惹得诸侯叛变，因此二人私下密谋，认为巴蜀之地路遥且艰险，秦朝的罪犯都安置到那里，干脆就把巴蜀封给刘邦，并告诉他说，巴蜀也属于关中地区就是了。

项王、范增疑沛公之有天下，业已讲解，又恶负约，恐诸侯叛之，乃阴谋曰：『巴、蜀道险，秦之迁人皆居蜀。』乃曰：『巴、蜀亦关中地也。』——**《史记·项羽本纪》**

就这样，汉元年(前206)正月，刘邦正式被封汉王，辖巴、蜀二郡。

听说自己被封到巴蜀之地，刘邦甚是恼怒，立即表示要和项羽拼命。周勃、萧何等人纷纷劝刘邦，别冲动。萧何对刘邦说：到汉中之地当个汉王，情况再坏也比自寻死路强吧？刘邦反问萧何：你怎么知道我不当汉王就是死路一条？萧何回答：就眼下的状况，若真和项羽打起来，肯定是逢战必败，到最后可不就是死路一条？再者，《周书》里有句话是这样说的：上天给的你不要，肯定会遭报应。况且，“天汉”这个称号多好啊。历史上能屈于一人之下，伸于万乘之上的只有商汤与周武王，希望主公能够成为像商汤和周武王那样能屈能伸的人。在汉中称王，一边抚养百姓，一边招揽贤者，再利用巴蜀之地的优势，“还定三秦”，这样，谋取天下才会真正有希望。

汉王怒，欲谋攻项羽。周勃、灌婴、樊哙皆劝之，何谏之曰：『虽王汉中之恶，不犹愈于死乎？』汉王曰：『何为乃死也？』何曰：『今众弗如，百战百败，不死何为？《周书》曰「天予不取，反受其咎」。语曰「天汉」，其称甚美。夫能诎于一人之下，而信于万乘之上者，汤武是也。臣愿大王王汉中，养其民以致贤人，收用巴蜀，还定三秦，天下可图也。』——《汉书·萧何曹参传》

萧何的这番话，说得刘邦心服口服，只能点头称是：好，汉王就汉王吧，大丈夫能屈能伸。

话是这样说，刘邦心里到底还是不甘心。此次分封，他失去了关中的地盘，被排斥到偏远的巴蜀之地，换谁能轻易咽下这口气？很快，刘邦又动起了心思。

先是，刘邦赐给张良“金百溢，珠二斗”，张良转手全送给了项伯。此后，刘邦自己也准备了一份大礼，令张良送给项伯，拜托项伯想办法劝劝项羽，将汉中郡加封给自己。

得人钱财，与人消灾，再加上刘邦还是自己的亲家公呢，所以项伯对此事非常上心，伺机就劝项羽说，凡事不宜做得太绝，不如再给刘邦加封个汉中郡，免得刘邦起了怨恨之心，就不好办了。项羽听了项伯的劝告，心想也是啊，把人家的关中之地都夺走了，就补给他个汉中郡吧。于是，刘邦得到了巴、蜀、汉中三郡之地，建都南郑（今陕西汉中市）。

汉王赐良金百溢，珠二斗，良具以献项伯。汉王亦因令良厚遗项伯，使请汉中地。项王乃许之，遂得汉中地。——《史记·留侯世家》

得到汉中郡，不仅大大扩展了刘邦的辖地，增强了刘邦集团各方面的实力。更为重要的是，汉中地区与关中地区仅隔一个秦岭，有了汉中，刘邦就有了重返关中的希望。汉中郡成为刘邦日后“还定三秦”的桥头堡。

张良辞归

这年四月，各路诸侯王陆续告别咸阳，返回封国。刘邦也准备起程，此时，张良前来辞行。张良的辞归，对刘邦是一个重大打击。想当初，轻取南阳，智取峣关，多亏了张良献计献策，刘邦受益良多。

可是，一直尽心尽力辅佐刘邦的张良为什么要在这时候辞归呢？

此事说来话长。原来，张良的祖父、父亲相继担任过韩国五任国君的国相，当年韩国灭亡之时，张良尚年幼，没来得及在韩国担任个一官半职，但他对故国始终难以割舍。刘邦加盟项梁集团后，项梁立熊心为楚王，张良趁机劝说项梁，顺便立韩国国君的后裔韩成为韩王。张良的解释是，这样做可以多树党羽，培植反秦势力。其实，他是想趁此机会促成韩国复国。项梁从扩大反秦武装的角度考虑，接受了张良的建议，并派张良找到公子韩成，立其为韩王，同时任

及沛公之薛，见项梁。项梁立楚怀王。良乃说项梁曰：『君已立楚后，而韩诸公子横阳君成贤，可立为王，益树党。』——《史记·留侯世家》

命张良担任司徒，率一千多人西取韩地。此后，韩成和张良也率兵占领了几座城池，但不久又被秦兵夺走，只好在颍川郡附近打起游击。

项梁使良求韩成，立以为韩王。以良为韩申徒，与韩王将千余人西略韩地，得数城，秦辄复取之，往来为游兵颍川。——《史记·留侯世家》

恰好此时刘邦西入秦关攻打洛阳不顺利，经轘辕山南下。正在这一带驻军的张良听说刘邦经过，立即率兵跟随，借刘邦的军力攻下了韩国故地十几座城池。刘邦让韩王成留守阳翟（dí，今河南禹州市），管辖这十几座城，同时让张良跟随自己南下攻打宛城。韩王成为了报恩，派张良一路护送刘邦入关灭秦。

沛公之从洛阳南出轘辕，良引兵从沛公，下韩十余城，击破杨熊军。沛公乃令韩王成留守阳翟，与良俱南，攻下宛，西入武关。——《史记·留侯世家》

这次项羽分封诸侯王，刘邦被封为汉王，韩王成被封为韩王。韩王成虽没有参与救赵，也没跟项羽入关，但他是当年项梁分封的诸侯王，所以这次顺理成章地被封为韩王。至此，张良奉命护送刘邦入关的任务已经完成，返回故国成为他的心愿。

刘邦前往汉中之时，张良亲自来到褒中（古地名）相送，并谏言：汉王为什么不烧绝褒斜栈道？这样可以向天下人昭示，您没有争霸天下的野心，也可以使项羽消除对您的戒心。刘邦再次采纳了张良的建议，烧毁了栈道。

汉王之国，良送至褒中，遣良归韩。良因说汉王曰：『王何不烧绝所过栈道，示天下无还心，以固项王意。』乃使良还，行烧绝栈道。——《史记·留侯世家》

张良口中的褒斜栈道，乃是蜿蜒于秦岭山脉中一条贯穿关中平原与汉中盆地的山谷中的栈道，南端因在褒水上，故曰“褒”，地属汉中；北端曰“斜”，地处眉县，长二百三十五公里。自战国起，人们在谷中凿石架木，修筑栈道，历代踵继，多次增修，后人名此道为“褒斜道”。在秦汉之际，褒斜栈道是汉中通往关中最重要的道路，一旦烧毁，关中与汉中的联系就极为不便。

项羽听到刘邦一路将褒斜栈道烧尽的消息，大大松了一口气，就放心地回老家彭城去了。

话说两头，当其他诸侯王各自回到自己的封国时，韩王成却被项羽禁止回国。为什么呢？难道是韩王成有什么地方开罪了项羽？其实不然。项羽表面上是禁锢韩王成，其实针对的乃是韩王成的臣子张良。

这又作何解释呢？

《史记 · 留侯世家》里的解释是：“以良从汉王故，项王不遣成之国。”

《汉书 · 张良传》也记载，张良回到韩地，听说“项羽以良从汉王故，不遣韩王成之国，与俱东，至彭城杀之”《汉书 · 张陈王周传》。

韩王成当年为报答刘邦的恩情，派张良护送刘邦西入秦关。张良这一路上真是太敬业了，多次为刘邦出谋划策，立下大功，鸿门宴前后更是救刘邦于大难之中。项羽心中积怨已久，却无法直接责难张良，只得迁怒于韩王成了。此种说法，同时见于《史记》和《汉书》，应该是可信的。

当然，《汉书》还有另外的记载，说项羽认为韩王成没有跟随自己救赵入关，没有功劳。所以，不但不允许他回诸侯国，而且降其为

"穰侯"，不久又杀了他。

项籍之封诸王皆就国，韩王成以不从无功，不遣就国，更封为穰侯，后又杀之。——《汉书·魏豹田儋韩王信传》

但是，没有随项羽救赵、入关的原诸侯王，被项羽再次封王的并非韩王成一人。现在拿"无功"说事儿，当初又何必封他呢？所以，这一理由不能成立，项羽杀韩王成主要还是因为张良。

韩王成的封地是秦帝国的颍川郡，此乃中原腹地，杀了韩王成，就等于项羽在自己的九郡之外多得了一个郡。这有点儿算小账的意思。当然，项羽还不会公然将颍川郡划到自己名下。直到后来，项羽听说刘邦派人抢占韩地，便马上立自己的部将郑昌为韩王。

这些都是后话，暂且不表。

汉中对策

在失地、失人的双重打击之下，刘邦的心情本就郁闷，再加上项羽只许他带领三万军队前往南郑，这更让刘邦倍显狼狈。刘邦原来拥兵十万，项羽为了抑制他的势力，削弱至三万，这才放刘邦归国。但是，项羽显然没料到，刘邦在楚军和其他诸侯军中的威望很高，部分士兵纷纷随行。于是，刘邦集团很快就又增加了"数万人"。

汉王之国，项王使卒三万人从，楚与诸侯之慕从者数万人，从杜南入蚀中。——《史记·高祖本纪》

前往南郑的路程遥远且艰辛，尤其让刘邦心生寒意的是：一部分将领和士兵陆续逃亡，而剩下的士兵，也时常唱起思念家乡的歌曲。

> 诸将及士卒多道亡归，士卒皆歌思东归。——《史记·高祖本纪》

刘邦的部下多是随他自沛县而来的江苏兵，大家原以为等刘邦当上了关中王，自己也可以捞个一官半职，衣锦还乡。现在可好，被发配到了距家千里之外的巴蜀之地。关中三秦王虎视眈眈，加上关外的河南王申阳（都洛阳）、西魏王魏豹（都平阳）、殷王司马卬（都朝歌），刘邦被结结实实地困死在秦岭以南的巴蜀、汉中地区，还会有什么前景？

就在这一片逃亡之势与哀唱之声中，刘邦幸运地迎来了他生命中的又一个贵人，一个真正的军事天才——韩信。

> 始为布衣时，贫无行，不得推择为吏，又不能治生商贾，常从人寄食饮，人多厌之者。常数从其下乡南昌亭长寄食，数月，亭长妻患之，乃晨炊蓐食。食时信往，不为具食。信亦知其意，怒，竟绝去。——《史记·淮阴侯列传》

韩信在陈胜、吴广起义之前，本是一个无业青年。由于家境贫寒，生活也不检点，他不能被推举为吏，无法走官道。他又不会做生意，走不了商道。那怎么办呢？韩信只好到别人家去蹭饭吃，惹得人人避之唯恐不及。

他曾经连续几个月在淮阴县城西一位亭长家蹭饭，亭长的妻子实在忍无可忍。某日，她一大早就做好饭，让全家人提前吃了早餐。到韩信按照正常时间来蹭饭的时候，她死活不再做饭了。韩信知道亭长之妻因为讨厌自己才这样，于是一怒之下和亭长绝交而去。

还有一次，韩信在淮阴城外垂钓，旁边有好多老妈妈在河边漂洗棉絮。其中一位不忍心看韩信挨饿，便把自己的饭让给韩信吃，一连几十天都这样。韩信非常感谢，他对这位老妈妈说：我将来一定要厚报你。老妈妈听了这话非常生气，便训斥韩信说：男子汉不能自食其力，我是同情你才给你饭吃，怎会指望你有所回报？

> 信钓于城下，诸母漂，有一母见信饥，饭信，竟漂数十日。信喜，谓漂母曰：『吾必有以重报母。』母怒曰：『大丈夫不能自食，吾哀王孙而进食，岂望报乎！』——《史记·淮阴侯列传》

不久，项梁率兵经过淮阴，韩信提三尺长剑参了军。项梁帐下，猛将如云，韩信当时只是一个无名小卒。项梁战死，韩信又归项羽指挥。这次还不错，项羽任命韩信担任了侍从。韩信感觉机会来了，多次献策，但项羽均没有采用，自然也没有发现韩信的才华。

> 及项梁渡淮，信杖剑从之，居戏下，无所知名。项梁败，又属项羽，羽以为郎中。数以策干项羽，羽不用。——《史记·淮阴侯列传》

刘邦前往南郑时，韩信主动申请“转会”到汉王集团。这次“转会”，韩信本想打个主力，却因为知名度不够，仅做了管仓库粮饷的小官。更没想到的是，他很快就因犯法而要被判处死刑。

同案犯十三人都已被杀，韩信是最后一个。韩信犯了什么罪？史书没有记载。为什么他最后一个被杀？应该是偶然。但，这种偶然却意外地救了韩信一命。

> 汉王之入蜀，信亡楚归汉，未得知名，为连敖。坐法当斩，其辈十三人皆已斩，次至信。——《史记·淮阴侯列传》

眼看就要砍头了，这时滕公夏侯婴出现了。韩信知道此公乃汉王刘邦的亲信，且身为太仆，便大声对滕公喊道：汉王不是想得到天下吗？那为什么还要杀掉壮士呢？口出大言，吸引滕公的注意。这其实是一次赌博，若成功，就可保全性命。

滕公一听韩信这话，觉得此人有点见识啊，还知道汉王想争霸天下呢？再将韩信上下这么一打量，只见他高大魁梧，气宇不凡，于是下令先别杀。他走上前和韩信随意聊了几句，感到此人的见识不得了，立即报告刘邦。于是，刘邦提拔韩信做了管粮饷的中级军官(治粟都尉)。但是，直到此时，刘邦并没有真正重视韩信这个人。

信乃仰视，适见滕公，曰：『上不欲就天下乎？何为斩壮士！』滕公奇其言，壮其貌，释而不斩。与语，大说之。言于上，上拜以为治粟都尉，上未之奇也。——《史记·淮阴侯列传》

经过滕公的力荐，韩信一跃从死囚变为中级军官。这要是发生在普通人身上，还不得乐翻了天。韩信是普通人吗？明显不是啊。韩信的胃口大得很，非大将军无以施展自己的才华。这次，韩信决心找一个在刘邦面前说话更有分量的人，此人就是萧何！萧何与刘邦，一是老乡，二是老同事，三是老战友，深得刘邦信任。

韩信主动找萧何深谈了几次，萧何也非常赏识韩信的才华。这种赏识已经到了令人惊讶的地步，你说该有多赏识。这时，刘邦大军终于到达南郑，一路上大大小小逃跑的将领已达数十位。韩信估摸着萧何已经多次向汉王推荐过自己，汉王还是没有提拔自己的意思，韩信觉得没指望了，决定另谋出路。于是，在一个月光皎洁的晚上，韩信走了。为什么要挑这么一个月光皎洁的晚上走？可能是方便萧何寻找自己吧。

萧何听说韩信开溜，来不及向汉王报告，上马就追。这便是大名鼎鼎的“萧何月下追韩信”的故事。此事在后世有诸多演绎，尤其是京剧和许多地方戏种直到现在仍然保留着这个节目。

信数与萧何语，何奇之。至南郑，诸将行道亡者数十人，信度何等已数言上，上不我用，即亡。何闻信亡，不及以闻，自追之。——《史记·淮阴侯列传》

萧何没给任何人打招呼，致使消息讹传到刘邦耳朵里就成了萧丞相也“逃了”。刘邦大怒之余心痛如绞，没了张良、萧何，如同失去左右手。过了几天，萧何返回军中，第一时间前来拜见。刘邦见了萧何，那是又恼又喜，骂道：你为什么逃跑？萧何解释说：我可不敢逃跑，我这是追逃跑的人去了。刘邦问：你这是去追谁了？萧何回答：我追的是韩信。刘邦破口大骂，这一路上逃亡的将领几十个，你谁都不追，偏偏追什么韩信，骗谁呢！萧何坚定地说道，若是其他将领，逃也就逃了，很容易再找人补上。可韩信这个人，那是“国士无双”！您要是只想稳当当地做个汉王，那是用不着韩信；如果您要争夺天下，没有韩信这个人，您成不了事儿！我现在可是把韩信追回来了，该怎么做就看汉王您的了。

人有言上曰：『丞相何亡。』上大怒，如失左右手。居一二日，何来谒上，上且怒且喜，骂何曰：『若亡，何也？』何曰：『臣不敢亡也，臣追亡者。』上曰：『若所追者谁？』何曰：『韩信也。』上复骂曰：『诸将亡者以十数，公无所追；追信，诈也。』何曰：『诸将易得耳。至如信者，国士无双。王必欲长王汉中，无所事信；必欲争天下，非信无所与计事者。顾王策安所决耳。』——《史记·淮阴侯列传》

刘邦说：谁甘心长期待在这个鬼地方？我当然要东进争霸天下。萧何说：那就必须留下韩信。韩信这个人呢，有点怪毛病。您重用他，他才会留下来；如果不重用，他最终还会逃走。刘邦说：今儿看在你的面子上，就让他当个将军吧。萧何现在心里有了底儿，慢悠悠地说：我想即使您任命他为将军，他也不愿留下来！刘邦一瞪眼，说：我任命他为大将军总可以了吧！萧何答，如果能这样，真是太好了。

王曰：『吾亦欲东耳，安能郁郁久居此乎？』何曰：『王计必欲东，能用信，信即留；不能用，信终亡耳。』王曰：『吾为公以为将。』何曰：『虽为将，信必不留。』王曰：『以为大将。』何曰：『幸甚。』——《史记·淮阴侯列传》

刘邦说到做到，这就想召见韩信，任命他为大将军。萧何赶忙阻止说：汉王您现在是任命大将军，怎么像传呼个小孩儿似的。您向来这样傲慢，这就是韩信逃亡的主要原因。大王您如果真心想任命他为大将军，就应该选择良辰吉日，斋戒，设立拜将台，安排相应的仪式，这才正式。刘邦一听，嗯，有道理，便答应了。汉军的将军们听说刘邦要任命大将军，人人心中窃喜，都觉得自己是大将军的人选。等刘邦在拜将台正式任命名不见经传的韩信为大将军时，一军皆惊。

于是王欲召信拜之。何曰：『王素慢无礼，今拜大将如呼小儿耳，此乃信所以去也。王必欲拜之，择良日，斋戒，设坛场，具礼，乃可耳。』王许之。诸将皆喜，人人各自以为得大将。至拜大将，乃韩信也，一军皆惊。——《史记·淮阴侯列传》

仪式结束之后，刘邦请韩信上坐，对韩信说：萧丞相多次向我力荐将军，不知道将军有什么可以教导我的?

韩信感谢了刘邦的任命，直言不讳地向刘邦提了两个问题。第一个问题，汉王是不是打算和项王争天下？刘邦说，是啊！第二个问题，那么汉王估计自己的勇悍和项王相比如何呢？刘邦沉默了半晌，说，我不如项王。

韩信接着说，我也认为汉王您不如项王。但是，臣在项王手下做过事儿，让我来告诉您项王的三大弱点吧。

信谢，因问王曰：『今东乡争权天下，岂非项王邪？』汉王曰：『然。』曰：『大王自料勇悍仁强孰与项王？』汉王默然良久，曰：『不如也。』信再拜贺曰：『惟信亦为大王不如也。然臣尝事之，请言项王之为人也。』——《史记·淮阴侯列传》

第一，匹夫之勇。项王嗓门特大，一声怒吼能让上千人吓瘫在地。但他不会用将用人，这只能算“匹夫之勇”。

项王喑恶叱咤，千人皆废，然不能任属贤将，此特匹夫之勇耳。——《史记·淮阴侯列传》

第二，妇人之仁。项王对自己人心慈手软、恭敬有礼，他见将士有病，就会掉眼泪，有时哪怕自己吃不饱，也会把食物分给大家吃。但部下立了功，该加封爵位的时候，项王把大印的棱角都磨圆了，还握在手里舍不得给人。这是“妇人之仁”。

项王见人恭敬慈爱，言语呕呕，人有疾病，涕泣分食饮，至使人有功当封爵者，印刓敝，忍不能予，此所谓妇人之仁也。——《史记·淮阴侯列传》

第三，不得民心。项王虽然称霸天下，臣服诸侯，但他经过的地方无不生灵涂炭，天下百姓对他是敢怒而不敢言，实际上他已失去了民众基础。

项王虽霸天下而臣诸侯，不居关中而都彭城。有背义帝之约，而以亲爱王，诸侯不平。诸侯之见项王迁逐义帝置江南，亦皆归逐其主而自王善地。项王所过无不残灭者，天下多怨，百姓不亲附，特劫于威强耳。名虽为霸，实失天下心。——《史记·淮阴侯列传》

针对项羽这三项弱点，韩信建议刘邦不妨从以下三方面入手做些准备：

第一，以仁义昭示天下，这叫反其道而行之。第二，以城邑封赏功臣，充分调动大家的积极性。第三，以老兵为表率，以渴望打回老家去的沛县老兵来影响和引导其他士兵。

> 今大王诚能反其道：任天下武勇，何所不诛！以天下城邑封功臣，何所不服！以义兵从思东归之士，何所不散！——《史记·淮阴侯列传》

最后，韩信还为刘邦分析了“平定三秦”的有利条件。

第一，三秦王尽失民心。三秦王乃秦朝旧将，随其战死的士兵极多，特别是为了自保，向项羽投降，致使项羽坑杀了二十万秦朝降兵。关中父老对三秦王无不恨之入骨，只是因为现在项羽的诸侯联盟人多势众，关中父老才不敢轻举妄动。

> 且三秦王为秦将，将秦子弟数岁矣，所杀亡不可胜计，又欺其众降诸侯，至新安，项王诈坑秦降卒二十余万，唯独邯、欣、翳得脱，秦父兄怨此三人，痛入骨髓。今楚强以威王此三人，秦民莫爱也。——《史记·淮阴侯列传》

第二，汉王深得民心。汉王入关后，“秋毫”不取，且和关中父老“约法三章”，深得关中百姓的信赖和支持。

> 大王之入武关，秋豪无所害，除秦苛法，与秦民约，法三章耳，秦民无不欲得大王王秦者。——《史记·淮阴侯列传》

第三，汉王失职关中。关中父老都知道，按照“怀王之约”，“大王当王关中”，也深知“大王失职”的原因。

> 于诸侯之约，大王当王关中，关中民咸知之。大王失职入汉中，秦民无不恨者。——《史记·淮阴侯列传》

做了以上分析之后，韩信对刘邦说：汉王您要是进军关中，只需在“三秦”大地，发一张布告就能搞定了。刘邦听完韩信这番“汉中对策”，“大喜”，后悔自己没能早点提拔韩信。

『今大王举而东，三秦可传檄而定也。』于是汉王大喜，自以为得信晚。——《史记·淮阴侯列传》

在鸿门宴上，刘邦勉强保住性命。此后，他更是连连受挫，先失关中，再失张良，失地失人，人生事业一时跌入谷底。可就在这时，韩信的“汉中对策”，为刘邦送来了黑暗中的第一抹曙光。此番“汉中对策”的价值，或堪比后世诸葛亮的“隆中对策”。

韩信通过对双方战略条件的综合比较，预见出刘邦由弱转强、由守而攻，最终将赢得天下的乐观前景。同时，他还提出了先入关中再争天下的总策略，高屋建瓴，总揽全局。

在滕公和萧何的相继推荐下，秦汉之际最杰出的军事家韩信登上了那个广阔的历史舞台。他，注定将为楚汉之争添上一道最闪光的色彩。

得到军事奇才韩信，无疑是刘邦天大的福分。此后，刘邦的军事实力和心理状态都得到充分的调整。那么，在即将拉开帷幕的楚汉之争中，双方又将上演怎样的精彩博弈呢？

请看：还定三秦。

八

汉元年（前206）四月，刘邦从关中前往南郑就任汉王。同年八月，汉王刘邦倚重大将军韩信，杀了个回马枪，再次夺取关中。当时，雍王章邯受命紧锁秦岭关口“褒斜道”，为的就是防止刘邦杀回来。可是这褒斜栈道不是四个月前刘邦前往汉中时就已被烧毁了吗？刘邦大军是怎样越过秦岭天险还定三秦的呢？

暗度陈仓

为了重回关中，刘邦决定重用韩信，并听从了他的建议，先派少数军队佯装修复栈道，以吸引章邯的注意力，再悄悄地由韩信亲率汉军主力从南郑北面翻越秦岭，一路向北，突袭陈仓（今陕西宝鸡市陈仓区）。这便是历史上赫赫有名的“明修栈道，暗度陈仓”。

章邯的注意力全部被吸引在褒斜道，他心想，修复这些烧毁的栈道，也不是一天两天的事儿，我就在这里守着，看看你刘邦到底能干什么。但章邯万万没有想到，此时的韩信正带领精兵从现在的陕西勉县西入陕西留坝、凤县，越过秦岭，出大散关直逼陈仓。得到紧急通报时，章邯如梦方醒，赶紧调遣部队仓皇迎战，毫无悬念地败走陈仓，紧接着在右扶风好畤（今陕西乾县）再次被韩信的军队打得大败，一路退守到废丘。

邯迎击汉陈仓，雍兵败，还走；止战好畤，又复败，走废丘。——《史记·高祖本纪》

而这一边，刘邦大军已到达咸阳，兵分两路攻打塞王司马欣、翟王董翳。司马欣和董翳象征性地挣扎了两下，便相继投降。

此次还定三秦，刘邦仅仅用了四个月，关中之地几乎尽收囊中，可谓收获极丰。为什么汉军能够如此迅猛地获得胜利呢？

一是章邯战败。

章邯战败是刘邦还定三秦至关重要的因素，不过他败得这么难堪倒是谁都没有想到的。章邯乃秦汉之际杰出的军事家之一，虽然无法与韩信、项羽这些当时顶级的军事家相媲美，但绝对算得上是一代名将、悍将。

他自秦二世那里获得军权后，先败陈胜、后杀项梁、再戮田儋（齐王）、又烧魏咎（魏王），在巨鹿之战前，几乎没打过败仗。就是巨鹿之战败于项羽之手，那也是被赵高步步相逼，为求自保不得已而投降。

刘邦还定三秦，塞王司马欣、翟王董翳基本上没做抵抗就投降了，只有章邯被韩信偷袭后仍然坚守废丘达十月之久。如果项羽当时能够发兵关中，刘邦大军将腹背受敌，苦不堪言。可项羽不知为何毫无反应，于是，章邯迎来了人生中的第二场悲剧。章邯的悲剧在于，他遇到了“明修栈道，暗度陈仓”的军事家韩信。一位军事家的失败可以证明另一位军事家的优秀与伟大，章邯无奈地在韩信华丽的功绩簿上做了背景色。

二是刘邦兵盛。

刘邦手下的士兵多是“山东之人”，归乡之情激励着大家勇往直前。刘邦也充分地利用了这一点，所以，汉军气势极盛，兵锋势不可当。这是刘邦的军队大败章邯的重要原因。

军吏士卒皆山东之人也，日夜跂而望归，及其锋而用之，可以有大功。——**《史记·高祖本纪》**

另据《华阳国志》记载，刘邦就位汉王后，阆中（今四川阆中市）人范目认为刘邦将来一定会夺得天下，于是建议刘邦招募賨（cóng）民入汉军，共同平定三秦。这些賨民是土生土长的少数民族，走山路如履平地，作为前锋，战斗力很强。韩信暗度陈仓，打败章邯，其中就有这些巴蜀賨民的功劳。

以上两个方面都很重要，但还有一个不可忽视的因素，那就是项羽的坐视不救。项羽听任刘邦率军入关，大败章邯，却始终未出兵西征讨伐，让刘邦顺利地实现了还定三秦的目标。

那么，为什么在刘邦还定三秦的战役里看不到项羽的身影？项羽作为天下诸侯总盟主，眼看着刘邦迅速占领关中之地，为何置若罔闻呢？

田荣之乱

其实项羽并非稳若泰山，此时他是如坐针毡，恨不得把自己劈成两半，各自为战。

刘邦还定三秦是对项羽大分封的公开挑衅，如果各地诸侯群起效仿，那岂不是又将天下大乱了吗？项羽再笨，也不至于连这个道理都不懂。无奈他此刻深陷齐地，实在是分身乏术。

那项羽为什么会陷在齐地，无力脱身呢？这事儿说来话长。

鸿门宴之后，诸侯求得封地的愿望非常强烈。天下诸侯起兵反秦，跟随项羽入关，目的很明确，就是想得到一块封地。如今秦朝已灭，人人都自诩有功，都想受封。那么，谁来主持此次分封呢？

此时怀王在名义上还是项羽的领导，本应由怀王来执行分封。我们前面已经讲过，项羽此时致信给楚王熊心，希望他可以改变之前的约定，可熊心的答复是：“如约！”“如约”的意思，就是照既定方针办。什么是既定方针？“先入定关中者王之”是既定方针。若照此办理，刘邦当封关中王。

项羽使人还报怀王。怀王曰：『如约。』——《史记·高祖本纪》

怀王坚持按自己的意见分封，意味着项羽与怀王之争已经完全公开化。此时的项羽只有两个选择：一是听命于怀王，二是自己来主封。项羽毫不迟疑地选择了后者。项羽向天下诸侯宣布：怀王是我们项氏家族所立，他什么功劳都没有，怎么能够主持分封呢？推翻暴秦，平定天下是各位将领和我项籍（项羽，名籍，字羽）浴血奋战的结果。我提议：尊怀王为“义帝”。实际上，这就是罢了怀王的最高领导权。

乃曰：『怀王者，吾家项梁所立耳，非有功伐，何以得主约！本定天下，诸将及籍也。』乃详尊怀王为义帝，实不用其命。——《史记·高祖本纪》

夺了怀王的主封权，项羽按照自己的标准和想法进行了分封，并自立为西楚霸王，占据了秦帝国四十一郡（此处参考清代学者全祖望《汉书地理志稽疑》的观点）中的九郡，全是帝国的中心地带。

项羽自立为西楚霸王，王梁、楚地九郡，都彭城。——《史记·高祖本纪》

对于这样的分封，除了刘邦，还有一个人极端不高兴，那便是田荣。田荣是齐国最早起兵反秦的田儋的弟弟。田儋被章邯杀死后，田荣立田儋的儿子田市为齐王，田荣躲在幕后，实际掌控着齐地。然而这次田荣没能如愿受封为齐王，难道是跟项羽有什么过节吗？没错，确实如此。

原来当年项梁兵败之时，田荣没有增援相救，导致项梁身亡。后来，田荣不参与巨鹿之战救赵，又不随项羽入关。在项羽看来，前者是家仇旧恨，后者则有悖分封标准，当然不会给你面子了。

话说回来，作为反秦义军，当年田荣为什么不愿救援项梁呢？事情还挺复杂。田儋和他堂弟田荣攻占齐地后，田儋自立为齐王，在救魏时为章邯所杀。章邯乘胜之势，率兵在东阿（今山东阳谷县阿城镇）围歼田荣。项梁没有坐视不管，他带兵在东阿大败章邯，救出了田荣。章邯战败，向西逃窜，项梁带兵追击。

就在这时，田荣听说齐人趁田儋战死，新立了齐国亡国之君齐王建的弟弟为齐王。他十分恼火，于是扔下项梁，带兵杀回齐国。田荣兵盛，新立的齐王逃到了楚国，齐相、齐将逃到了赵国。

秦将章邯围魏王咎于临济，急。魏王请救于齐，儋将兵救魏。章邯夜衔枚击，大破齐、楚军，杀儋于临济下。儋从弟荣收儋余兵东走东阿。齐人闻儋死，乃立故齐王建之弟田假为王，田角为相，田閒为将，以距诸侯。荣之走东阿，章邯追围之。项梁闻荣急，乃引兵击破章邯东阿下。章邯走而西，项梁因追之。而荣怒齐之立假，乃引兵归，击逐假。假亡走楚。相角亡走赵。角弟閒前救赵，因不敢归。——《汉书·魏豹田儋韩王信传》

田荣随即立田市为齐王，自任相国，任命弟弟田横为将军，平定了齐地。

荣乃立儋子市为王，荣相之，横为将，平齐地。——《汉书·魏豹田儋韩王信传》

这头项梁与章邯的战斗如火如荼，章邯因为得到秦帝国不断增派的援兵，实力大增。项梁不得已通告田荣，希望田荣出兵共讨章邯。项梁是一位义士，不免头脑简单，他始终认为以德报德、以怨报怨，一人有难定当八方支援，更何况我项梁还刚刚救了你田荣，就算是作为报答，你也应该助我一臂之力。

可田荣不这么想，他开出了出兵参战的价码：楚国必须杀了新立的齐王，赵国必须杀了齐相、齐将，我才出兵。

楚怀王熊心觉得：这齐王走投无路才来投奔我，杀之不义。同时赵国那边呢，也不同意杀齐相、齐将的要求。

田荣认为：被蝮蛇螫了手就要壮士断腕，螫了脚就要断脚，付出这么大的代价为的是保命。现在逃到楚国的齐王和躲在赵国的齐相、齐将危害到齐、楚、赵三国，比蝮蛇螫手足还厉害。三方会谈未能达成一致，田荣因此坚决不出兵救助项梁。后来章邯在东阿大败楚军，孤立无援的项梁战死，从此项羽便与田荣结了仇。

项梁既追章邯，章邯兵益盛，项梁使使趣齐兵共击章邯。荣曰：『楚杀田假，赵杀角、閒，乃出兵。』楚怀王曰：『田假与国之王，穷而归我，杀之不谊。』赵亦不杀田角、田閒以市于齐。齐王曰：『蝮螫手则斩手，螫足则斩足。何者？为害于身也。田假、田角、田閒于楚、赵，非手足戚，何故不杀？且秦复得志于天下，则齮龁首用事者坟墓矣。』楚、赵不听齐，齐亦怒，终不肯出兵。章邯果败杀项梁，破楚兵。楚兵东走，而章邯渡河围赵于巨鹿。项羽由此怨荣。——**《汉书·魏豹田儋韩王信传》**

项羽大封天下诸侯，将原齐王田市迁到胶东，封为胶东王；齐将田都参与救赵，又随项羽入关，被立为齐王；原齐王建的孙子田安曾协助项羽攻下济北几座城，然后率兵投靠了项羽，这次被封为济北王。田荣不救楚，不援赵，则不封王。田荣震怒。

徙齐王田市为胶东王。齐将田都从共救赵，因从入关，故立都为齐王，都临菑。故秦所灭齐王建孙田安，项羽方渡河救赵，田安下济北数城，引其兵降项羽，故立安为济北王，都博阳。田荣者，数负项梁，又不肯将兵从楚击秦，以故不封。——**《史记·项羽本纪》**

汉元年（前206）五月，田荣率军攻打项羽新立的齐王田都，田都败，逃到楚国。另外，田荣不让田市去胶东做胶东王，齐王田市害怕项羽，私自前往胶东，惹得田荣大怒。六月，田荣追杀胶东王田市，自立为齐王。七月，田荣击杀了济北王。田荣一个人，独霸了三齐王的全部土地。

项羽当初将齐地一分为三，目的是让三齐王相互制衡，确保西楚的安定。这一计划现在被叛乱的田荣完全搅乱了。项羽很生气，后果很严重。

田荣也不是等闲之辈，你看他短短三个月便独并齐地，甚是强悍。不过强悍是一回事儿，他也担心遭到项羽的报复，便打算联络一些对项羽分封心怀不满的人。

于是，他找到了彭越。

彭越又是何方神圣？此人原是昌邑（今山东巨野县大谢集镇）一个渔民，后来沦为“群盗”，在当地混出了点儿小名气。陈胜、吴广起兵后，当地的年轻人对彭越说：天下豪杰叛秦，你为什么不干一场呢？彭越说，“两龙方斗”，再等等。一年后，当地聚集起数百个年轻人，请彭越出山当头儿。彭越推辞。大家不愿意，非让他当头儿。彭越说：你们真要我当，明天一早集合，误期者斩！第二天太阳出来了，有十几个人迟到。彭越说：你们非要我当头儿，现在约了时间又不遵守。迟到的人那么多，不可能全杀了，就杀最后一个来的吧。随即下令将最后来到的人斩了。大伙笑着说：何至如此？以后不迟到就是了。彭越可不是开玩笑，他拉出最后来的那位，咔嚓一刀下去，血光四溅。随后设祭坛，号令众人。这帮年轻人一看这阵势，全傻了，从此对彭越敬畏有

不肯遣齐王之胶东，因以齐反，迎击田都。田都走楚。齐王市畏项王，乃亡之胶东就国。田荣怒，追击杀之即墨。荣因自立为齐王，而西击杀济北王田安，并王三齐。——**《史记·项羽本纪》**

加。彭越收聚散兵，手下有了千余人。

刘邦西入秦关时彭越曾协助他打过昌邑，没打下来。刘邦继续西进，彭越带着他的人在巨野（今山东巨野县）一带潜伏。项羽分封诸侯时彭越手下已有一万多人，没有具体归属于谁。由于他没有参加救赵，也没有随项羽入关，项羽跟他未曾有过交往，对他不关注，也没分封他。

田荣最早注意到彭越，还别有用心地派人送给彭越一枚将军印，希望他在梁地起兵反对项羽。彭越是个有奶就是娘的人，得到田荣的将军印，立即起兵反楚。项羽派萧县县令（萧公角）前去应战，结果被彭越打得溃不成军。

田荣自己独霸了齐地，又煽动了彭越在梁地反楚，玩得是不亦乐乎。没想到此时又出来了一个见风就是雨的陈馀！这个陈馀乃是赵地名人、反秦功臣。项羽分封时，听说陈馀是个贤者，而且有功于赵，就在其住地周围封了三个县给他。

但陈馀认为自己的功劳再怎么说至少和常山王张耳有一拼。张耳被封为常山王，自己却只得了三个县，太不公平。此

沛公之从砀北击昌邑，越助之。昌邑未下，沛公引兵西。越亦将其众居钜野泽中，收魏败散卒。项籍入关，王诸侯，还归，越众万余人无所属。——《汉书·韩彭英卢吴传》

予彭越将军印，令反梁地。楚令萧公角击彭越，彭越大破之。——《史记·高祖本纪》

彭越字仲，昌邑人也。常渔钜野泽中，为盗。陈胜起，或谓越曰：『豪杰相立畔秦，仲可效之。』越曰：『两龙方斗，且待之。』居岁余，泽间少年相聚百余人，往从越，『请仲为长』，越谢不愿也。少年强请，乃许。与期旦日日出时，后会者斩。旦日日出，十余人后，后者至日中。于是越谢曰：『臣老，诸君强以为长。今期而多后，不可尽诛，诛最后者一人。』令校长斩之。皆笑曰：『何至是！请后不敢。』于是越乃引一人斩之，设坛祭，令徒属。徒属皆惊，畏越，不敢仰视。乃行略地，收诸侯散卒，得千余人。——《汉书·韩彭英卢吴传》

然素闻其贤，有功于赵，闻其在南皮，故因环封三县。——《史记·项羽本纪》

时又见田荣、彭越心有异想，便暗中派使者去游说田荣，说项羽作为天下掌门人，处事不公，把原来的诸侯王封到欠发达地区，把跟随他的将领们封到发达地区，尤其是赵王歇，竟被封到边境去了，很是不妥。大王起兵不就是反对这种“不义”之事吗？希望大王能赞助一下我的军队，帮我赶走常山王张耳，以恢复赵王歇的地盘。事成之后，赵国可以做大王的屏障。

> 陈馀阴使张同、夏说说齐王田荣曰：『项羽为天下宰，不平。今尽王故王于丑地，而王其群臣诸将善地，逐其故主，赵王乃北居代，馀以为不可。闻大王起兵，且不听不义，愿大王资馀兵，请以击常山，以复赵王，请以国为扞蔽。』——《史记·项羽本纪》

田荣原来只注意到了彭越，真没注意陈馀。得到陈馀求兵的请求，田荣自认为又多了一位反楚斗士，真是天助我也！于是立即同意借兵陈馀。陈馀率领自己三县的军队，联合齐军，大败常山王张耳。而张耳，被迫逃到汉王刘邦处。陈馀的起兵，打乱了项羽安排的常山王、代王二分赵地的格局，而赵王歇被陈馀接回来后，为报答陈馀，遂封陈馀为代王。

> 齐王许之，因遣兵之赵。陈馀悉发三县兵，与齐并力击常山，大破之。张耳走归汉。陈馀迎故赵王歇于代，反之赵。赵王因立陈馀为代王。——《史记·项羽本纪》

深陷泥淖

一个田荣，搅乱了齐、梁、赵、代四地。一个刘邦，搅乱了汉、雍、塞、翟四地。一个陈馀，搅乱了赵地。至此，天下大乱，西楚霸王项羽这些日子究竟都干吗去了呢？他到底是怎么想的？又将会如何应对这样混乱的局面呢？

汉二年（前205）十二月，项羽终于出兵击齐。从田荣始乱到项羽出兵，时隔整整七个月。

项羽为什么不在田荣搅乱齐地初期（五月）就对田荣进行军事打击？为什么刘邦杀回关中时（八月）项羽不发兵西征？关中此时尚有章邯在废丘坚守，可以牵制刘邦。章邯的坚守是在等待项羽杀回关中，项羽为什么不利用这一有利条件?《史记》《汉书》对此一无记载。我们只能猜测，项羽举棋不定!

项羽出兵平乱面临着三个选择：一是击齐伐田荣，二是击赵讨陈馀，三是击汉攻刘邦。

发兵齐地可以达到三个目的：一是恢复齐地秩序，二是镇压田荣叛乱，三是保证西楚安全。发兵关中可以达到三个目的：一是恢复关中秩序，二是镇压刘邦叛乱，三是阻止刘邦东进。击赵打陈馀，所得最少。击齐和伐汉相比，看来项羽是更加看重其西楚安全了。

汉二年十二月，“项羽大怒”，兵出齐地。田荣率兵应战，一仗就被项羽打得失了元气，大败而逃。田荣逃到平原（今山东平原县西南），“平原民杀之”。**《史记·项羽本纪》**

田荣死后，项羽一路向北收复齐地，但一路烧杀抢掠的暴行激起百姓的集体反抗。这些百姓重新聚集起来，积极抵抗项羽。田荣的弟弟田横趁机收聚齐军“亡卒”，很快得到“数万人”，公开反叛，跟项羽玩起了持久战。项羽因此深陷齐地战场，一时不得抽身。

遂北烧夷齐城郭室屋，皆坑田荣降卒，系虏其老弱妇女。徇齐至北海，多所残灭。齐人相聚而叛之。于是田荣弟田横收齐亡卒得数万人，反城阳。项王因留，连战未能下。——**《史记·项羽本纪》**

项羽深陷齐地泥淖，对刘邦而言，乃是天赐良机。事不宜迟，刘邦利用这个机会，迅速吞并三秦。刘邦此举震惊了天下诸侯王，殷王司马印见刘邦有独大之势，宣布归汉。司马印的叛楚是一个偶然事件，这是介于楚、汉两大集团之间的诸侯王的一种现实选择——依附强势集团。对司马印的叛楚，项羽派人予以平定，司马印继而又宣布归楚。汉二年（前205）三月，刘邦兵出函谷关，司马印再次叛楚归汉。

从后世人的角度看，若项羽选择先攻打汉王刘邦，结局势必是另一番模样，当时关中好歹还有章邯做内应，项羽没有抓住这一有利条件，很是可惜。至于当时项羽为何不出击刘邦却发兵田荣，史书中也无记载。综合各方面的信息，我们在此可以适当揣测一下项羽这样做的原因。

其一，项羽此时仍然没有意识到刘邦的可怕和危险。不是说项羽不拿刘邦当回事儿，其实从鸿门宴开始，项羽就处处提防刘邦。《资治通鉴》记载，项羽听说刘邦率汉军向东杀来，想等灭了田荣的叛军再腾出手来解决刘邦。而且项羽心高气傲，他始终以居高临下的态度看待刘邦，认为刘邦成不了气候，自然无法真正认识到面前这个敌人有多么可怕。

虽闻汉东，既击齐，欲遂破之而后击汉。——《资治通鉴》卷九（中华书局2011年版）

其二，田荣之乱近在咫尺，短期内对项羽的威胁甚于刘邦。这是地缘政治决定的。刘邦乃是长远之敌，但齐地实在离西楚都城彭城太近了，项羽不敢怠慢。

其三，分身乏术，力不能及。纵使项羽再勇猛，也无法同时指挥应对两个战场。在田荣威胁更为直接的情况下，项羽只能将刘邦的问题放在一边。

其四，张良来信诱导项羽最终做出了伐齐的决定。项羽出兵之前，张良送来两封信。一封信是张良写给项羽的，此信称：汉王此次东进，只是想得到本该属于他的关中，达到怀王之约即适可而止，绝“不敢”再向东进发。一封信是齐地田荣、赵地陈馀写给各位诸侯王的，声称齐王想和赵王联手灭楚。项羽看了这两封信，肯定会选择北上齐地讨伐田荣。

> 汉使张良徇韩，乃遗项王书曰：『汉王失职，欲得关中，如约即止，不敢东。』又以齐、梁反书遗项王曰：『齐欲与赵并灭楚。』楚以此故无西意，而北击齐。——《史记·项羽本纪》

“张良来信”这件事儿，在《史记·项羽本纪》里有详细记载，这也是项羽决定伐齐的直接原因。张良将田荣、彭越致各诸侯王的公开信交给项羽，把刘邦还定三秦解读为“汉王失职”，无非想诱导项羽做出有利于刘邦的判断，好为刘邦赢得更多的时间。

刘邦还定三秦之后，天下大局对他而言，可谓天时地利人和，那么，接下来刘邦东出函谷关的行程，会继续一路畅通吗？

请看：彭城之战。

九　彭城之战

汉二年（前205）春，刘邦东进伐楚。这次东征，刘邦鸟枪换炮，声势极大，与屈就汉王时相比，简直不可同日而语。先拿人数来说，诸侯联军五十六万余人。自沛县起兵以来，刘邦从未统率过如此庞大的军队。然后是队伍的精神状态，出征以来所向披靡，势如破竹，军队士气大振。最重要的是，刘邦终于可以高举“正义”的大旗，理直气壮地讨伐项羽了。这面正义之旗究竟是什么呢？可谓天时地利人和的汉军真的能够在西楚国国都彭城给项羽致命一击吗？

所谓正义之旗

刘邦率军浩浩荡荡到达洛阳附近的新城（今河南伊川县），遇到了一个乡间主管教化的基层吏员——“三老董公”。他拦住刘邦，大诉“义帝”之死一事。

> 南渡平阴津，至洛阳。新城三老董公遮说汉王以义帝死故。——《史记·高祖本纪》

项羽大封诸侯前，先将怀王熊心奉为“义帝”，然后把“义帝”迁到南方，又下令截杀“义帝”。汉二年冬十月，九江王黥布在郴地杀死“义帝”。

> 二年冬十月，项羽使九江王布杀义帝于郴。——《汉书·高帝纪》

“董公”大讲“义帝”被杀，一下子提醒了刘邦。刘邦当即脱下一条袖子失声痛哭，并宣布：第一，全军将士为“义帝”举行隆重的丧葬仪式；第二，自己连续三天哭祭“义帝”；第三，昭告天下，项羽杀死义帝“大逆无道”！我刘邦誓与各位诸侯王一道铲除这擅杀义帝的罪人。

> 汉王闻之，袒而大哭。遂为义帝发丧，临三日。发使者告诸侯曰：『天下共立义帝，北面事之。今项羽放杀义帝于江南，大逆无道。寡人亲为发丧，诸侯皆缟素。悉发关内兵，收三河士，南浮江汉以下，愿从诸侯王击楚之杀义帝者。』——《史记·高祖本纪》

刘邦明白，这位董公为自己献了一件法宝！还定三秦时自己打着“怀王之约”的旗号，算是名正言顺。这次东征，又可以打着为义帝报仇的旗号，这真是天遂人愿啊。这面大旗是正义之旗，自己的军队也就是正义之师了。

天下诸侯百姓对义帝被杀很是在乎，一致谴责项羽的卑劣行径。刘邦紧紧揪住此事，公开声张，笼络人心，牢牢占领了道义上的制高点，无论从民心所向还是政治战略的角度，都已置项羽于被动。

刘邦明白，高举正义之旗是制胜法宝。义帝被杀刘邦早就知道了，他对项羽杀义帝是什么态度，史书无载。但是，如果项羽不杀义帝，刘邦诛灭项羽后，会匍匐在义帝面前称臣吗？绝无可能！刘邦夺了天下，也会步项羽后尘，搬掉头上义帝这座大山。不同之处只在于搬山的手法不会像项羽这么笨拙，但是刘邦当皇帝的夙愿绝不会因为义帝而改变。项羽实在是提前做了刘邦将来需要面对而又十分棘手的事。

难道戕害义帝是项羽再一次犯傻了吗？非也。实在是因为项羽自封为西楚霸王后，义帝的存在成为项羽一大政治难题。除掉义帝，必然成为刘邦以及其他诸侯王攻击自己的借口；不除义帝呢，指不定义帝将会成为自己这个霸王头上的霸王，或者会被别有用心之人利用，“奉义帝以令不臣”。无论哪种情况，都是大麻烦。杀还是不杀都是问题，权衡之下，项羽还是选择了干脆一点儿的做法——杀。

而刘邦高举这面所谓的正义之旗，好像真的得到了老天的庇护，一路顺风顺水，汉二年（前205）四月，更是攻入了西楚国国都彭城（今江苏徐州市）。

四月，汉皆已入彭城。——《史记·项羽本纪》

彭城大败

项羽听说刘邦率领诸侯联军攻占了彭城，大怒，亲率三万精兵从山东胡陵（今山东鱼台县东南）向彭城进军。

项王闻之，即令诸将击齐，而自以精兵三万人南从鲁出胡陵。——《史记·项羽本纪》

刘邦进入彭城后，将城里的金银珠宝红颜美人统统没收。“货宝”和“美人”，是刘邦当年攻入秦都咸阳后垂涎三尺而又忍痛割爱的东西。现在攻占了项羽的都城，刘邦再无顾忌，毫不迟疑地全部收归己有。这次顺利攻入西楚霸王项羽的都城是刘邦梦寐以求的大胜利，刘邦的兴奋甭提了，天天大摆酒宴。

四月，汉皆已入彭城，收其货宝美人，日置酒高会。——《史记·项羽本纪》

当刘邦醉酒高歌的时候，却不知项羽已经绕过彭城的东、北两面，兵锋直插彭城西面的萧县（今安徽萧县西北）。

项羽选择在清晨的时候发动突袭，到了中午时分，彭城的汉军就已经顶不住了，开始溃败。此时，汉军战死的士兵已经多达“十余万人”。这还不算完，项羽率领楚军一直追到灵璧东面的睢水旁，汉军再次败退，十几万士兵无路可逃，跳入河中，出现了“睢水为之不流”的奇观。作为汉军主帅的刘邦，亦被楚军团团围住，不得脱身。据《史记》记载，之后的事情就有些传奇色彩了。一股沙尘暴“从西北而起，折木发屋，扬沙石”，迎面吹向楚军，刹那间白天如同黑夜，楚军阵营“大乱”。刘邦趁机带领几十位随从逃走。

项王乃西从萧晨击汉军而东，至彭城，日中，大破汉军。汉军皆走，相随入谷、泗水，杀汉卒十余万人。汉卒皆南走山，楚又追击至灵璧东睢水上。汉军却，为楚所挤，多杀，汉卒十余万人皆入睢水，睢水为之不流。围汉王三匝。于是大风从西北而起，折木发屋，扬沙石，窈冥昼晦，逢迎楚军。楚军大乱，坏散，而汉王乃得与数十骑遁去。——《史记·项羽本纪》

此前，刘邦无论怎么和项羽闹矛盾，项羽都没有动过刘邦的家人。但这一次，刘邦自己也知道做得太过火了，打算取道沛县，带着家人一块儿逃跑。不幸的是，愤怒的项羽已经早一步派人到沛县抓捕刘邦的家人了。刘邦的家人四散逃跑，没能与刘邦见上面。

欲过沛，收家室而西；楚亦使人追之沛，取汉王家；家皆亡，不与汉王相见。——**《史记·项羽本纪》**

接下来的事情，就有些令人心酸了。据《史记·项羽本纪》记载，刘邦在逃亡的路上，巧遇自己的儿子刘盈和女儿鲁元公主，那还有什么可说的，赶紧放到车上一块儿逃跑吧。哪知楚军骑兵穷追不舍，且越逼越近。刘邦急了，为了加快速度，一脚将儿子惠帝刘盈和女儿鲁元公主踹下车去。赶车的滕公夏侯婴赶紧下车，抱起孩子。逃亡途中，这种事情重复了许多次。滕公劝刘邦：再急，也不能把孩子扔下不管吧？

汉王道逢得孝惠、鲁元，乃载行。楚骑追汉王，汉王急，推堕孝惠、鲁元车下，滕公常下收载之。如是者三。曰：『虽急不可以驱，奈何弃之？』——**《史记·项羽本纪》**

而《史记·夏侯婴列传》还补充有一些细节，夏侯婴每每下车抱孩子，他先慢慢地走，等两个孩子抱紧他之后才纵马奔驰。刘邦恼了，十几次都想杀夏侯婴，还好最终总算是顺利脱身了。

汉王败，不利，驰去。见孝惠、鲁元，载之。汉王急，马罢，虏在后，常蹶两儿欲弃之，婴常收，竟载之，徐行面雍树乃驰。汉王怒，行欲斩婴者十余，卒得脱，而致孝惠、鲁元于丰。——**《史记·樊郦滕灌列传》**

刘邦弃子逃亡之事，成为他一生被人诟病之处，说明他当时也真的是被逼到了绝境。

那么，刘邦一行人最后究竟是如何脱身的呢？《史记·季布列传》所附丁公的事迹，对此有较为详细的交代。

丁公是项羽手下的大将，他带兵追击刘邦，而且最终追上了刘邦。两军短兵相接，刘邦情急之下，回头对丁公说：“两贤岂相厄哉？”丁公听刘邦称自己为“贤”，是英雄，英雄不应该惺惺相惜吗？便率兵退回，放了刘邦一马。刘邦及其儿女因此才得以脱身。

丁公为项羽逐窘高祖彭城西，短兵接，高祖急，顾丁公曰：『两贤岂相厄哉！』于是丁公引兵而还，汉王遂解去。——《史记·季布栾布列传》

然而，刘邦的父亲太公、妻子吕雉，就没有那么幸运了。他们抄小路，打算与刘邦会和，结果撞上项羽的士兵。楚兵将太公、吕雉一帮人全押到项羽大营中，就此扣为人质。

彭城大战是刘邦、项羽的第一次正式交兵，这一仗，刘邦统领的五十六万大军败给了项羽的三万精兵，而且败得非常惨，不但损兵折将，还丢了父亲、妻子。诸侯联军，就此瓦解。

太公、吕后间行，求汉王，反遇楚军。楚军遂与归，报项王，项王常置军中。——《史记·项羽本纪》

胜败有凭

我们前面讲过，刘邦此次进军西楚，真可谓占尽了天时地利人和。那为什么彭城之战还会败得如此凄惨呢？

一是楚军士气高昂。项羽听闻刘邦攻占了自己的国都彭城，仅从齐地战场调回三万士兵。三万人虽少，可都是精兵，而且这次被人杀到了家门口，占了国都，三万楚军都铆足了劲，谁不拼命？战斗力强，士气高昂，打得极为勇猛。收复国都，驱逐入侵者，成为楚军自上而下的共同意志。而刘邦呢，自汉军攻入楚都彭城之后，日日饮酒高歌，天天庆祝，完全忘记了项羽率楚军主力正在齐地战场未归。一旦归来，岂能轻饶汉军？这可不像鸿门宴，三句话一忽悠，项羽心就软了。

楚军以怀着“愤激之气”的精兵进攻，汉兵以“怠惰之卒”应战，楚军大败汉军自然顺理成章。

二是项羽指挥得当。这一仗项羽指挥得相当有水平，他只带了三万精兵出征，为了避免打草惊蛇，攻击的方向又选择了刘邦防守最为懈怠的萧县。在刘邦看来，这片区域是汉军从函谷关杀到彭城的必经之地，距离齐地又最远，汉军出兵易，楚军进兵难。项羽偏偏率领楚军从这个最不可能出现的方向猛攻汉军。汉军被打了个措手不及，节节败退。项羽率领楚兵一鼓作气，先战萧县，再战灵璧，打得刘邦丢盔卸甲，不惜弃子逃生，成为后人眼中刘邦的一大污点。

三是汉军谋士皆无预见。彭城大战的时候，张良、陈平等谋士皆在汉军大营，他们是当时最为杰出的谋略家，也对项羽兵出萧县毫无预见。可见，人无完人，天才亦有犯错的时候啊。

张良不是辞归了吗，怎么又出现在汉军大营中？原来，在得知韩王成被杀后，张良就秘密回到刘邦帐下，并被封为“成信侯”，跟随刘邦东征伐楚。

至于陈平，先是在魏王手下做事，干了一段时间，觉得没啥前途，就投奔了项羽。殷王反叛的时候，陈平帮助项羽平定了叛乱，被拜为都尉。后来刘邦攻打殷地，殷王降汉，项王一怒之下便要杀掉之前平定了殷地的将领们。陈平害怕，就再次出走，投靠了刘邦。陈平此前在项羽军中任职都尉，刘邦相信陈平的能力，就让他在汉军中继续担任都尉之职。这在汉军中引发了不少议论，刘邦知道后，反而更加相信陈平。此次刘邦顺利攻占彭城，熟悉楚军情形的陈平应该是功不可没的，可惜最终还是败了。

张良、陈平都是此期最杰出的谋略家，他们对项羽兵出萧县一无预测，他们也都认为项羽丧失都城，又陷入齐地泥淖，抽不开身。因此，没有对刘邦提出预警，刘邦大败就成为一种历史的必然了。

那么韩信呢？这么关键的时刻，他在做什么呢？《史记·淮阴侯列传》记载：“汉二年，出关，收魏、河南、韩、殷王皆降。合齐、赵共击楚。四月，至彭城，汉兵败散而还。信复收兵与汉王会荥阳，复击破楚京、索之间，以故楚兵卒不能西。”可见韩信当时也在彭城，他为什么没能阻止项羽呢？史载不详。不过可以确定的是，韩信在彭城不可能独掌军权，最终的权力仍然在刘邦手中。

四是刘邦盲目乐观，疏忽大意。项羽作为当时超一流的名将，其名气早已传遍天下。刘邦面对项羽时，或智取，如鸿门宴，或退让，如屈就汉王，皆是竭力避免与项羽在正面战场上对抗。刘邦的这些策略，在一定程度上保全了自己的实力，但是不利之处也很明显，那就是他从未深切体验过项羽用兵的可怕。再加上，这次

是日乃拜平为都尉，使为参乘，典护军。诸将尽欢，曰：『大王一日得楚之亡卒，未知其高下，而即与同载，反使监护军长者！』汉王闻之，愈益幸平。遂与东伐项王。至彭城，为楚所败。——《史记·陈丞相世家》

刘邦率领诸侯联军，一路高歌猛进，顺风顺水，被胜利冲昏了头脑，对项羽不免有些轻视了。而彭城之战，无疑给刘邦当头浇下一盆冷水。项羽三万对刘邦五十六万，项羽胜，而且是大胜。

而且，这次攻占彭城后，刘邦“收其货宝美人，日置酒高会”，并不像他当初在关中那样，保持着强烈的戒惧之心，也说明此时的刘邦认为天下大势已定，可以安心享乐了。这也可以解释，为什么刘邦直至逃亡时，才想起迎接沛县的家人。既然天下大势已定，那么早一天晚一天派兵迎接沛县的家人，不是很随意的事情吗？若刘邦在彭城时，对项羽哪怕有一丝的警戒之心，也应该先把沛县的家人接到自己身边，甚至派兵护送家人入关中。若有不测，先保证家人没有危险。无论如何不会置父亲、妻子、儿女的安危于不顾，只顾自己天天“置酒高会”。

五是诸侯联军有组织无纪律，精神涣散，凝聚力差。刘邦从“和平解放”南阳郡后，便尝到了联众制衡的甜头。此次出关伐楚，刘邦仍然采用了建立统一战线的方法，联络了五国诸侯，组成伐楚联军。至于这五路诸侯到底是哪些人，史书说法不一，我们取河南王申阳、韩王郑昌、魏王豹、殷王司马卬、赵王歇之说。

河南王申阳在汉二年(前205)降汉，其封地改为河南郡。同年，刘邦派韩王信攻打项羽集团的韩王郑昌，郑昌战败投降，刘邦便改立韩王信为韩王。刘邦渡过黄河，魏王豹

使韩太尉韩信击韩，韩王郑昌降。十一月，立韩太尉信为韩王。——《汉书·高帝纪》

降汉，并随刘邦俘获殷王司马卬。这已经是四路诸侯了。

> 三月，汉王自临晋渡河。魏王豹降，将兵从。下河内，虏殷王卬，置河内郡。——《汉书·高帝纪》

刘邦伐楚之前专门派使者通报赵王，希望他能够加入伐楚联军。掌握赵国实权的陈馀开出条件：你刘邦杀了张耳，我赵国才出兵。刘邦左思右想，决定先把陈馀忽悠住再说，于是找到一个长相酷似张耳的人，“杀之”，然后把此人的首级打包送给陈馀。陈馀验明正身后，才“遣兵助汉”。

> 汉二年，东击楚，使使告赵，欲与俱。陈馀曰：『汉杀张耳乃从。』于是汉王求人类张耳者斩之，持其头遗陈馀。陈馀乃遣兵助汉。——《史记·张耳陈馀列传》

刘邦组织起来的诸侯联军，代价小，时间短，见效快，总兵力更是达到五十六万之众。但是，这种临时凑到一起的联军，弱点也很明显，那就是凝聚力不强。体现在：第一，五路诸侯军各有建制，难以统一调度；第二，一旦受挫，只要有一路兵败或出逃，整个联军就极容易全线崩溃。事实证明，的确如此。

六是骑兵奔袭，步兵难逃。项羽率领的“精兵三万”到底是什么兵种？史载不详。但我们可以大致猜想一下：项羽仅带三万士兵，就有信心收复彭城，且又是远程奔袭，以少击多，这“精兵三万”是骑兵的可能性更大一些。若真如此，精锐骑兵对付刘邦拼凑起来的诸侯联军，优势更明显，胜算更大。

下邑画策

乱世之中，实力为尊。刘邦彭城大败后，各路诸侯见风使舵，纷纷倒戈，归顺西楚。

当是时，诸侯见楚强汉败还，皆去汉复为楚。——《史记·高祖本纪》

逃到下邑（今安徽砀山县东）的时候，刘邦心中产生了新的决断，他问张良说，我打算把函谷关以东的地方，都作为封赏，谁能帮我诛灭项羽成就大功？在这里，不得不佩服刘邦的大气。无论是春秋战国，还是楚汉之际，各路诸侯往往不免浴血奋战，才能夺取一座或几座城池，而刘邦却可以毫不心疼地放手这大片本属于自己的天下。然而，舍得舍得，不舍怎有得？刘邦最后能得到天下，实源于此时的放手。

至下邑，汉王下马踞鞍而问曰：『吾欲捐关以东等弃之，谁可与共功者？』——《史记·留侯世家》

张良回答：九江王黥布是楚国枭将，现在与项羽有了隔阂。彭越之前曾接受齐王田荣的指使在梁地反楚，这两个人可以利用一下。至于您手下的将领，只有韩信可以托付大事，独当一面。假如您真愿意把函谷关以东的土地拿出来封赏，那么就赏给这三个人吧，能充分利用他们三人的实力和能力，您就可以打败楚军了。这就是张良的“下邑画策”。“下邑画策”奠定了刘邦最终战胜项羽的基调：让韩信、黥布、彭越的部队成为汉军的三大军团。

良进曰：『九江王黥布，楚枭将，与项王有郄；彭越与齐王田荣反梁地：此两人可急使。而汉王之将独韩信可属大事，当一面。即欲捐之，捐之此三人，则楚可破也。』——《史记·留侯世家》

刘邦拿“捐关以东”作为筹码，称得上是大手笔，彰显出君临天下的气魄。封赏土地共享天下，对世间豪杰的诱惑力不是一般地大。而能够有此气魄做出这样决定的人，在秦汉史上也只有两个：一是异人，二是刘邦。异人成为秦庄襄王，刘邦成为汉帝国创始人。

真说起来，函谷关以东的地盘可不是一点点，而是未来汉家天下的一半。刘邦这回可是下了血本想要翻盘。和项羽真正交过一次手后才知道，“西楚霸王”不光是听起来厉害，打起来更厉害！但刘邦也不是等闲之辈，怎会轻易咽下这口气？

张良提到的九江王黥布本是项羽集团的核心将领，其勇猛无畏居项羽麾下众将之首，项羽的成名之战“巨鹿之战”便得益于黥布。当时黥布奉命率两万人先期进攻秦军，以弱胜强，以少胜多，黥布得手后，项羽才破釜沉舟，全军压上，大败秦军；坑杀二十万秦降卒之前，参与决策的也只有黥布和蒲将军。后来分封十八位诸侯，项羽手下楚将被分封的只有河南王申阳和九江王黥布，由此可见，项羽对黥布的信赖非同一般。

然而，项羽出兵伐齐以及之后的彭城大战，黥布都表现得十分消极，特别是彭城大战，竟然袖手旁观。这一切都被张良看在眼里，他知道，现在黥布和项羽之间已生嫌隙，而黥布驻守的位置恰是西楚国的后方。如果说服黥布倒戈，便可在西楚国以南，项羽大本营的后方开辟出新战场。

项籍使布先渡河击秦，布数有利，籍乃悉引兵涉河从之，遂破秦军，降章邯等。楚兵常胜，功冠诸侯。诸侯兵皆以服属楚者，以布数以少败众也。项籍之引兵西至新安，又使布等夜击坑章邯秦卒二十余万人。至关，不得入，又使布等先从间道破关下军，遂得入，至咸阳。布常为军锋。项王封诸将，立布为九江王，都六。——《史记·黥布列传》

张良的下邑画策虽不甚具体，但刘邦听后心领神会，怦然心动。他环顾左右说，你们这些人都是不能商议天下大事的人啊。众人不敢吱声。这时一位侍从（谒者）站出来对刘邦说：不知道大王您说的“天下事”是什么事？刘邦瞧了他一眼说：谁能替我出使淮南，说服九江王黥布叛楚，把项王困在齐地几个月，我夺取天下的计划就万无一失了。这位侍从说：那么，就让我出使淮南吧。这位侍从不是别人，正是巧舌如簧的说客随何。刘邦批准了随何的毛遂自荐，另派了二十人跟他一同出使淮南。

汉三年，汉王击楚，大战彭城，不利，出梁地，至虞，谓左右曰：『如彼等者，无足与计天下事。』谒者随何进曰：『不审陛下所谓。』汉王曰：『孰能为我使淮南，令之发兵倍楚，留项王于齐数月，我之取天下可以百全。』随何曰：『臣请使之。』乃与二十人俱，使淮南。——《史记·黥布列传》

到了淮南，随何通过九江王黥布的“太宰”（主管膳食）求见黥布，等了三日仍不得召见。随何直接对九江王的太宰说，九江王不见随何，一定是认为楚强汉弱吧。这恰恰是我这次出使淮南的原因，也是九江王最应了解的事情。请让我见九江王，如果九江王觉得我说的话没有道理，可以把我随何与二十位随从公开处死，以示九江王反汉亲楚之决心。太宰把这番话转告了黥布，黥布立即召见随何。

至，因太宰主之，三日不得见。随何因说太宰曰：『王之不见何，必以楚为强，以汉为弱，此臣之所以为使。使何得见，言之而是邪，是大王所欲闻也；言之而非邪，使何等二十人伏斧质淮南市，以明王倍汉而与楚也。』太宰乃言之王，王见之。——《史记·黥布列传》

一见面，随何劈头就说：我一直纳闷，大王和项王是什么亲戚呢？黥布回答说：我只是被分封在楚国之南，北面称臣，侍奉项王。随何又说：大王亦是诸侯王，但却向项王称臣，一定是认为西楚强大，可以托付自己的淮南国。既然如此，项王伐齐，大王理应调兵遣将，亲自率兵冲锋陷阵为项王解围才对，却只派出区区四千兵马意思了一下。口口声声说称臣奉楚，难道就是这样敷衍了事吗？再说到汉王攻占彭城之事，项王滞留齐地分身乏术，大王您理应出动淮南军队，渡过淮河，到彭城替项王作战。而实际上呢，大王拥有“万人之众”，却没有一兵一卒渡淮作战，站到旁边冷眼旁观楚汉相争。把自己的国家托付给别人，就该是这个样子吗？看来大王也只是喊喊奉楚的口号罢了，眼下虽未叛楚，是因为汉弱楚强罢了。但还请大王三思，楚国虽然强大，毕竟背负着“不义之名”，项王“背盟约而杀义帝”，自恃打了胜仗狂妄自大。如今汉王聚拢诸侯，退“守成皋、荥阳”，可以利用巴蜀、关中的地理优势以及丰富的物资，分兵把守关中要塞。项王如果要率兵深入汉王地界，中间隔着梁国，“欲战则不得，攻城则力不能”，再加上粮食装备都需要从千里之外运来，实在消耗不起。即使楚兵能够攻到荥阳、成皋，汉军只需“坚守而不动”，楚军便进退维谷，难以脱身。所以说，楚国虽强，但是并不足以成为您淮南国的依靠啊。

大王不与“万全之汉”结为联盟，却把自

随何曰：『汉王使臣敬进书大王御者，窃怪大王与楚何亲也。』淮南王曰：『寡人北乡而臣事之。』随何曰：『大王与项王俱列为诸侯，北乡而臣事之，必以楚为强，可以托国也。项王伐齐，身负板筑，以为士卒先，大王宜悉淮南之众，身自将之，为楚军前锋，今乃发四千人以助楚。夫北面而臣事人者，固若是乎？夫汉王战于彭城，项王未出齐也，大王宜骚淮南之兵渡淮，日夜会战彭城下，大王抚万人之众，无一人渡淮者，垂拱而观其孰胜。夫托国于人者，固若是乎？大王提空名以乡楚，而欲厚自托，臣窃为大王不取也。然而大王不背楚者，以汉为弱也。夫楚兵虽强，天下负之以不义之名，以其背盟约而杀义帝也。然而楚王恃战胜自强，汉王收诸侯，还守成皋、荥阳，下蜀、汉之粟，深沟壁垒，分卒守徼乘塞，楚人还兵，间以梁地，深入敌国八九百里，欲战则不得，攻城则力不能，老弱转粮千里之外；楚兵至荥阳、成皋，汉坚守而不动，进则不得攻，退则不得解。故曰楚兵不足恃也。』

——《史记·黥布列传》

己的身家性命托付给危亡的西楚，我实在是深感迷惑。说实话，我并不认为大王凭借淮南之兵的力量，就可以灭掉项王，但是呢，仅仅是把项王困上几个月，应该问题不大。这样的话，汉王就可以趁这段时间顺利取得天下了。当然了，大王如果能够率领淮南之众投靠汉王，汉王已经承诺，事后一定会为您广封土地，以示答谢。到那个时候，大王您拥有的土地，又何止一个淮南国呢！这次汉王派我专程前来斗胆提议，还希望大王您能够认真考虑一下我们的建议。

今大王不与万全之汉而自托于危亡之楚，臣窃为大王惑之。臣非以淮南之兵足以亡楚也。夫大王发兵而倍楚，项王必留；留数月，汉之取天下可以万全。臣请与大王提剑而归汉，汉王必裂地而封大王，又况淮南，淮南必大王有也。故汉王敬使使臣进愚计，愿大王之留意也。——《史记·黥布列传》

黥布听随何噼里啪啦说了这么一通，觉得好像是有那么点道理，沉思了片刻，说：这事儿我干了。不过黥布虽然答应了随何，但仍然不敢有丝毫泄露。因为此时，楚国使者也在黥布这儿，急着催促黥布发兵助楚呢。而随何呢，虽然得到了黥布的口头许诺，但依然是坐立不安，他深知政治这玩意儿蹊跷得很，若不是板上钉钉则变数无穷。他见楚国使者也不断前来游说，黥布的态度又一直不明朗，恐旁生枝节，于是想办法让此事“生米煮成熟饭”。

一天，楚国使者正和黥布商谈发兵之事，随何不请自来，直接坐在楚国使者的上座，对楚国使者说：九江王已经归汉，怎么可能还会发兵助楚？黥布惊呆了，一时无言以对。楚国使者反应倒很快，站起来要溜走。随何提醒黥布说：既然事情已经这样，就趁机把楚国使者杀了吧，免得他奔回楚国，走漏消息。大王您呢，也别犹豫了，赶紧为自己留条后路，投奔汉王吧。事已至此，黥布也是无可奈何，只好杀了使者，正式宣布起兵攻楚。

楚使者在，方急责英布发兵，舍传舍。随何直入，坐楚使者上坐，曰：『九江王已归汉，楚何以得发兵？』布愕然。楚使者起。何因说布曰：『事已构，可遂杀楚使者，无使归，而疾走汉并力。』布曰：『如使者教，因起兵而击之耳。』于是杀使者，因起兵而攻楚。——**《史记·黥布列传》**

项羽听说黥布叛变，马上派项声、龙且攻打淮南。这场仗一打就是几个月，最终龙且打败了黥布。黥布想带兵归汉，担心被项羽截杀，所以和随何一道从小路直奔刘邦大营而去。

楚使项声、龙且攻淮南，项王留而攻下邑。数月，龙且击淮南，破布军。布欲引兵走汉，恐楚王杀之，故间行与何俱归汉。——**《史记·黥布列传》**

随何成功策反黥布，乃是刘邦彭城大战之后最为关键的一步棋。其实黥布和项羽之间，并没有根本性的矛盾。他们之间的不和是由田荣激战项羽和刘邦攻入彭城这两个大事件引发的。汉二年(前205)，田荣杀死三齐王，吞并整个齐地。项羽兵发齐地，向九江王黥布征兵，“九江王布称病不往”，只派了一名部将带了几千人参加平叛。这使项羽非常不快。刘邦趁项羽陷身齐地，攻陷彭城，黥布“称病”，不主动出击。项羽回师击汉，黥布也没有参加。项羽恼羞成怒，屡次派使者责备黥布，又要召见黥布，黥布害怕，“不敢往”，两人的嫌隙由此产生。然而，项羽此时“北忧齐、赵，西患汉”，能够为他分忧的只有九江王黥布，外加项羽打心眼儿里欣赏黥布的军事才干，一心想让他为己所用，因此一直克制着自己的脾气，而没有采取军事行动。

汉二年，齐王田荣畔楚，项王往击齐，征兵九江，九江王布称病不往，遣将将数千人行。汉之败楚彭城，布又称病不佐楚。项王由此怨布，数使使者诮让召布，布愈恐，不敢往。项王方北忧齐、赵，西患汉，所与者独九江王，又多布材，欲亲用之，以故未击。——《史记·黥布列传》

正是这一点点的嫌隙，被张良及时捕捉，外加说客随何的巧言攻心，黥布最终转变立场，叛楚归汉。事已至此，刘邦心中的万全之策还可以顺利实施下去吗？他真的可以在短期内打败项羽吗？

请看：韩信北伐。

十

汉二年（前205）五月，刘邦从彭城一路败退，直到荥阳时，才组织起有效的防御，逐渐稳定下来。荥阳地处今河南省西部山区与中东部平原的交会处，易守难攻，是军事防御系统中的天然屏障。荥阳附近的敖仓，乃是秦帝国建备，储藏的粮食非常丰富，这无疑为刘邦解除了后顾之忧。韩信在此收聚起各路败军，萧何也调集了关中老弱到荥阳补充兵力。刘邦上次吃了骑兵的亏，这次吃一堑长一智，决定组建一支自己的骑兵部队。他选派灌婴为骑兵将领，同时任命两位秦降将做了左右校尉，组成汉军骑兵军团。这支新组建的骑兵军团不负众望，在荥阳东部大破楚军，刘邦得到了喘息的机会。好不容易喘了口气儿，让刘邦心烦的事又接踵而来——之前跟随刘邦伐楚的诸侯一个接一个地叛变。代王陈馀出兵助汉时曾提出杀张耳的条件，彭城之战后，陈馀发现张耳没死，自己被忽悠了，再加上楚军势大，陈馀于是鼓动赵王歇一起降了楚。一波未平一波又起，魏王豹借口回乡探望亲人，一过黄河便下令封锁渡口，宣布叛汉联楚。

声东击西

刘邦听说魏王豹叛汉联楚，立即意识到事态的严重性。魏王豹所控制的魏地，在今山西省中部和南部，南下可轻易切断荥阳汉军的粮道，西行可绕至汉军的大后方关中。这样，荥阳前线的侧翼和关中根据地便同时受到巨大威胁。此时刘邦正忙着在荥阳阻击项羽，分不出兵，只好派郦食其前去游说魏王豹，想兵不血刃地解决这个难题。

魏王豹以国属焉，遂从击楚于彭城。汉败还，至荥阳，豹请归视亲病，至国，即绝河津畔汉。汉王闻魏豹反，方东忧楚，未及击，谓郦生曰：『缓颊往说魏豹，能下之，吾以万户封若。』郦生说豹。——《史记·魏豹彭越列传》

魏王豹对汉使郦食其说，人生一世，像白驹过隙，实在是短暂得很。汉王太过傲慢，好侮辱人，骂起诸侯、群臣就如同骂自己的奴仆一样，一点礼数也没有，我是再也不愿忍受这样的屈辱，不想再见到他这个人了。

豹谢曰：『人生一世间，如白驹过隙耳。今汉王慢而侮人，骂詈诸侯群臣如骂奴耳，非有上下礼节也，吾不忍复见也。』——《史记·魏豹彭越列传》

显然，这只是魏王豹嘴上的说辞罢了。真正的原因在于，彭城大战之后楚强汉弱的局面让魏王豹蠢蠢欲动。除此以外，还有一个鲜为人知的秘闻，是魏王豹无论如何也不可说的。

原来，魏王豹身边有个叫薄姬的嫔妃，是原魏国宗室的私生女。魏王豹称王之后，薄姬被母亲“魏媪”送到魏王豹宫中。“魏媪”曾让相面大师许负为女儿薄姬相面，许负说：此女“当生天子”。许负的话让魏王豹欣喜万分，他心想，自己的嫔妃生的是天子，那自己就是天子他爹啊。天子的爹是什么？也是天子啊！于是，魏王豹趁着刘邦兵败之际，叛汉联楚，背地里积极为自己有朝一日当上天子做准备。

魏王豹当然不会知道，自己被杀后，爱妃薄姬被收归到汉王刘邦的织布房。刘邦见薄姬颇有几分姿色，便将其纳入后宫，但一年多都没宠幸过她。话说这个薄姬和管夫人、赵子儿是发小，当年三人曾有个小约定：谁先富贵了都不能忘了其他人。一次偶然的机会，当时正被刘邦宠幸的管夫人、赵子儿提到了和薄姬当年的约定。刘邦听后略加追问，两人便把此事详细地告诉了刘邦。刘邦心疼薄姬命苦，当晚就召薄姬侍寝。薄姬见到刘邦，说：我昨晚梦见一条苍龙盘桓在我的腹部。刘邦说：这是好兆头，我成全你！一夜侍寝，薄姬怀上了汉王的孩子，而且是个男孩，也就是后来的汉文帝刘恒。

及诸侯畔秦，魏豹立为魏王，而魏媪内其女于魏宫。媪之许负所相，相薄姬，云当生天子。是时项羽方与汉王相距荥阳，天下未有所定。豹初与汉击楚，及闻许负言，心独喜，因背汉而畔，中立，更与楚连和。汉使曹参等击虏魏王豹，以其国为郡，而薄姬输织室。豹已死，汉王入织室，见薄姬有色，诏内后宫，岁余不得幸。始姬少时，与管夫人、赵子儿相爱，约曰：『先贵无相忘。』已而管夫人、赵子儿先幸汉王。汉王坐河南宫成皋台，此两美人相与笑薄姬初时约。汉王闻之，问其故，两人具以实告汉王。汉王心惨然，怜薄姬，是日召而幸之。薄姬曰：『昨暮夜妾梦苍龙据吾腹。』高帝曰：『此贵征也，吾为女遂成之。』一幸生男，是为代王。——《史记·外戚世家》

当年许负说薄姬“当生天子”，看来还真被他蒙对了。只是苦了魏王豹，欢欣鼓舞做起了白日梦，浑浑噩噩成了刀下鬼。当然，“当生天子”都是魏王豹身后的事儿了。

魏王豹梦想着自己当皇帝，哪里会听从郦食其的游说。刘邦无奈之下，只好任命韩信为左丞相，统领大军，率灌婴、曹参等讨伐魏国。

汉王以韩信为左丞相，与曹参、灌婴俱击魏。——《汉书·高帝纪》

郦食其虽然没有完成说服魏王豹的任务，但是带回来许多第一手的情报。刘邦问郦食其：魏国大将是谁？郦食其回答：柏直。刘邦直言：乳臭未干的毛头小子罢了，怎么能抵挡我部下的韩信？又问：骑兵将领是谁？答曰：冯敬。刘邦说：他是秦将冯无择的儿子，倒是个贤才，不过也挡不住我部下的灌婴。再问：步兵统帅呢？答曰：项它。刘邦哼笑一声：也挡不住我部下的曹参。既然是这样，我就不用担心了。

食其还，汉王问：『魏大将谁也？』对曰：『柏直。』王曰：『是口尚乳臭，不能当韩信。骑将谁也？』曰：『冯敬。』曰：『是秦将冯无择子也，虽贤，不能当灌婴。步卒将谁也？』曰：『项它。』曰：『是不能当曹参。吾无患矣。』——《汉书·高帝纪》

韩信疑惑地问郦食其，魏王没有任命经验丰富的周叔做大将吗？郦食其说：用的是柏直。韩信嘲笑道：笨蛋一个罢了！于是率军伐魏。魏王豹在蒲坂（今山西永济市西）布置重兵防范，企图堵住临晋关。韩信套用“明修栈道，暗度陈仓”的老办法，一边故意在临晋关对岸的黄河边上停放大量船只，营造出强渡黄河的假象；一边在上游夏阳的少梁渡口（今陕西韩城市南）集结重兵，用瓮、罐和木板等制成木筏，悄然渡河，从侧后翼偷袭魏都安邑。

信问郦生：『魏得毋用周叔为大将乎？』曰：『柏直也。』信曰：『竖子耳。』遂进兵击魏。魏盛兵蒲坂，塞临晋。信乃益为疑兵，陈船欲度临晋，而伏兵从夏阳以木罂缶度军，袭安邑。——《汉书·韩彭英卢吴传》

另一条战线，曹参作为先锋，先攻打蒲坂东面的东张（今山西永济市虞乡镇西北），大败魏军。魏王豹听说东张失守，担心汉军抄后路攻打安邑，急忙从蒲坂退兵回防，谁知却被韩信抢了先。安邑是回不去了，魏王豹只得向东逃去。曹参一路追到曲阳（今山西绛县西南），大败魏军残余势力，终于在武垣（今山西垣曲县东南）活捉了魏王豹。汉二年（前205）九月，韩信攻下平阳（今山西临汾市西南），抓获魏王豹的母亲、妻子和儿女，西魏国灭亡，魏王豹亦被押送至荥阳。此后，韩信陆续平定魏国全境，置河东、上党、太原三郡。

军东张，大破之。因攻安邑，得魏将王襄。击魏王于曲阳，追至武垣，生得魏王豹。取平阳，得魏王母妻子，尽定魏地，凡五十二城。赐食邑平阳。——《史记·曹相国世家》

从汉二年八月率三万人伐魏，至九月平定魏地，仅仅历时两个月，韩信成功操办了彭城大败以来汉军的第一次大胜。

破代灭赵

韩信平定魏地后，顺便收编魏国散兵，扩大兵力，一时间声势浩大起来。韩信实力的迅速膨胀，引起了刘邦的注意。于是，刘邦下令把韩信的精兵全调到荥阳前线应对项羽。这样做，既大大补充了荥阳前线的汉军实力，同时也降低了韩信对自己的威胁。

信之下魏破代，汉辄使人收其精兵，诣荥阳以距楚。——《史记·淮阴侯列传》

韩信二话不说，立即执行。同时，他还自告奋勇地向刘邦提出，愿带三万精兵，“北举燕、赵，东击齐，南绝楚之粮道，西与大王会于荥阳”《汉书·韩彭英卢吴传》。刘邦应许，派张耳和韩信一块儿进军赵、代。

汉王遣张耳与信俱，引兵东北击赵、代。——《史记·淮阴侯列传》

刘邦、张耳两人乃至交，一直以来，刘邦对张耳都极其信任，还将自己唯一的女儿鲁元公主嫁给了张耳的儿子张敖。刘邦让张耳随行，仅仅是协助，还是监督？恐怕也只有刘邦自己知道了。

代国在今山西北部，赵国在今河北中南部，赵王歇是代王陈馀向田荣借兵，赶走常山王张耳后，从代地迎回来的原赵国国君。代王陈馀乃赵王歇之钦封。所以说，赵、代名为两国，实为一体。

相较之下实力较弱的代国，成为韩信首先攻打的对象。此时陈馀不在代国，而在赵国都城辅佐赵王歇。驻守代国的是国相夏说，也就是那个陈馀向田荣借兵时所派出的使者。夏说此人并不懂军事，两军开战之后，他在邬东（今山西介休市东北）遭遇曹参，一战即溃，而后率残部向东逃窜。韩信、曹参紧追不舍，将逃亡的代军一举歼灭，并斩了夏说。

因从韩信击赵相国夏说军于邬东，大破之，斩夏说。——《史记·曹相国世家》

韩信向汉王刘邦请兵的理由是“北举燕、赵”，既然灭了代国，占领了整个山西，下一步必然是南下灭赵。

汉三年十月，韩信、张耳率“数万”人“东击赵”，这里的“数万人”其实就是三万人，因为韩信向刘邦请兵之时要的就是“三万人”。赵王歇和陈馀得到报告，“聚兵井陉口”，号称“二十万”。井陉是从山西翻越太行山进入河北平原的必经之地，是“太行八陉”之一。四周皆是崇山峻岭，中间低洼，状如水井，故而得名。井陉西有一条百余里的狭长通路，是附近唯一一条可以行军的道路，赵王歇、陈馀率二十万赵军于此，迎击远道而来的韩信大军。

> 信与张耳以兵数万，欲东下井陉击赵。赵王、成安君陈馀闻汉且袭之也，聚兵井陉口，号称二十万。——《史记·淮阴侯列传》

赵国名将李左车向赵王歇建议：韩信、张耳这段时间灭魏灭代，气势逼人，不可轻视。但他们毕竟远离汉国，运粮千里，士兵们常常挨饿。井陉之道狭窄，车不能并行，马不能并排。韩信的军队行军之时，必定将粮食辎重放在大军后面。不如让我带上三万士兵，绕小路断了他们的粮草。如果能够成功，您只要深挖战壕，高筑营垒，坚守阵地，避而不战，便可将他们逼入进退两难的窘境。我再带兵截断他们的后路，用不了十天，韩信、张耳的人头就会悬挂到您的军旗之下。否则，我们将会吃大亏。

> 广武君李左车说成安君曰：『闻汉将韩信涉西河，虏魏王，禽夏说，新喋血阏与，今乃辅以张耳，议欲下赵，此乘胜而去国远斗，其锋不可当。臣闻千里馈粮，士有饥色，樵苏后爨，师不宿饱。今井陉之道，车不得方轨，骑不得成列，行数百里，其势粮食必在其后。愿足下假臣奇兵三万人，从间道绝其辎重；足下深沟高垒，坚营勿与战。彼前不得斗，退不得还，吾奇兵绝其后，使野无所掠，不至十日，而两将之头可致于戏下。愿君留意臣之计。否，必为二子所禽矣。』——《史记·淮阴侯列传》

李左车明白，士兵的多寡并不是战争制胜的绝对因素。在名将手中，数万人绝对可以改变一场战争的局势。韩信是名将吗？不说别的，就说他仅凭三万人，两个月就打下代国，就绝对不可小觑。所以，李左车是把韩信作为人生劲敌来对待，提出了当时最为可行又最稳妥的方案。

可惜陈馀是个儒生，经常宣扬正义之师不用阴谋诡计。面对当时的局势，他说，兵法上讲：有十倍于敌人的兵力则围歼敌军，有一倍于敌人的兵力就可以和敌人较量。现在韩信的兵力说是“数万，其实不过数千”。千里奔袭我军，已经筋疲力尽。如果“避而不击”，再有比韩信强大的敌人，我们怎么办？诸侯会说我们怯懦，轻视我们。所以他断然拒绝了李左车的建议。

成安君，儒者也，常称义兵不用诈谋奇计，曰：『吾闻兵法十则围之，倍则战。今韩信兵号数万，其实不过数千。能千里而袭我，亦已罢极。今如此避而不击，后有大者，何以加之！则诸侯谓吾怯，而轻来伐我。』不听广武君策，广武君策不用。——《史记·淮阴侯列传》

听说李左车的建议未被采纳，韩信心中高悬的石头安然落地，这才敢率兵走井陉道。在距离井陉还有三十里的时候，韩信就让军队停下来安营扎寨。然而，半夜时分，韩信突然传令，选两千骑兵，每人拿一面红色军旗，从小路间行，到赵国营地附近可以看见赵军动静的地方隐蔽起来。出发前，韩信明确指示：明天赵军见我军败退，一定会倾巢出动。你们趁这个机会迅速进入赵军大营，拔下赵国旗帜，插上我们的旗帜。同时下令，让副将给士兵们发放一点干粮，先垫垫肚子，第二天打败赵军之后再会餐！将领们听了，都觉得不靠谱。

韩信使人间视，知其不用，还报，则大喜，乃敢引兵遂下。未至井陉口三十里，止舍。夜半传发，选轻骑二千人，人持一赤帜，从间道萆山而望赵军，诫曰：『赵见我走，必空壁逐我，若疾入赵壁，拔赵帜，立汉赤帜。』令其裨将传飧，曰：『今日破赵会食！』诸将皆莫信，详应曰：『诺。』——《史记·淮阴侯列传》

当夜，韩信先派出一万精兵背水布阵。天一亮，韩信竖起大将韩信、张耳的旗帜，备好战鼓，一路开到井陉口。赵军大开营门，迎击汉军，双方一场混战。不多时，韩信、张耳佯败，扔掉军旗、战鼓，逃到前夜背水布置的军营里。赵军果然全体出动，争抢汉军的军旗、战鼓回去领赏。

韩信水营中的士兵们都是背水一战，没有

任何退路，人人殊死搏杀，赵军尽管连续猛攻，就是打不垮汉军。

平旦，信建大将之旗鼓，鼓行出井陉口，赵开壁击之，大战良久。于是信、张耳详弃鼓旗，走水上军。水上军开入之，复疾战。赵果空壁争汉鼓旗，逐韩信、张耳。韩信、张耳已入水上军，军皆殊死战，不可败。——《史记·淮阴侯列传》

此时，埋伏在赵军军营周围的两千骑兵，看见赵军倾巢而出，便飞快闯入赵军军营，拔下赵军军旗，插上汉军的军旗。攻打韩信水上大营的赵军死活打不垮汉军，便想回营。一回头，突然发现自己的军营全插上了红色的汉军军旗，个个大惊，人人失色，都以为汉军俘获了赵王，军心顿时大乱，四散而逃。赵将杀了好多逃兵，硬是无法阻止部队溃散。韩信指挥汉军杀回来，大破溃不成军的赵军，斩了乱军中的陈馀，活捉了赵王歇。

信所出奇兵二千骑，共候赵空壁逐利，则驰入赵壁，皆拔赵旗，立汉赤帜二千。赵军已不胜，不能得信等，欲还归壁，壁皆汉赤帜，而大惊，以为汉皆已得赵王将矣，兵遂乱，遁走，赵将虽斩之，不能禁也。于是汉兵夹击，大破虏赵军，斩成安君泜水上，禽赵王歇。——《史记·淮阴侯列传》

战争胜利了，将领们对韩信佩服得五体投地。在献上战利品的时候，这些将领问韩信：兵法上说，布阵要右靠山陵，左临水泽。将军这次却让我们背水列阵，还那么信誓旦旦地说破赵会餐，我们都不敢相信，最终却因此取胜。我们怎么不知道兵法上有这种战法？韩信说：兵法上有，你们没细看。兵法说“陷之死地而后生，置之亡地而后存”。精兵都被汉王调走，我韩信手下没有训练有素的军队，这就好像让我指挥着一群老百姓和赵军作战，只能把他们置于绝地，让每个人都为自己的生存拼死力战，才可以取得胜利啊。要是不这样，想必他们早逃了！将领们听完，个个佩服极了。

其实，韩信说的，只是破赵之战的胜利原因之一，此外还有三个重要原因，亦不容忽视：一是主客易位，二是阵形合宜，三是奇正相合。

先说主客易位。

战争历来有进攻，有防守。冷兵器时代，攻方所需的兵力，一般都要远多于防守一方的兵力。这次韩信作为攻方，只有三万兵力，且并非精兵强将。而守方呢，却是号称二十万。单从人数上看，对韩信所在的攻方太不利了。而且韩信是无后方作战，后勤保障严重不足。所以，高明的韩信，转化攻守角色，佯装战败、背水列阵就是攻守易位的具体措施。赵军看见韩信“战败”，倾巢出动，全力进攻。韩信则退入背水列阵的水军大营，全力防守赵军进攻。

再说阵形合宜。

在冷兵器时代，军队的战阵十分重要，常常影响战争的胜败。此次，韩信选择背水布阵，汉军左、右、后皆是水面，形成天然的防线，不用担心赵军从后面包抄，也不必担心赵军从两翼进攻，成为一个典型的环形战阵。在此种局面之下，韩信可以将自己的有限兵力全部用来正面防守。兵力虽少，但因为加大了纵深，局部兵力并不算少，所以可以抵御赵军的猛烈进攻。

诸将效首虏，毕贺，因问信曰：『兵法右倍山陵，前左水泽，今者将军令臣等反背水陈，曰破赵会食，臣等不服。然竟以胜，此何术也？』信曰：『此在兵法，顾诸君不察耳。兵法不曰「陷之死地而后生，置之亡地而后存」？且信非得素拊循士大夫也，此所谓「驱市人而战之」，其势非置之死地，使人人自为战；今予之生地，皆走，宁尚可得而用之乎！』诸将皆服曰：『善。非臣所及也。』——《史记·淮阴侯列传》

三说奇正相合。

《孙子兵法》说："凡战者，以正合，以奇胜。"什么是正？什么是奇？什么是"正合"？什么是"奇胜"？简单来说，常规为正，变化为奇；防守为正，突袭为奇。

韩信派两千骑兵预伏赵营四周，这是奇兵。主力防守，这是正兵。二者相配合，恰是兵力分配上的奇正相合。战术上，韩信先竖大旗正面进攻，再佯装败退背水防守，这是"以正合"。预伏的两千骑兵偷袭赵营，扰乱赵军军心，伺机反攻，破赵擒敌，这是"以奇胜"。

所以说，韩信井陉之战的胜利，绝非一个"置之死地而后生"就可简单概括，这里面所蕴藏的各种精髓，充分展示了韩信卓越且无人可及的军事天赋。

信乃令军中毋杀广武君，有能生得者购千金。于是有缚广武君而致戏下者，信乃解其缚，东乡坐，西乡对，师事之。——《史记·淮阴侯列传》

不战降燕

井陉大战一结束，韩信立即下令：不许杀李左车，活捉李左车者赏千金。重金之下，没过多久就有人将李左车绑到了韩信面前。韩信亲自为李左车解开绳索，并让他在面东的尊位上坐下来，自己面西而坐，执弟子之礼向他请教。

韩信问李左车：我想"北攻燕，东伐齐"，该怎样做才有效呢？

李左车推辞说：我不过是败军之将，怎么配谈这种大事？韩信接着说：我听说秦相百里奚在虞国而虞国灭亡，在秦国而秦国称霸。这并不是百里奚在虞国愚笨，到了秦国就变得聪慧了，而是秦国重用他、虞国不重用他，秦国认真听从他的建议、虞国轻视他的建议罢了。假令陈馀听从您的建议，想必我早被您擒获了。因为他不重用您，我才有机会在这里聆听您的教诲啊。现在我是真心想听您的教诲，您千万不要推辞。

于是信问广武君曰：『仆欲北攻燕，东伐齐，何若而有功？』广武君辞谢曰：『臣闻败军之将，不可以言勇；亡国之大夫，不可以图存。今臣败亡之虏，何足以权大事乎！』信曰：『仆闻之，百里奚居虞而虞亡，在秦而秦霸，非愚于虞而智于秦也，用与不用，听与不听也。诚令成安君听足下计，若信者亦已为禽矣。以不用足下，故信得侍耳。』因固问曰：『仆委心归计，愿足下勿辞。』——**《史记·淮阴侯列传》**

李左车回应道：我听说“智者千虑，必有一失；愚者千虑，必有一得”。所以，狂人的话，圣人也会有选择地采纳。陈馀凭借他的计谋，取得了很多次的胜利。然而，一次失算，就令他军败身死。如今将军一鼓作气，渡西河，虏魏王，擒夏说，灭代国。现在更是不到一个早晨就覆灭了赵国二十万大军，并诛杀成安君陈馀。您已名闻海内，威震天下。现在燕国的百姓都不下地干活了，整天吃喝享受，等着您出兵呢！这些呢，是对您有利的方面。但是，多次征战，您的将士们已经很疲劳了。如果您率领着这么一群疲惫不堪的军士，驻扎在燕国坚城之下，攻城的时间会拖得很长，而且攻城略地的力量也不足。敌方一旦知道了情况，您就会很被动。时间拖得越长，粮草消耗得越多。燕国虽弱尚不屈服，齐国强大必定会奋发图强。燕国、齐国相持不下，刘、项之争就不会见分晓。这是对将军不利的地方。

广武君曰：『臣闻智者千虑，必有一失；愚者千虑，必有一得。故曰「狂夫之言，圣人择焉」。顾恐臣计未必足用，愿效愚忠。夫成安君有百战百胜之计，一旦而失之，军败鄗下，身死泜上。今将军涉西河，虏魏王，禽夏说阏与，一举而下井陉，不终朝破赵二十万众，诛成安君。名闻海内，威震天下，农夫莫不辍耕释耒，褕衣甘食，倾耳以待命者。若此，将军之所长也。然而众劳卒罢，其实难用。今将军欲举倦弊之兵，顿之燕坚城之下，欲战恐久力不能拔，情见势屈，旷日粮竭，而弱燕不服，齐必距境以自强也。燕齐相持而不下，则刘项之权未有所分也。若此者，将军所短也。』——《史记·淮阴侯列传》

所以，我觉得您的考虑有失稳妥。善用兵者绝不以短击长，而是以长击短。

『臣愚，窃以为亦过矣。故善用兵者不以短击长，而以长击短。』——《史记·淮阴侯列传》

韩信再问：既然如此，我该怎么办？

李左车回答：不妨先按兵不动，镇守赵国，收养遗孤。每天好酒好肉犒赏士兵，让大伙儿好好休整一下。等休整得差不多了，把军队移驻到前往燕国的大路上，然后写一封信，把您的优势铺陈一番，再派一善辩之人把信送给燕王。到那时，想必燕王一定不敢不听您的命令。降服燕国后，再派善辩之士通报齐国，真到了那个地步，再厉害的谋士也无能为力了，齐国只能望风而降。做到这一步，天下大事就可以搞定了。用兵之道，本来就有先声夺人再动刀枪的先虚后实之计。

广武君对曰：『方今为将军计，莫如案甲休兵，镇赵抚其孤，百里之内，牛酒日至，以飨士大夫醳兵，北首燕路，而后遣辩士奉咫尺之书，暴其所长于燕，燕必不敢不听从。燕已从，使諠言者东告齐，齐必从风而服，虽有智者，亦不知为齐计矣。如是，则天下事皆可图也。兵固有先声而后实者，此之谓也。』——《史记·淮阴侯列传》

韩信听后大为感慨。立即按照李左车的建议，让军队稍作休整，然后派使者带信到燕国。燕王接到信后，果然不战而降。韩信派人向刘邦报告破赵胁燕之事，请求立张耳为赵王，镇守赵国。刘邦一听，正合自己的心意，立即予以批准：立张耳为赵王。

从其策，发使使燕，燕从风而靡。乃遣使报汉，因请立张耳为赵王，以镇抚其国。汉王许之，乃立张耳为赵王。——《史记·淮阴侯列传》

项羽得知赵地被刘邦收服，不断派兵渡河击赵。张耳、韩信一次次击退项羽军，并借机平定了全部赵地。

楚数使奇兵渡河击赵，赵王耳、韩信往来救赵，因行定赵城邑，发兵诣汉。——《史记·淮阴侯列传》

韩信这次北伐，不仅为刘邦攻下了四国之地，还从实践中逐渐形成了一整套消灭项羽的战略思想。本来刘邦同意韩信伐魏仅仅是权宜之计，完全是因为魏王豹执迷不悟，不愿降服，以致威胁到关中与荥阳之地。在此之前，刘邦完全没有灭掉魏、代、赵、燕、齐五诸侯，包抄项羽的大战略。

韩信出兵伐魏之时第一次提出了“北举燕、赵，东击齐，南绝楚之粮道，西与大王会于荥阳”《汉书·韩彭英卢吴传》的大战略。这是韩信对刘邦建立汉朝最为重大的贡献，其意义在于，最后可以从北部对项羽进行合围，而刘邦最终战胜项羽也正是这个战略发挥了极大作用。

项羽也不是吃素的，他很清楚地看到韩信剿灭四个诸侯国之后对自己造成的巨大威胁，才会多次派兵渡河攻赵，企图扳回一局，无奈韩信、张耳总能化险为夷，顺利瓦解楚军的进攻，巩固赵地防线。至此，刘邦率兵正面阻止项羽大军，韩信从北面逐渐合围而来，楚军被困之势初见端倪。

韩信的战略思想在很多人看来颇为迷惑，能领略其中奥秘的人屈指可数，赵军降将李左车却是其中之一，按照他的说法，韩信灭了魏、代、赵，拿下燕、齐，刘、项之争便会立见分晓。那么，真的会如他所言吗？刘、项之争到底会如何发展？韩信这头一路高歌猛进，汉王刘邦那边打得怎么样呢？

请看：鏖战荥阳。

十一

韩信一路过关斩将，灭魏、亡代、破赵、胁燕，打得有声有色，顺风顺水。难为了身在荥阳前线的汉王刘邦，被韩信抢尽了风头不说，打起仗来实在没那么幸运。韩信的对手只是魏豹、夏说、陈馀、赵歇之辈，刘邦面对的可是强大的楚霸王。韩信在黄河以北闹得翻天覆地，项羽管不住打不着，只能逮住刘邦泄愤。刘邦一方面身处与项羽对峙的正面战场，不想接招也得接招，极其被动；另一方面又不得不由着韩信继续闹腾，以牵制项羽后方，那么刘邦自己又该怎么化被动为主动？他在主战场上将会经历哪些磨难呢？

张良阻封

刘邦退守荥阳后，如何支撑正面战场成为一大难题。在这件事上，郦食其功不可没。郦食其一向重视后勤保障，他对刘邦说，“王者以民人为天，而民人以食为天”，荥阳附近的敖仓乃天下粮仓，储备丰富。现在应该赶紧管好敖仓的粮食，守住军事要塞成皋，局面就可以稳定下来。刘邦听取了郦食其的建议，一直坚守着敖仓，保证军粮，借机顶住了楚军的轮番进攻。

『臣闻知天之天者，王事可成；不知天之天者，王事不可成。王者以民人为天，而民人以食为天。夫敖仓，天下转输久矣，臣闻其下乃有藏粟甚多。楚人拔荥阳，不坚守敖仓，乃引而东，令适卒分守成皋，此乃天所以资汉也。……愿足下急复进兵，收取荥阳，据敖仓之粟，塞成皋之险，杜大行之道，距蜚狐之口，守白马之津，以示诸侯效实形制之势，则天下知所归矣。——《史记·郦生陆贾列传》

汉三年冬十月，项羽在屡攻不下之后终于看出些许门道：这刘邦之所以能坚持那么久，全靠后方军粮源源不断。于是，项羽集中军力专攻汉军运粮的甬道。“甬道”，就是两边砌上围墙的专用车道，断了甬道，也就断了汉军的军粮。

汉之三年，项王数侵夺汉甬道，汉王食乏。——《史记·项羽本纪》

刘邦一时间陷入绝望，即刻找来郦食其讨论破解项羽围剿之策。郦食其的意思是：当年商汤灭夏桀而封夏人的后裔，武王伐纣而封商人的后裔。秦国统一天下，各国诸侯均不得封。汉王现在如果能立六国君王后裔，各国的君臣百姓都会感恩戴德，愿当您的臣下。到那时再称霸，楚国也奈何不得，还得来朝拜呢。俗话说，病急乱投医。心急火燎的刘邦听了郦食其这番话，也不过脑子便马上说：好好好！赶快去刻六国的君印。

汉三年，项羽急围汉王荥阳，汉王恐忧，与郦食其谋桡楚权。食其曰：『昔汤伐桀，封其后于杞。武王伐纣，封其后于宋。今秦失德弃义，侵伐诸侯社稷，灭六国之后，使无立锥之地。陛下诚能复立六国后世，毕已受印，此其君臣百姓必皆戴陛下之德，莫不乡风慕义，愿为臣妾。德义已行，陛下南乡称霸，楚必敛衽而朝。』汉王曰：『善。趣刻印，先生因行佩之矣。』——《史记·留侯世家》

郦食其还没出发，正赶上张良出差回来，前来向刘邦汇报工作。刘邦正在进餐，看见张良连忙打招呼：子房，你过来。有人教了我一个破楚的方法，你来听听。于是他便把郦食其的建议复述了一遍。张良一听，大惊失色，忙问：谁给大王出的这个馊主意啊？大王的功业完蛋了。刘邦大惑不解地问：我觉得这计划还可以啊，有这么严重？没想到，竟被张良一口气讲了“八不可”。

食其未行，张良从外来谒。汉王方食，曰：『子房前！客有为我计桡楚权者。』具以郦生语告，曰：『于子房何如？』良曰：『谁为陛下画此计者？陛下事去矣。』汉王曰：『何哉？』张良对曰：『臣请藉前箸为大王筹之。』——《史记·留侯世家》

是哪八个不可呢？

当初商汤灭夏桀，之所以封其后人于杞地，是能置夏桀于死地，眼下大王能置项羽于死地吗？此乃一不可。武王伐纣，之所以封其后人于宋地，是能取商纣的首级，眼下大王能得项王的头吗？此乃二不可。武王入殷，立即释箕子之拘，封比干之墓。眼下大王能封圣人之墓吗？此乃三不可。武王能发巨桥之粟，散鹿台之钱，以救济贫苦之人。眼下大王能拿出钱粮救济贫苦吗？此乃四不可。伐纣成功之后，武王停息武备，修治文教，用虎皮将武器掩藏起来，以昭告天下从此不再用兵。眼下大王能偃武修文，不再用兵吗？此乃五不可。武王让马匹在华山阳坡休息，以昭告天下无为而治。眼下大王能休马停战吗？此乃六不可。武王在种满桃树的山丘上放牛，以昭告天下从此不再输送军需。眼下大王能放牛停运吗？此乃七不可。况且天下的贤士、豪杰、游士，之所以背井离乡追随大王，无非想求得咫尺安身立命之地。你把地都分给六国后裔了，拿什么封功臣呢？况且，现在要是重立六国后人，这些贤能者必会离开大王，各回各国各侍其主。如此一来，大王您还靠什么人去夺取天下呢？此乃八不可。

这便是历史上赫赫有名的“八不可”，这里面的每一条都有所指，暗示刘邦不可轻举妄动。第一条和第二条都在说刘邦现在实力不济；第三条是说刘邦名望不够；第四条是说财力不足；第五条和第六条是说时局不好；第七条讲的是环境恶劣。以上几条，归根结底就是告诉刘邦，你现在的综合实力还不足以规避实行分封的风险，硬要以诸侯统领自居，是无法服众的。最为重要也最具说服力的是接下来的第八条，直截了当地指出，刘邦手下的人才来自各地，如果就这样复立了诸侯国，那大

曰：『昔者汤伐桀而封其后于杞者，度能制桀之死命也。今陛下能制项籍之死命乎？』曰：『未能也。』『其不可一也。武王伐纣封其后于宋者，度能得纣之头也。今陛下能得项籍之头乎？』曰：『未能也。』『其不可二也。武王入殷，表商容之闾，释箕子之拘，封比干之墓。今陛下能封圣人之墓，表贤者之闾，式智者之门乎？』曰：『未能也。』『其不可三也。发巨桥之粟，散鹿台之钱，以赐贫穷。今陛下能散府库以赐贫穷乎？』曰：『未能也。』『其不可四矣。殷事已毕，偃革为轩，倒置干戈，覆以虎皮，以示天下不复用兵。今陛下能偃武行文，不复用兵乎？』曰：『未能也。』『其不可五矣。休马华山之阳，示以无所为。今陛下能休马无所用乎？』曰：『未能也。』『其不可六矣。放牛桃林之阴，以示不复输积。今陛下能放牛不复输积乎？』曰：『未能也。』『其不可七矣。且天下游士离其亲戚，弃坟墓，去故旧，从陛下游者，徒欲日夜望咫尺之地。今复六国，立韩、魏、燕、赵、齐、楚之后，天下游士各归事其主，从其亲戚，反其故旧坟墓，陛下与谁取天下乎？其不可八矣。且夫楚唯无彊，六国立者复桡而从之，陛下焉得而臣之？诚用客之谋，陛下事去矣。』——《史记·留侯世家》

家铁定都会选择回到家乡报效自己的故国，谁还给你刘邦卖命呢！

刘邦一听，一口喷出嘴里的饭，大骂郦食其：臭书生，差点坏了你老子的大事，赶快把六国君印全销毁！

汉王辍食吐哺，骂曰：『竖儒，几败而公事！』令趣销印。——《史记·留侯世家》

张良的谏言让刘邦心服口服，郦食其的分封计划彻底泡汤。其实，张良反对的不是分封本身，而是觉得分封的对象不合适。对于跟随刘邦打天下的功臣，张良绝不反对封他们为王侯。

范增中招

张良只说郦食其的办法行不通，却无法提出可行之策，汉军断粮的问题依然没有得到解决。刘邦只好低头向项羽求和，提出以荥阳为界，以西的土地归汉，以东的土地归楚。面对这样的条件，此时完全占据主动的项羽竟然想同意。想当年，项羽初入关时，宁可“负约”也不让刘邦染指关中，现在甭说关中、巴蜀、汉中，荥阳以西的土地都承认是刘邦的了。这个变化真不小！真是此一时彼一时啊！

恐，请和，割荥阳以西为汉。项王欲听之。——《史记·项羽本纪》

可是，有一个人绝对不会同意项羽就此妥协。他不愿意，刘邦就休想得逞。此人当然就是范增。范增的能量足以说动项羽，至少在这个问题上，项羽是会认真考虑范增的意见的。

范增劝项羽说：刘邦的队伍现在缺粮，这是解决他的最佳时机，这个时候一旦放了他，“后必悔之”。道理很简单，项羽一听就懂了，继续围住荥阳猛攻猛打。

> 历阳侯范增曰：『汉易与耳，今释弗取，后必悔之。』项王乃与范增急围荥阳。——《史记·项羽本纪》

刘邦这下惨了，城中无粮，楚军又猛攻不退，这可怎么办呢？就在这个节骨眼儿上，刘邦想起一件事来。此前，陈平曾经向他献过一道反间之计，说不定现在能够用得上。于是，刘邦立马召见陈平。陈平说：项王身边忠诚可靠的臣子只有范增、钟离眛、龙且、周殷这几个人，而且项王猜忌心一直很重。大王如果愿意拿出“数万斤金”，搞个反间计，离间他们君臣的关系，他们一定会闹出内乱。我们再全力进攻，定可大破楚军。刘邦一听，好啊！一次性拿出四万斤金（黄铜），交给陈平，让他随意花，花多花少一概不问。

> 顾楚有可乱者，彼项王骨鲠之臣亚父、钟离眛、龙且、周殷之属，不过数人耳。大王诚能出捐数万斤金，行反间，间其君臣，以疑其心，项王为人意忌信谗，必内相诛。汉因举兵而攻之，破楚必矣。汉王以为然，乃出黄金四万斤，与陈平，恣所为，不问其出入。——《史记·陈丞相世家》

陈平把这些钱用在反间计上，到处散布谣言，说钟离眛等人觉得自己功劳大，却得不到分封，于是想和刘邦联手灭了项羽，再瓜分其地称王。项羽听到后，果然不相信钟离眛等将领了。

> 陈平既多以金纵反间于楚军，宣言诸将钟离眛等为项王将，功多矣，然而终不得裂地而王，欲与汉为一，以灭项氏而分王其地。项羽果意不信钟离眛等。——《史记·陈丞相世家》

但最棘手的不是钟离眛，而是范增。这老头儿吃准了，现在是收拾刘邦的最佳时机。陈平也吃准了，这老头儿必须除掉不可！

于是陈平又使了一手。他等项王的使者到达

汉军军营的时候，特意准备了一桌丰盛的酒宴，见到楚使后故作惊讶地说：我还以为是范将军的使者，原来是项王的使者啊！然后将丰盛的酒宴撤下去，换上一桌劣质食品。使者眼瞅着美食变狗食，气得火冒三丈，回去之后在项王那里抱怨了一通。项王一听，也开始对范增大不信任了。范增力劝项羽早点拿下荥阳，除掉刘邦，项王心怀疑虑，一直没有采纳。范增见项王怀疑自己，还削自己的权，气得对项王说，天下大局已定，大王好自为之吧，我只求能安稳退休。就这样，范增悲愤地离开了奋斗多年的项氏集团，没走到彭城，气急攻心，背疮发作，死在了路上。

项王使者来，为太牢具，举欲进之。见使者，详惊愕曰：『吾以为亚父使者，乃反项王使者。』更持去，以恶食食项王使者。使者归报项王，项王乃疑范增与汉有私，稍夺之权。范增大怒，曰：『天下事大定矣，君王自为之。愿赐骸骨归卒伍。』项王许之。行未至彭城，疽发背而死。——《史记·项羽本纪》

坦白地说，陈平这点儿反间计并无特别高明的地方，但楚霸王就是信了，这也是没办法的事儿。

纪信救主

范增虽然死了，但是楚军仍然包围着荥阳城，荥阳城的形势一天比一天紧张。就在这个时候，纪信对刘邦说：眼下情况已经非常紧急，请让我假扮汉王与楚军周旋，大王借机出城吧。刘邦采纳了纪信的意见。当夜，刘邦让荥阳城中两千女子披甲戴盔装成汉军从东门出城。各方楚军听说汉王出城，从四面八方齐聚东门围歼汉军。纪信乘坐刘邦的专车，对四面围来的楚军说，“城中食尽，汉王降”。楚军一听，高呼万岁，都以为大功告成。而刘邦趁机率领几十名骑兵随从，自荥阳西门而出，直奔成皋，再从成皋回到关中。项王看到假扮汉王的纪信，追问道：刘邦在哪儿？纪信回答说：汉王早已平安出城了。项羽气急败坏，下令烧死了纪信。

汉将纪信说汉王曰：『事已急矣，请为王诳楚为王，王可以间出。』于是汉王夜出女子荥阳东门被甲二千人，楚兵四面击之。纪信乘黄屋车，傅左纛，曰：『城中食尽，汉王降。』楚军皆呼万岁。汉王亦与数十骑从城西门出，走成皋。项王见纪信，问：『汉王安在？』曰：『汉王已出矣。』项王烧杀纪信。——《史记·项羽本纪》

纪信救主并非首次。早在鸿门宴时，纪信随刘邦赴宴，刘邦逃席时，纪信等四员大将步行随后，幸亏范增没派人追杀，如果楚军追杀，纪信恐怕早已经捐躯了。北宋初年的著名诗人王禹偁《荥阳怀古》一诗云：“纪信生降为沛公，草荒孤垒想英风。汉家青史缘何事，却道萧何第一功。”全诗感慨刘邦建汉后萧何成了第一功臣，提都没提纪信，更没有追封纪信。金代诗人段继昌《读纪信传》曰：“鹿走中原两虎争，荥阳围解事堪惊。当时拔剑论功者，矢口何人说纪生？”也对纪信救主没有任何封赏深感不公。

人生就是这样，有人生前获得了“功名”，有人身后得到了“功名”，有人生前身后都没有得到“功名”。比如纪信，生未封侯，死未追封，但是，历史记住了他。纪信做事似乎没有“成功”，但是，纪信做人获得了极大的“成功”。后人的诗歌便是其做人“成功”的明证。

不管纪信遭遇了怎样的不公，他舍身救主，终究保全了刘邦的性命。

避实击虚

刘邦在荥阳阻击项羽可谓历尽艰辛，一直处于十分被动的局面。谁能帮刘邦结束这种被动挨打的局面呢？

袁生！袁生是姓袁的一个男子。名字不知道，史书无载。刘邦手下，谋士众多，譬如人们熟知的张良、陈平等，但这些大谋士对改变眼下被动挨打的局面却束手束脚。这位“袁先生”却颇有头脑，提出了一个调虎离山的好办法。古人说：“肉食者鄙，未能远谋。”确实如此。

话说刘邦此次回到关中，广征士兵，准备再次东出函谷关和项羽一决高下。“袁生”拦住汉王说：楚、汉两军在荥阳附近已经打了一年多了，我军常常处于劣势。大王这次南出武关，项羽一定会率兵南下。我建议大王到达南阳后，深挖沟堑，坚守不战，为荥阳、成皋的队伍争取喘息的机会。另外，派韩信等人以赵地为中心，联合燕、齐，包围楚军，大王再借机杀回荥阳。如此一来，楚军需要应付的对手就多了，对抗的力量也就分散了，我军士兵休整之后再与楚军对决，一定可以打败他们。

汉王之出荥阳，入关收兵，欲复东。袁生说汉王曰：『汉与楚相距荥阳数岁，汉常困。愿君王出武关，项羽必引兵南走，王深壁，令荥阳成皋间且得休。使韩信等辑河北赵地，连燕、齐，君王乃复走荥阳，未晚也。如此，则楚所备者多，力分，汉得休，复与之战，破楚必矣。』——《史记·高祖本纪》

刘邦心领神会，“袁生”之谋是大战略，比起只在荥阳与项羽贴身纠缠的手段，真是高明多了。于是，刘邦下令立即改道武关，兵出南阳郡。项羽果然率兵南下而来，刘邦坚守不战，牢牢拖住项羽大军。

> 汉王从其计，出军宛叶间。——《史记·高祖本纪》

与此同时，彭越在项羽的后勤补给线上做起了大文章。彭城大战前，彭越已经率三万军队参加了刘邦集团。彭城大战后刘邦退守荥阳，彭越没跟刘邦一块儿西撤，而是撤到“河上”(今河南滑县)。刘邦在宛地拖住项羽时，彭越渡过睢水，攻击楚军粮道。楚军派出项声、薛公迎战，大败。粮道被断，项羽大军受到严重威胁，不得不从宛地撤兵，项羽仅派终公坚守成皋，自己率军“东击彭越”。

> 项羽闻汉王在宛，果引兵南。汉王坚壁不与战。是时彭越渡睢水，与项声、薛公战下邳，彭越大破楚军。项羽乃引兵东击彭越。——《史记·高祖本纪》

这一仗，刘邦牵着项羽的鼻子走，打得是痛快淋漓。从战略角度而言，更是夺回了主动权和控制权。待项羽无奈撤兵，刘邦立即北上，杀死终公，夺回成皋。

> 羽使终公守成皋，而自东击彭越。汉王引兵北，击破终公，复军成皋。——《汉书·高帝纪》

这位“终公”究竟是何许人也？史家未记，我们也无从得知了。但是，这位“终公”一定不是一位名角。史书中他只出现一次，便是丢了成皋这次。

彭越这头呢，等项羽大军一到，他立即回撤到大本营。彭越可谓中国游击作战的创始人，他搞的这一套“敌进我退，敌退我进，敌走我扰”的游击战术对后世影响深远。

对项羽来说，彭越跑了，打不着，刘邦又占了荥阳、成皋。项羽没办法，只好返身再打荥阳。

面对项羽大军，刘邦还是挡不住，只能再逃。出逃之前，刘邦派御史大夫周苛、枞(zōng)公、魏豹三人驻守荥阳。这个魏豹呢，就是我们以前讲过的魏王豹，被韩信俘虏后，刘邦没舍得杀他，让他做了自己手下的一员战将(魏豹是员猛将)。周苛是沛县起兵就跟随刘邦的老部下，他和枞公商量，这个魏豹反复无常，一会儿降汉，一会儿叛汉，我耻于和这种人共事。于是，周苛、枞公密谋杀了魏豹。

荥阳陷落，周苛、枞公都被楚军活捉。项羽引诱周苛说：如果您投降于我，我让你做上将军，封三万户。周苛骂道：你不早点投降汉军，早晚会被抓住，你才不是汉王的对手呢！项羽一听，勃然大怒，烹杀了周苛，处死了枞公。

汉王使御史大夫周苛、枞公、魏豹守荥阳。周苛、枞公谋曰：『反国之王，难与守城。』乃共杀魏豹。楚下荥阳城，生得周苛。项王谓周苛曰：『为我将，我以公为上将军，封三万户。』周苛骂曰：『若不趣降汉，汉今虏若，若非汉敌也。』项王怒，烹周苛，并杀枞公。——**《史记·项羽本纪》**

汉三年(前204)六月，刘邦和滕公夏侯婴从成皋北门逃出，渡过黄河，入夜前赶到修武。第二天一早，刘邦、滕公自称汉使，骑马进入赵军大营。此时韩信、张耳尚未起床，刘邦趁机夺了他们指挥军队的印信、符节，调兵遣将开赴荥阳前线。等到韩信、张耳起床，得知刘邦来了，大惊。刘邦命令张耳镇守赵地，任命韩信为相国，率领未被征调的部队攻打齐国。

六月，汉王出成皋，东渡河，独与滕公俱，从张耳军修武。至，宿传舍。晨自称汉使，驰入赵壁。张耳、韩信未起，即其卧内上夺其印符，以麾召诸将，易置之。信、耳起，乃知汉王来，大惊。汉王夺两人军，即令张耳备守赵地，拜韩信为相国，收赵兵未发者击齐。——**《史记·淮阴侯列传》**

八月，刘邦亲率韩信手下的精兵直达修武

（今河南修武县）以南，想渡河与项羽开战。但是，刘邦的这个计划被一个人中止了。

此人名叫郑忠，是刘邦手下的一个随从（郎中）。他提醒刘邦，现在应该继续高筑壁垒，深挖堑壕，不要和楚军轻易交战。再派少量兵力渡过黄河增援彭越，继续骚扰项羽的后方补给线。等到项羽回兵时，我军再出击。

> 汉王得韩信军，则复振。引兵临河，南飨军小修武南，欲复战。郎中郑忠乃说止汉王，使高垒深堑，勿与战。——《史记·高祖本纪》

前有袁生，后有郑忠，皆是名不见经传的人物。但不得不说，这二人都颇具战略眼光。刘邦马上明白过来，立即采纳郑忠的建议，派两万步兵、数百骑兵，渡过黄河，深入楚地，烧毁楚军聚集的军粮。彭越得到援兵，声势大振，接连攻战了睢阳（今河南商丘市睢阳区）、外黄（今河南民权县西北）十七座城池，楚军的补给线被再次切断，逼得项羽只得回兵。

> 汉王听其计，使卢绾、刘贾将卒二万人，骑数百，渡白马津入楚地，佐彭越烧楚积聚，复击破楚军燕郭西，攻下睢阳、外黄十七城。——《汉书·高帝纪》

九月，项羽派大司马曹咎驻守广武，自己第二次率兵东击彭越。临行前，项羽一再告诫曹咎，汉王无论怎么挑衅，你都不要出战，只要牵制住汉军，不让他们东进就行。“我十五日必定梁地”，再和你会合。

> 项羽乃谓海春侯大司马曹咎曰：『谨守成皋。若汉挑战，慎勿与战，无令得东而已。我十五日必定梁地，复从将军。』——《史记·高祖本纪》

这个曹咎，是项梁的恩公。项梁秦朝时曾经犯法入狱，当时拜托任蕲县（今安徽宿州市南）狱掾的曹咎给栎阳狱掾司马欣写过一封信，就是这封信，救了项梁一命。

项梁、项羽此后非常信任曹咎。项羽回兵打通粮道，把防守广武的重任交给了大司马曹咎。项羽对曹咎其人应当有所了解，但走前一再告诫，可见项羽对曹咎驻守广武并不放心，仅要求曹咎坚守十五天不出战即可。曹咎能做到吗?

项梁尝有栎阳逮，乃请蕲狱掾曹咎书抵栎阳狱掾司马欣，以故事得已。——《史记·项羽本纪》

项羽一离开，刘邦便派人到楚军阵前羞辱曹咎，诱惑其开战。才过了五六天，曹咎便中招了，他违抗项羽命令，擅自率兵渡汜水出战，没想到刚刚渡过一半，就遭到汉军伏击，楚军大败。大司马曹咎、原塞王司马欣、原翟王董翳深悔不听项羽临行前的忠告，自知无颜再见项羽，都选择了自杀，广武就此失守，楚军在广武屯聚的军需也全部丢失。

汉果数挑楚军战，楚军不出。使人辱之，五六日，大司马怒，渡兵汜水。士卒半渡，汉击之，大破楚军，尽得楚国货赂。大司马咎、长史翳、塞王欣皆自到汜水上。——《史记·项羽本纪》

汜水之败，在于项羽用人失当!

刘邦避实击虚的策略非常有效。项羽在广武和汉军对峙，彭越在后方横扫楚军补给线，逼得项羽不得不回兵。项羽一回兵，刘邦又在广武大败楚军，拿下广武。

项羽风风火火地赶到梁地，在外黄与彭越的军队交手。外黄难打，几天才攻下。拿下外黄，项羽气得下令：外黄城中十五岁以上的男子统统集中到城东，全部坑杀。外黄县令舍人的儿子才十三岁，他当面指责项羽说：彭越攻打外黄，百姓害怕，不得已才投降彭越，而等大王来。现在大王来了，却又要坑杀外黄的百姓，你说外黄的百姓怎么能有归顺之心呢？您如果执意要坑杀外黄百姓，梁地十几座城，恐怕没有哪座城愿意向将军投降了。项羽一听，这个小娃娃讲得蛮有道理，立即赦免了原来打算坑杀的外黄百姓。此事一传出，从外黄到睢阳（今河南商丘市南），梁地的城池争着归顺项羽。项羽迅速平定了彭越之乱。

外黄不下。数日，已降，项王怒，悉令男子年十五已上诣城东，欲坑之。外黄令舍人儿年十三，往说项王曰：『彭越强劫外黄，外黄恐，故且降，待大王。大王至，又皆坑之，百姓岂有归心？从此以东，梁地十余城皆恐，莫肯下矣。』项王然其言，乃赦外黄当坑者。东至睢阳，闻之皆争下项王。——《史记·项羽本纪》

项羽击败彭越后，郁闷地得知曹咎、司马欣、董翳兵败自杀，只好再次杀回荥阳。这时的荥阳，只有被陈平反间计算计、不被项羽信任的楚将钟离眛还在坚持抵抗汉军。

汉军听说项羽又杀回来了，当即一哄而散，争相逃命。项羽驻军广武，再次和汉军相持。

当是时，项王在睢阳，闻海春侯军败，则引兵还。汉军方围钟离眛于荥阳东。——《史记·项羽本纪》

刘邦和项羽在广武这个地方相持不下，难分胜负。正如赵国名将李左车所预言的那样，相持不下的刘邦、项羽需要一股外力的推动。一旦有了外力推动，刘、项两家马上就可分出胜负。这股外力在哪里呢？

请看：韩信破齐。

十二 韩信破齐

刘邦与项羽在荥阳对峙之时，刘邦集团中有两个人同时盯上了齐国。一位是韩信，刘邦之前已向他下达了灭齐的命令；另一位是顶级外交家郦食其。郦食其谏言刘邦：齐地方圆千里，被强大的田氏宗族独占，他们多诈善变，而且拥有二十万精兵，大王就是派出几十万大军，也不可能在短时间内破齐。如果让我奉大王明诏，面见齐王，倒可以让它不战而降。刘邦深知郦食其在这方面很有经验，二话不说便立即派他动身赴齐游说。如此一来，郦食其攻心、韩信攻城，两手并举，谁能最终搞定齐国呢？

说降齐国

> 乃从其画，复守敖仓，而使郦生说齐王曰：『王知天下之所归乎？』王曰：『不知也。』曰：『王知天下之所归，则齐国可得而有也；若不知天下之所归，即齐国未可得保也。』齐王曰：『天下何所归？』曰：『归汉。』——**《史记·郦生陆贾列传》**

郦食其一见到齐王，就直入主题：大王知道天下将要归谁所有吗？齐王回答：不知道。郦食其直言不讳：如果大王知道天下将要归谁，便可保齐国上下平安无事；如果不知道，那就难说了。齐王问道：天下将归谁所有？郦食其答道：天下必将归汉。

齐王反问郦食其：先生为什么这样讲呢？郦食其见时机成熟，便将游说之辞慢慢道来。

> 汉王与项王戮力西面击秦，约先入咸阳者王之。汉王先入咸阳，项王负约不与而王之汉中。——**《史记·郦生陆贾列传》**

项王言而无信。当初汉王与项王合力灭秦，本来约定先入关灭秦者为王。汉王率先入关灭了秦，项王却违约失信，只封以巴蜀汉中之地。

> 项王有倍约之名，杀义帝之负；于人之功无所记，于人之罪无所忘；战胜而不得其赏，拔城而不得其封；非项氏莫得用事；为人刻印，刓而不能授；攻城得赂，积而不能赏：天下畔之，贤才怨之，而莫为之用。——**《史记·郦生陆贾列传》**

项王赏罚不公。违背盟约不说，项王还擅自杀了义帝。他手下的将领们打了胜仗得不到赏赐，攻下城池得不到封赏，受重用的都是项氏家族的亲戚。有功不记，有罪不忘，实在是赏罚不公。诸侯百姓其实都对他怨恨已久，贤能之才也都不愿为他效劳。

汉王与人同利。汉王和项王不同，他总是有福同享，有难同当。当初听说项王擅杀义帝，汉王悲愤交加，率蜀汉之军杀回三秦，重新整编军队，立诸侯后人为王。一有降城就封给手下将领，和天下人共享胜利果实，所以，天下豪杰都乐于为他效力。天下的人才都归了汉，这天下岂不是迟早会归汉吗？

项王迁杀义帝，汉王闻之，起蜀汉之兵击三秦，出关而责义帝之处，收天下之兵，立诸侯之后。降城即以侯其将，得赂即以分其士，与天下同其利，豪英贤才皆乐为之用。诸侯之兵四面而至，蜀汉之粟方船而下。——《史记·郦生陆贾列传》

汉兵是神兵天赐。汉王自蜀汉出兵以来，还定三秦，渡西河，灭魏国，过上党，亡代国，经井陉，杀陈馀，连下几十座城，所向披靡，就好比蚩尤之兵，绝不是一己之力所能控制，实在是上天庇护有加！如今汉王据敖仓，占成皋，天下诸侯若不赶快向他俯首称臣，被灭掉那是迟早的事儿。大王若是先向汉王称臣，便可保齐国社稷，否则，亡国之祸近在咫尺。

夫汉王发蜀汉，定三秦；涉西河之外，援上党之兵；下井陉，诛成安君；破北魏，举三十二城：此蚩尤之兵也，非人之力也，天之福也。今已据敖仓之粟，塞成皋之险，守白马之津，杜大行之阪，距蜚狐之口，天下后服者先亡矣。王疾先下汉王，齐国社稷可得而保也；不下汉王，危亡可立而待也。——《史记·郦生陆贾列传》

齐王田广、齐相田横听了郦食其这番话，心悦诚服，下令解除了紧急战备，天天和郦食其畅饮。

田广以为然，乃听郦生，罢历下兵守战备，与郦生日纵酒。——《史记·郦生陆贾列传》

不动干戈，不血兵刃，仅靠一张嘴便让坐拥七十多城的齐国向刘邦称臣，郦食其的能言善辩着实让人钦佩。其实，真正让齐国君臣俯首帖耳的却是大将军韩信的威力。韩信一路横扫的魏、代、赵、燕诸国，就是齐国的前车之鉴，齐国君臣本就心生畏惧，此时郦食其的劝降反倒给了他们一个台阶下。

乘虚而入

这边韩信奉刘邦之命向齐国进发，刚一出发就听说郦食其已经说降齐王。韩信本打算停止进军，谁知手下的一位辩士却极力反对。此人叫蒯通，擅长短之说。蒯通对韩信说：将军奉命攻打齐国，虽然汉王另派使者劝降，但后来有诏书命令将军停止军事行动了吗？郦生只不过是一介书生，凭着三寸不烂之舌拿下齐国七十多座城，而将军率领数万之众多日征战，也才不过平定了赵地五十多城。“为将数岁，反不如一竖儒之功乎？”韩信被蒯通说动，立即下令渡河攻齐。

信引兵东，未渡平原，闻汉王使郦食其已说下齐，韩信欲止。范阳辩士蒯通说信曰：『将军受诏击齐，而汉独发间使下齐，宁有诏止将军乎？何以得毋行也！且郦生一士，伏轼掉三寸之舌，下齐七十余城，将军将数万众，岁余乃下赵五十余城，为将数岁，反不如一竖儒之功乎？』于是信然之，从其计，遂渡河。——《史记·淮阴侯列传》

因为齐王田广、齐相田横相信郦食其的话，已经终止了历下（今山东济南市）军的一级战备，所以韩信极为轻松就偷袭成功。随后，灌婴率领的骑兵军团，曹参指挥的步兵军团也同时攻下了齐军大营，二十万齐国大军全军覆没。韩信乘胜追击，一口气打到了齐都临淄（今山东淄博市临淄区）。

齐已听郦生，即留纵酒，罢备汉守御。信因袭齐历下军，遂至临菑。——《史记·淮阴侯列传》

齐王田广闻讯，一口认定郦食其欺骗了自己。他对郦食其说：你要是能够阻止汉军攻城，我就放了你，不然，我就烹了你！郦食其是真不知道韩信为什么还会杀过来，但他明白，自己无论如何也无法阻止韩信放弃嘴边的肥肉。所以，郦食其对齐王说：做大事不顾小节，道德高尚的人不推辞责任。我不会再为你多说什么！齐王大怒，下令烹杀郦食其，自己率兵向高密（今山东高密市西南）逃窜，并派出使者向项羽求救。

齐王田广闻汉兵至，以为郦生卖己，乃曰：『汝能止汉军，我活汝；不然，我将亨汝！』郦生曰：『举大事不细谨，盛德不辞让。而公不为若更言！』齐王遂亨郦生，引兵东走。——《史记·郦生陆贾列传》

在这场袭齐之战中，郦食其被齐王烹杀，成功的韩信成为列卿部将中的大功臣，却招来了刘邦的猜忌，种下了日后被杀的祸根，只有刘邦成为这一事件的最大赢家。

洪水无情

项羽听说韩信破了齐，立即以项它为主帅带领枭将龙且等人，率兵二十万奔赴齐地。

韩信已定临菑，遂东追广至高密西。楚亦使龙且将，号称二十万，救齐。——《史记·淮阴侯列传》

齐军和楚军联合，共同对抗汉军。仗还没打，有人向龙且建议：汉兵远离自己的后方根据地，士兵们无路可退，所以兵锋很盛，勇猛顽强。而齐楚联军呢，是本土作战，容易思念家乡而失去斗志。不如深挖沟，高筑垒，让齐王派出口碑不错的大臣去被占领的城池安抚民心。那里的百姓官兵一旦听说齐王尚在，而且楚国援兵也已经到达，一定会叛汉自立。汉军客居齐地，如果齐城官兵全部团结起来进行反击，我们一定可以不战而胜。

齐王广、龙且并军与信战，未合。人或说龙且曰：『汉兵远斗穷战，其锋不可当。齐、楚自居其地战，兵易败散。不如深壁，令齐王使其信臣招所亡城，亡城闻其王在，楚来救，必反汉。汉兵二千里客居，齐城皆反之，其势无所得食，可无战而降也。』——《史记·淮阴侯列传》

这个建议和当年田单破燕复齐、之前李左车

建议赵兵严守不战一样，都是高明之策。

但是，好建议更需能听善听之人。而龙且呢，那是一点儿也听不进去。他满不在乎地说：韩信这个人胆小怕事，容易对付得很。何况我奉命率兵救齐，如果不战而胜，又算什么功劳呢？这仗必须打！

龙且曰：『吾平生知韩信为人，易与耳。且夫救齐不战而降之，吾何功？』——《史记·淮阴侯列传》

双方隔着潍水布下了军阵。

遂战，与信夹潍水陈。——《史记·淮阴侯列传》

韩信趁夜间先派人到潍水上游装填了一万多个沙袋，筑起一道临时的水坝，截住大部分流水，下游的河水随即减少。第二天，韩信率兵渡河攻打龙且，走到一半，假装怯战，掉头就逃。龙且见此情形，亢奋地说：我就说韩信怯战吧。于是，他带领楚兵准备冲过河道，追杀汉军。韩信在对岸，眼见龙且带领楚兵已经冲入河中，立即发出信号，上游的士兵们即刻将沙袋撤掉，被堵了一夜的河水立即滔滔而下。龙且的军队仅一小部分过了河，大部分士兵都被汹涌的河水隔离在对岸。韩信从容地指挥大军围剿龙且及渡过河的少数楚军，龙且被杀。对岸的楚军见主将被杀，一哄而散。混乱中，齐王田广也被杀了。韩信率领汉兵一路追杀楚军，楚军大部被俘。

韩信乃夜令人为万余囊，满盛沙，壅水上流，引军半渡，击龙且，详不胜，还走。龙且果喜曰：『固知信怯也。』遂追信渡水。信使人决壅囊，水大至。龙且军大半不得渡，即急击，杀龙且。龙且水东军散走，齐王广亡去。信遂追北至城阳，皆虏楚卒。——《史记·淮阴侯列传》

汉四年冬十一月，韩信平定了齐地。

汉四年，遂皆降平齐。——《史记·淮阴侯列传》

两说韩信

围剿龙且，破齐楚联军，攻下齐国七十多座城池，这是大胜。这样的大胜，让四个人做出了不同的反应。

第一位是韩信本人。

据《史记 · 淮阴侯列传》记载，韩信破齐之后，立即致信汉王刘邦，说齐地欺诈之风盛行，官民都反复善变。而且齐国南邻楚国边境，地理位置十分重要，如果不立一个代理齐王，根本镇不住，希望大王封我为代理齐王。

齐伪诈多变，反覆之国也，南边楚，不为假王以镇之，其势不定。愿为假王便。——《史记 · 淮阴侯列传》

对于韩信求封“假齐王”的这件事，《史记 · 田儋列传》中也有记载：“韩信遂平齐，乞自立为齐假王。汉因而立之。”

但是，也有一些记载认为韩信乃自立为齐王。《史记 · 灌婴列传》云：“齐地已定，韩信自立为齐王。”《史记 · 樊郦滕灌列传》《汉书 · 陈平传》曰：“淮阴侯信破齐，自立为假齐王。使使言之汉王。汉王怒而骂。”《汉书 · 张陈王周传》《汉书 · 蒯通传》载：“信遂定齐地，自立为齐假王。汉方困于荥阳，遣张良即立信为齐王，以安固之。”《汉书 · 蒯伍江息夫传》这三条记载都说韩信乃自立。一说韩信自立齐王；一说韩信自立为“假齐王”；一说韩信自立“齐假王”后通知刘邦，刘邦派张良封韩信为齐王，以稳住韩信。

那么，韩信的齐王，到底是求封的，还是自立的呢？根据我对韩信的理解，韩信应是求封而不是自封！“求封”是认刘邦为主，自己为臣；“自封”是和刘邦平起平坐。“求封”与“自封”虽然只有一字之差，但性质截然不同。韩信此时没有理由背叛刘邦，况且如果他真是自立为齐王，那么他对楚汉之争的态度，应当是或中立，或助楚，而不是完全倒向刘邦一边的助汉。

当然，无论韩信是自封或是求封，刘邦心里铁定不舒服。

第二位是刘邦。

刘邦听说韩信成功破齐，迫切希望他能早日发兵荥阳，协助自己打破正面战场的僵局，谁知盼星星盼月亮，盼到的却是韩信求封代理齐王的信。这和刘邦的心思完全相反，故“汉王大怒”，破口大骂：我被困在这儿这么久了，就盼着你赶快来助我一臂之力，你现在竟得寸进尺，想“自立为王”！

张良、陈平此时正在刘邦身边，一见这个场面，不约而同地都踩了刘邦一脚，附在刘邦耳边说：我们在这儿被动得很，怎么能阻止韩信称王呢？不如趁此机会善待韩信，顺着他的心思让他独自作战吧。不然，说不定会生出什么意外呢。刘邦立马反应过来，但自己正骂着呢，总不能突然不骂了，那多没面子啊！于是顺势说下去：男子汉大丈夫平了诸侯就应当封个正式的诸侯王，什么代理不代理的？刘邦立即派张良前往齐地，立韩信为齐王，同时征集齐王韩信的军队联合击楚。

当是时，楚方急围汉王于荥阳，韩信使者至，发书，汉王大怒，骂曰：『吾困于此，旦暮望若来佐我，乃欲自立为王！』张良、陈平蹑汉王足，因附耳语曰：『汉方不利，宁能禁信之王乎？不如因而立，善遇之，使自为守。不然，变生。』汉王亦悟，因复骂曰：『大丈夫定诸侯，即为真王耳，何以假为！』乃遣张良往立信为齐王，征其兵击楚。——**《史记·淮阴侯列传》**

刘邦对韩信破齐，一则是喜，一则是忧。说到底，这个新齐王的诞生怎么着都让刘邦心里不太痛快。

第三位是项羽。

韩信杀了龙且，这让天不怕地不怕的楚霸王项羽第一次领略到什么是恐慌。项羽一向目中无人，一生中从未怕过谁。想当年，他看到秦始皇出巡，脱口而出，“彼可取而代也”。此话一出口，吓得他的叔叔项梁急掩其口：“毋妄言，族矣！”《史记 · 项羽本纪》此时，项羽却感到了恐慌。可见，龙且为韩信所杀，对项羽的震撼有多大！

项羽都在怕什么呢？

首先，韩信这个对手确实可怕。龙且是谁？那是项羽手下独当一面的悍将。当年，枭将黥布叛楚，平定他的就是龙且，逼得黥布最后和汉使抄小路逃归刘邦。可想而知，龙且的勇猛在项羽军团中几乎是无人可比的。这次项羽接到齐王田广的求救信，深知事关重大，才派出手下最得力的悍将龙且。没想到，龙且竟然被韩信轻松斩落。连龙且都不是韩信的对手，韩信有多可怕不言而喻。

其次，国都、粮道遭受威胁。一个彭越已经搞得项羽两次回兵打通后勤补给线，如今再加上一个比彭越能量大得多的韩信，西楚军的后勤补给线面临着彻底瘫痪的危险，这对项羽军团来说是一个致命的灾难。而且，西楚国国都彭城与齐地接壤，韩信破齐，意味着彭城随时可能遭受袭击。

最后，汉强楚弱的局面正式形成。韩信破齐之后，麾下拥有三十万精兵。刘邦在荥阳战场虽然不占上风，但总能从韩信那里得到援兵，此时尚有二十万之众。龙且兵败，带过去的二十万楚军已经全部报销，屈指一算，项羽身边此时只剩下十万人马。韩信三十万，在楚军东；刘邦二十万，在楚军西。汉军的两个军团，恰好对楚军形成夹击之势。而项羽，只有十万兵马，如何对付得了刘邦的五十万大军呢？至此，项羽已经彻底失去了楚汉战争的主动权，汉强楚弱的局面完全形成，项羽败亡的历程悄然开始。

在此之前，项羽带兵打仗从未游说过任何人。他一生信奉武力定天下，你不服，我就打到你服，不屑于搞什么政治外交。然而，此时的项羽危机四伏，不得不放下身段，派武涉作为特使，专程前往齐地面见韩信，希望通过这场外交游说缓解一下自己所面临的压力。

武涉见到韩信，极力游说道：

第一，汉王贪得无厌。

当年天下诸侯合力灭秦，秦亡之后论功行赏，分地封王。但是，汉王太不知足了，有了巴、蜀、汉中，还要强占三秦。占了三秦，还要出关。出关之后呢，还要继续消灭其他诸侯。这个架势，摆明了就是不独吞天下不罢休啊！

使盱眙人武涉往说齐王信曰：『天下共苦秦久矣，相与戮力击秦。秦已破，计功割地，分土而王之，以休士卒。今汉王复兴兵而东，侵人之分，夺人之地，已破三秦，引兵出关，收诸侯之兵以东击楚，其意非尽吞天下者不休，其不知厌足如是甚也。』——**《史记·淮阴侯列传》**

第二，汉王不值得相信。

汉王曾经多次落于项王之手，项王心软，屡次留他性命，他才有机会苟活至今。然而汉王一旦脱离危险，就立即背叛约定，再攻项王。足下自以为和汉王情谊深厚，为汉王东征西战，但最终您还是会被汉王擒获的。

且汉王不可必，身居项王掌握中数矣，项王怜而活之，然得脱，辄倍约，复击项王，其不可亲信如此。今足下虽自以与汉王为厚交，为之尽力用兵，终为之所禽矣。——《史记·淮阴侯列传》

第三，韩信因项王存在才能存在。

武涉对韩信说，您能够活到今天，只是因为汉王还有项王这个大敌罢了。当今汉楚相争，取决于足下。足下助汉则汉王胜，助楚则项王胜。但是，你要明白，一旦项王败亡，足下再无利用价值，紧跟着就会被刘邦灭掉。

足下所以得须臾至今者，以项王尚存也。当今二王之事，权在足下。足下右投则汉王胜，左投则项王胜。项王今日亡，则次取足下。——《史记·淮阴侯列传》

第四，智者当中立。

武涉提醒韩信：您当年曾在项王手下任职，与项王算是旧交，为什么不联合西楚，“参分天下王之”？如果错过这个时机，执意把赌注全押在汉王身上，恐怕非智者所为啊！

足下与项王有故，何不反汉与楚连和，参分天下王之？今释此时，而自必于汉以击楚，且为智者固若此乎！——《史记·淮阴侯列传》

一个人的游说能力，和他对事态的精确把握密切相关。这个事态，有小势，又有大势。从武涉的这段话里可以看出，他对小势的把握，应该说是很到位了，但对天下大势的把握，明显不够。或者说，他其实把握到了，但因为对自己的游说不利，所以避而不谈。那么，这个大势是什么呢？当然是天下一统，这已经是民心所向，所以不可能出现三家鼎立的局面。任何试图摇摆于其中的势力，必将烟消云散。

听了武涉的游说，韩信到底是什么反应呢？

韩信对武涉说：我在项王手下做事，官位不过是个郎中，爵位不超过“执戟”。“言不听，画不用”，所以才投靠了汉王。汉王封我为上将军，一开始就让我掌管数万兵马。他拿出好衣服让我穿，端出美食让我吃，工作上也虚心接受我的意见，所以我才有了今天。一个人这样信任我，我若是背叛他，天理不容，所以我至死不会背叛汉王。

韩信谢曰：『臣事项王，官不过郎中，位不过执戟，言不听，画不用，故倍楚而归汉。汉王授我上将军印，予我数万众，解衣衣我，推食食我，言听计用，故吾得以至于此。夫人深亲信我，我倍之不祥，虽死不易。幸为信谢项王！』——《史记·淮阴侯列传》

武涉作为一位说客，可以说恪尽职守了。但是韩信如此信任刘邦，尤其让人感动。一位天才的军事家对政治的理解仅仅局限在个人恩怨的范畴之中，也让人无限感慨。

第四位是蒯通。

蒯通就是之前鼓动韩信继续进军齐地的辩士，此人嘴皮子实在厉害。他第一次出现在历史的舞台上是秦二世元年（前209）八月，周旋于赵王武臣与范阳县令之间，传檄千里，助赵王不战而下三十余城。

这次平定全齐，对韩信来说是称王的资本，对刘邦来说是亦喜亦忧，对项羽来说是一场空前的灾难，对蒯通来说却是施展自己才华的机遇。

蒯通心中了然：当今天下大势，取决于韩信。看到武涉游说失败，蒯通决定，自己一定要想方设法说动韩信叛汉自立。

齐人蒯通知天下权在韩信，欲为奇策而感动之。——《史记·淮阴侯列传》

于是，蒯通找了个机会对韩信说：我曾经学过相人之术。韩信问：先生的相面术怎么样呢？蒯通说："贵贱在于骨法，忧喜在于容色，成就在于决断。"一个人如果不能够当机立断，无论如何都不能成就一番大业。

> 以相人说韩信曰：『仆尝受相人之术。』韩信曰：『先生相人何如？』对曰：『贵贱在于骨法，忧喜在于容色，成败在于决断，以此参之，万不失一。』——《史记·淮阴侯列传》

韩信说：好，先生看我的面相怎么样？蒯通说：请让左右退下。韩信下令左右退下。

> 韩信曰：『善。先生相寡人何如？』对曰：『愿少间。』信曰：『左右去矣。』——《史记·淮阴侯列传》

等韩信身边的人都退下后，蒯通才接着说，看您的面相，"不过封侯"，而且还很不安全，有鸟尽弓藏之险。但看您的背相，却"贵乃不可言"。韩信问，此话怎么讲呢？

> 通曰：『相君之面，不过封侯，又危不安。相君之背，贵乃不可言。』韩信曰：『何谓也？』——《史记·淮阴侯列传》

蒯通解释道，反秦大起义初期，英雄豪杰振臂一呼，天下之士争相响应，因为当时的要务是"亡秦"，大家积极性都很高。现在楚汉相争，无辜百姓饱受牵连。楚军从彭城转战荥阳，乘胜逐北，"威震天下"。最终却"兵困于京、索之间"，算来已然有三年了。汉王率兵依据巩县、洛阳的山河之险，一天"数战"，竟然"无尺寸之功"，兵败荥阳，南走宛叶。

> 蒯通曰：『天下初发难也，俊雄豪杰建号壹呼，天下之士云合雾集，鱼鳞杂遝，熛至风起。当此之时，忧在亡秦而已。今楚汉分争，使天下无罪之人肝胆涂地，父子暴骸骨于中野，不可胜数。楚人起彭城，转斗逐北，至于荥阳，乘利席卷，威震天下。然兵困于京、索之间，迫西山而不能进者，三年于此矣。汉王将数十万之众，距巩、洛，阻山河之险，一日数战，无尺寸之功，折北不救，败荥阳，伤成皋，遂走宛、叶之间，此所谓智勇俱困者也。』——《史记·淮阴侯列传》

现在双方的锐气全失，粮食将尽，百姓疲惫，一片抱怨之声。在我看来，非贤者不能平息天下这场大难啊。

> 夫锐气挫于险塞，而粮食竭于内府，百姓罢极怨望，容容无所倚。以臣料之，其势非天下之贤圣固不能息天下之祸。——《史记·淮阴侯列传》

当今项王、汉王两人的性命，全系于您的手上，“足下为汉则汉胜，与楚则楚胜”。我希望您能听我一句劝告，不如三分天下鼎足而立，不仅有利于刘、项两个集团，而且可以相互牵制，谁也不敢轻举妄动。

当今两主之命县于足下。足下为汉则汉胜，与楚则楚胜。臣愿披腹心，输肝胆，效愚计，恐足下不能用也。诚能听臣之计，莫若两利而俱存之，参分天下，鼎足而居，其势莫敢先动。——**《史记·淮阴侯列传》**

您才智过人，拥有的队伍庞大无敌，又以强大的齐国为根据地，统领燕赵，控制着刘、项两方的空隙之地，足以令楚、汉望而生畏。此时若能顺应民意，为百姓请命，要求刘、项停止战争，世人皆会积极响应。然后再削强扶弱，分封诸侯，到那时天下人必定都会感谢齐国，服从您了。常言道，上天给你的，你不要，反而会得到怪罪；时候到了，你不行动，反而会受到时运的连累。请您好好考虑一下。

夫以足下之贤圣，有甲兵之众，据强齐，从燕、赵，出空虚之地而制其后，因民之欲，西乡为百姓请命，则天下风走而响应矣，孰敢不听！割大弱强，以立诸侯，诸侯已立，天下服听而归德于齐。案齐之故，有胶、泗之地，怀诸侯以德，深拱揖让，则天下之君王相率而朝于齐矣。盖闻天与弗取，反受其咎；时至不行，反受其殃。愿足下孰虑之。——**《史记·淮阴侯列传》**

韩信思量片刻，对蒯通说：可是汉王待我太好了。配好车，赠美衣，赐佳肴。我听说，坐他人的车，就要和他人共患难；穿他人的衣服，就应当为他人分忧；吃别人的饭，就要为他人献身。我怎么能够见利忘义呢？

韩信曰：『汉王遇我甚厚，载我以其车，衣我以其衣，食我以其食。吾闻之，乘人之车者载人之患，衣人之衣者怀人之忧，食人之食者死人之事，吾岂可以乡利倍义乎！』——《史记·淮阴侯列传》

蒯通料定韩信会这么想，针对韩信的话，他将会作出怎样的劝解呢？韩信最终是否会听从蒯通的建议，接受三足鼎立的局面呢？历史告诉我们，韩信断然拒绝了这个历史的机遇。到底怎么回事？我们在后文中自有详解。

此时战争的主动权都握在了韩信手里，那么，楚汉之争的当事人又在干什么呢？面对疲惫不堪的现实，各自又有什么样的打算呢？

请看：十罪项王。

十三

韩信攻占齐地之后，严重威胁着西楚国国都彭城的安危，更是威胁到楚军的后勤保障。项羽急红了眼，决定采用和平外交政策，派武涉前去游说韩信，未果。随后蒯通又跟着搀和进来，极力劝说韩信三分天下。无奈韩信是铁了心要追随刘邦。外交战术不管用，项羽手上还有什么牌可以打吗？刘邦又会怎样应对这种新局面呢？

怒烹太公

龙且兵败战死，武涉无功而返，项羽软硬两手无一成功。特别是外交战的失败，逼得贵族出身的项羽打起了人质战，因为项羽手中有刘邦的家人。

汉四年十月，刘邦坚守不战，彭越又在梁地断楚军粮食，项羽非常担忧。

彭越数反梁地，绝楚粮食，项王患之。——《史记·项羽本纪》

躁怒的项羽架起一口大锅，把刘邦的父亲太公架在上面，对刘邦说：你赶快投降，要是晚了，我就把你老爹烹了！没想到刘邦却回应说：我和你曾经同为怀王之臣，结拜为兄弟。我爹就是你爹，如果你真要把你爹烹了，也给我分一杯肉羹吧。眼见激将法无效，项羽勃然大怒，真要杀刘邦的父亲泄愤。项伯赶紧出面劝解，天下大事尚未落定，争夺天下的人哪里会顾得了家人，你杀了太公也没用，只会增加仇恨。项羽极力克制，最后饶了太公一命。

为高俎，置太公其上，告汉王曰：『今不急下，吾烹太公。』汉王曰：『吾与项羽俱北面受命怀王，曰「约为兄弟」，吾翁即若翁，必欲烹而翁，则幸分我一杯羹。』项王怒，欲杀之。项伯曰：『天下事未可知，且为天下者不顾家，虽杀之无益，只益祸耳。』项王从之。——《史记·项羽本纪》

项伯这次出手相救，只有一种解释：帮自己的亲家公。鸿门宴前，他阻止了项羽消灭刘邦的一场屠杀，鸿门宴中他又阻止了一场行刺刘邦的突发事件。此时，他再次出手相助。

人们常把刘邦“吾翁即若翁，必欲烹若翁，则幸分我一杯羹”作为对刘邦流氓本性的典型描述。这样的话从未来的汉高祖嘴里说出来，确实有伤大雅。但我们结合当时的大环境来看，刘邦这样说实属无奈。项羽以此要挟刘邦，这本身就是流氓行径。刘邦也绝不可能为了救自己的老父就投降，只能以眼还眼、以牙还牙，以流氓之道还施流氓之身了。

十罪项王

韩信攻占了齐地，对刘邦而言，可谓曙光初现。然而，只要韩信一天不出兵救援，刘邦就只能在荥阳战场苦苦煎熬。

项羽看到杀人质吓不倒刘邦，便提出要和刘邦决战。刘邦听后笑笑说，我宁可斗智，不愿斗力！

项王谓汉王曰：『天下匈匈数岁者，徒以吾两人耳，愿与汉王挑战决雌雄，毋徒苦天下之民父子为也。』汉王笑谢曰：『吾宁斗智，不能斗力。』——《史记·项羽本纪》

项羽让手下将领出阵挑战，却被汉军神箭手一一射杀。“项王大怒”，亲自披甲持戟上阵。神箭手又想放箭，只见项羽瞪起双眼，一声大吼，神箭手竟被吓得“目不敢视，手不敢发”，逃回大营，“不敢复出”。刘邦得知此事，大为震惊。为了给将士们鼓劲儿，他来到阵前，指责项羽犯有十大罪状。

项王令壮士出挑战。汉有善骑射者楼烦，楚挑战三合，楼烦辄射杀之。项王大怒，乃自被甲持戟挑战。楼烦欲射之，项王瞋目叱之，楼烦目不敢视，手不敢发，遂走还入壁，不敢复出。汉王使人间问之，乃项王也。汉王大惊。于是项王乃即汉王相与临广武间而语。——《史记·项羽本纪》

刘邦所说的项羽的十大罪状都是什么呢？

“始与项羽俱受命怀王，曰先入定关中者王之，项羽负约，王我于蜀汉，罪一。项羽矫杀卿子冠军而自尊，罪二。项羽已救赵，当还报，而擅劫诸侯兵入关，罪三。怀王约入秦无暴掠，项羽烧秦宫室，掘始皇帝冢，私收其财物，罪四。又强杀秦降王子婴，罪五。诈坑秦子弟新安二十万，王其将，罪六。项羽皆王诸将善地，而徙逐故主，令臣下争叛逆，罪七。项羽出逐义帝彭城，自都之，夺韩王地，并王梁楚，多自予，罪八。项羽使人阴弑义帝江南，罪九。夫为人臣而弑其主，杀已降，为政不平，主约不信，天下所不容，大逆无道，罪十也。”**《史记·高祖本纪》**

第一，项羽负约。

此罪其实众人皆知，都是被“怀王之约”给闹的。只怪项羽负约在先，这就让刘邦而后的屡次爽约有了理直气壮的借口。项羽实在不善于，也许是不屑于揭刘邦那些老底儿，可刘邦却牢牢抓住项羽的负约失信说事儿，由此再一次证明，刘邦的政治头脑与手段，项羽远不能及。

有人认为“怀王之约”不存在，比如张子侠先生《刘邦数项羽“十罪”考评》中所持观点。我认为，“怀王之约”确实存在，否则刘邦不会屡屡拿“怀王之约”说事儿。项羽“负约”是事实，其实，刘邦也屡屡负约。入关之时，他派郦食其与峣关秦将约定共同灭秦，峣关秦将与刘邦达成协议后，刘邦却听张良之计，趁峣关秦将放松戒备之际发动突袭。这种负约的事儿，刘邦可也没少干。

第二，杀宋义自立为帅。

项羽确曾矫诏杀宋义，而后自立为“假上将军”，怀王被迫封项羽为上将军。这才有了名垂青史的巨鹿之战。项羽为什么要杀宋义？据《史记·项羽本纪》的记载，项羽与宋义的不和源于战法不同：项羽主张“疾引兵渡河，楚击其外，赵应其内”，宋义主张“先斗秦赵”，“我承其敝”。这两种主张各在其理。事实上，宋义只不过是项羽和楚怀王熊心斗争的牺牲品。

首先，项羽与怀王早有矛盾。

楚怀王熊心早先不过是个放牛娃。项梁之所以立这个放牛娃为楚王，是为了号召楚地民众。熊心虽被立为楚王，但楚军大权掌握在项梁手中。军事上，项梁独揽军权，将陈婴等亲信任为上柱国，控制怀王。外交上，项梁通使诸侯，立韩王成，各诸侯国使臣也出入项氏门下。怀王不甘心做政治傀儡，但项梁权势极大，怀王熊心只能隐忍。项梁战死，给了怀王可乘之机，他合“并项羽、吕臣军自将之”，夺了项羽的军权，导致项羽对其结怨甚深。在西征和救赵的问题上，怀王坚持让刘邦西入秦关，不许项羽西征，要项羽以“次将”身份随上将军宋义北上救赵。怀王夺项氏军权令项羽愤怒，强派项羽为副将随宋义出征加重了项羽的不满。

其次，宋义借怀王所授主将之权压制项羽。宋义和项羽在救赵策略上发生争执后，下令军中：“猛如虎，很如羊，贪如狼，强不可使者，皆斩之。”《史记·项羽本纪》此

项羽曰：『吾闻秦军围赵王钜鹿，疾引兵渡河，楚击其外，赵应其内，破秦军必矣。』宋义曰：『不然。夫搏牛之虻不可以破虮虱。今秦攻赵，战胜则兵罢，我承其敝；不胜，则我引兵鼓行而西，必举秦矣。故不如先斗秦赵。夫被坚执锐，义不如公；坐而运策，公不如义。』——《史记·项羽本纪》

令完全针对项羽而发，让项羽更加不满。

宋义在安阳停“留四十六日不进”《史记·项羽本纪》，此时，“天寒大雨，士卒冻饥”。宋义派他的儿子到齐国任相国，亲自送行，“饮酒高会”。项羽遂以“不恤士卒而徇其私”为由，先发制人，在宋义的大帐中发动兵变，矫楚王诏斩杀宋义。

宋义该不该杀？这个问题很难回答。

张子侠先生《刘邦数项羽“十罪”考评》认为，矫杀宋义绝非愤其救赵之迟，这场火拼背后隐藏着政治斗争的暗流和血淋淋的利害冲突。此说有理。

第三，擅劫诸侯兵入关。

刘邦指责项羽在巨鹿之战后不向怀王报告，擅自劫持诸侯兵力入关。这桩“罪状”里潜藏着两个问题：项羽救赵成功后应该向怀王汇报吗？项羽率领的诸侯联军是擅自劫来的吗？

楚怀王派兵北上有两大任务：一是救赵，二是灭秦。项羽在巨鹿之战后率诸侯联军入关完全符合怀王的既定战略方针，怎么能称为“擅劫”呢？而且，仔细想想，“罪三”与“罪一”还自相矛盾。按照“罪一”的说法，既然有约在先，“以入定关中”为标准，那项羽大捷后入关，何须“还报”，何来“擅劫”？可见，刘邦在项羽头上扣下的“擅劫”

乃遣其子宋襄相齐，身送之至无盐，饮酒高会。天寒大雨，士卒冻饥。项羽曰：『将戮力而攻秦，久留不行。今岁饥民贫，士卒食芋菽，军无见粮，乃饮酒高会，不引兵渡河因赵食，与赵并力攻秦，乃曰「承其敝」。夫以秦之强，攻新造之赵，其势必举赵。赵举而秦强，何敝之承！且国兵新破，王坐不安席，埽境内而专属于将军，国家安危，在此一举。今不恤士卒而徇其私，非社稷之臣。』项羽晨朝上将军宋义，即其帐中斩宋义头，出令军中曰：『宋义与齐谋反楚，楚王阴令羽诛之。』——《史记·项羽本纪》

罪名其实完全是莫须有。他这么做，显然是想要在政治上压项羽一头。

第四，擅烧秦宫，擅掘始皇陵，私吞秦陵财宝。

项羽入关后，屠咸阳，烧秦宫，这都是事实。不过刘邦口口声声说项羽擅挖始皇陵，这到底是怎么一回事儿呢？

关于这个问题，张子侠先生提出三条意见：其一，挖掘始皇陵是大工程，项羽入关后虽曾驻军鸿门，但仅“居数日，项羽引兵西屠咸阳”《史记·项羽本纪》，时间上来不及挖骊山陵。其二，秦始皇陵考古队历经十几年调查、钻探，虽然发现始皇陵封土堆和有关陪葬坑中有个别盗洞，但是，封土堆的土层未被掘动，地宫宫墙没有被破坏的痕迹，项羽盗毁的仅是陵园地面上的附属建筑。其三，据《史记·秦始皇本纪》的记载，始皇陵内曾“以水银为百川江河大海”。现经测定，今封土堆中有强汞异常区，而且汞异常高含量点分布比较集中和有规律，如果秦始皇陵墓确实遭受过大规模的破坏和火焚，一般不可能再出现这种形态较为规整的汞异常区。所以我们明白，关于项羽“掘始皇帝冢”的说法，完全是刘邦对政敌捕风捉影的攻讦和污蔑。

洗劫秦都咸阳，大肆抢夺城中的珠宝美女，是项羽一个人带兵干的吗？按照《史记·秦始皇本纪》的说法：“诸侯兵至，项籍为从长，杀子婴及秦诸公子宗族。遂屠咸阳，烧其宫室，掳其子女，收其珍宝货财，诸侯共分之。”“诸侯共分之”这五个字，一语道破实情，说明参与抢劫屠杀的绝不止项羽之兵。

更何况，刘邦入关灭秦之后，就没有暴掠的行径吗？之前曹无伤揭发说："沛公欲王关中，使子婴为相，珍宝尽有之。"《史记·项羽本纪》《史记·萧相国世家》也记载："沛公至咸阳，诸将皆争走金帛财物之府分之。"可见刘邦才是第一个洗劫咸阳城的人。

《史记·留侯世家》记载："汉王赐良金百溢，珠二斗，良具以献项伯。汉王亦因令良厚遗项伯，使请汉中地。"这些"金百溢，珠二斗"自何而来？他让张良"厚遗项伯"的重金从何而来？《史记·陈丞相世家》记载："汉王以为然，乃出黄金四万斤，与陈平，恣所为，不问其出入。"刘邦如此大方地让陈平大行反间，固然是因为他对陈平的信任，但更是因为刘邦在经济上有底气啊！否则，"黄金四万斤"根本拿不出来，更不用说"恣所为，不问其出入"了。刘邦进入关中之后明显阔绰多了，如果不掠夺关中，他的金玉珠宝会从天上掉下来吗？

客观地讲，进入咸阳之后，各路诸侯皆有掠夺财物的行径，不拿白不拿。刘邦自己不清不白，反倒指责项羽"暴掠"，确实有失公允。

第五，杀秦降王子婴。

项羽杀秦降王子婴，刘邦定为"罪"，后人多认为项羽是报私仇，因为项羽的祖父项燕、叔父项梁均被秦所杀。张子侠先生认为：项燕死于秦将王翦之手，王翦的孙子王离在巨鹿之战中被俘，但没有记载表明项羽杀王离。项梁为秦将章邯所杀，项羽与项梁的感情极深，但章邯降楚后，项羽却"立章邯为雍王"《史记·项羽本纪》，可见项羽考虑问题的出发点不仅仅是复仇。项羽杀子婴，当另有原因。

子婴即位之初，所处环境极其危险，赵高随时可能动手将他除掉。没想到秦子婴竟然反戈一击，灭了赵高三族，一举捣毁赵高集团，之后又派兵驻守峣关，阻止刘邦的入侵。可见他并非无能之辈。后来项羽入关，曹无伤告密，“沛公欲王关中，使子婴为相”，这就把秦王子婴牵扯了进来。此时项羽已决定将三位秦帝国降将封于关中，如果子婴不除，难保不生后患。项羽诛除子婴，原因或许正在于此。

刘邦以此为借口来指责项羽，显然是一种政治需要。

第六，坑杀秦降兵，封三秦王。

这件事情，史料记载得很翔实，项羽确实坑杀秦军降卒。项羽不憨不傻，为什么要做这样开罪关中百姓的事情呢？他的残暴只是一种表象，真正的原因在《史记 · 项羽本纪》里说得很清楚：秦军投降之后，六国将士对降卒随意羞辱，以报复多年来所受到的秦军的虐待。秦军士兵因此担心，若是项羽无法灭秦，而自己被掳往关东，最终将会危及在关中的父母妻子。有人将秦军降卒的这种情绪告知了项羽。项羽得报，担心“秦吏卒尚众，其心不服，至关中不听，事必危，不如击杀之，独与章邯、长史欣、都尉翳入秦”。这才引发了夜坑秦军降卒二十万的惨案。客观

诸侯吏卒异时故繇使屯戍过秦中，秦中吏卒遇之多无状，及秦军降诸侯，诸侯吏卒乘胜多奴虏使之，轻折辱秦吏卒。秦吏卒多窃言曰：『章将军等诈吾属降诸侯，今能入关破秦，大善；即不能，诸侯虏吾属而东，秦必尽诛吾父母妻子。』诸侯微闻其计，以告项羽。项羽乃召黥布、蒲将军计曰：『秦吏卒尚众，其心不服，至关中不听，事必危，不如击杀之，而独与章邯、长史欣、都尉翳入秦。』于是楚军夜击坑秦卒二十余万人新安城南。——**《史记 · 项羽本纪》**

地讲，项羽的担心不无道理，但他将事态估计得过于严重，处理方式也极为拙劣、残暴。解决此事完全有更理性、更有政治智慧的办法，大规模杀人是最蠢笨的办法。

这的确是项羽的一项大罪过。

第七，分封不公。

刘邦认定项羽分封不公，主要是指项羽入关后把好的地盘都分给了跟随他入关的将领们，而六国故主却被贬到偏远地区。刘邦的这项指责有没有道理呢？

项羽分封天下，并非没有原则，一切都是“计功割地，分土而王之”《史记·淮阴侯列传》。项羽在大分封之前曾经讲过一段话：“‘天下初发难时，假立诸侯后以伐秦。然身被坚执锐首事，暴露于野三年，灭秦定天下者，皆将相诸君与籍之力也。义帝虽无功，故当分其地而王之。’诸将皆曰：‘善。’乃分天下，立诸将为侯王。”《史记·项羽本纪》而刘邦所谓的“故主”不过是“天下初发难时”所立的六国后人，这些人本来就是政治傀儡，是权宜之计的产物。真正上阵杀敌的是天下义军，特别是跟随项羽征战巨鹿，而后入关的将领们。新封诸将为王必然要调整“故主”的封地。这才有了魏王、赵王、燕王、齐王四位“故主”迁徙之事。

得到分封的诸侯王，有的受封于故国，有的受封于故邑，有的受封于所定之地。司马卬是赵将，受封殷王，因为他“定河内，数有功”，所以王河内；申阳是“张耳嬖臣也，先下河南，迎楚河上”，故受封河南王，都洛阳；张耳“素贤，又从入关”，所以受封常山王，王赵地，其实张耳是刘邦的铁哥们儿。臧荼是燕将，救赵有功，又随项羽入关，受封燕王，都蓟。以上这几位受封者的地盘确实都很好，但这些人都不是项羽旧部。真正属于项羽嫡系的黥布受封九江王，都六（今安徽六安市北西）。据史料记载，这并不是发达地区。蒲将军追随项羽南征北战，屡立战功，却没有得到封赏。项氏家族，除项羽外无人受封。番君将梅𫓧因为跟随刘邦入关有功，被封十万户。

燕将臧荼从楚救赵，因从入关，故立荼为燕王，都蓟。——《史记·项羽本纪》

当阳君黥布为楚将，常冠军，故立布为九江王，都六。——《史记·项羽本纪》

番君将梅𫓧功多，故封十万户侯。——《史记·项羽本纪》

指责项羽分封不公的主要有四个人，一是刘邦，二是田荣，三是陈馀，四是韩信。刘邦自认为理应被封关中王，但项羽未封，这属于政治斗争。田荣在反秦之初确实有功，但后来和项梁闹意见，拒绝参加巨鹿之战，不随诸侯入关灭秦，应当是功过参半，不封田荣是项羽政治上的失策。陈馀与田荣的情况类似，他与张耳在初起兵时功劳不相上下，巨鹿之战后，因为和张耳闹别扭而自弃其职，没有将反秦大业进行到底，项羽封他三县，封张耳常山王，也算有理。至于韩信，他跳出来指责项羽分封不公，无非想刺激刘邦兵发三秦罢了。所以，吕思勉《秦汉史》说："当时分封，就《史记》所言功状，所以迁徙或不封之故观之，实颇公平。"**吕思勉：《秦汉史》**（商务印书馆2010年版）

第八，逐义帝；夺韩王地；将梁、楚封自己。

刘邦给项羽列出的这第八条罪状实际说了三件事：一是驱逐义帝，二是夺韩王成之地，三是自封梁、楚。

关于义帝的事儿，前文已经讲得比较详细，刘邦所列“罪九”也指此事，留待下条再做辨析。

韩王成原本是项梁所封，而项羽杀韩王成的原因，《史记》中有两种解释：一是《留侯世家》载：“良至韩，韩王成以良从汉王故，项王不遣成之国，从与俱东。”二是《项羽本纪》载：“韩王成无军功，项王不使之国，与俱至彭城，废以为侯，已又杀之。”

“无军功”当然是借口，根本原因是“以良从汉王故”。但是，项羽并未将韩地归己所有，而是“以故吴令郑昌为韩王，以距汉”《史记·项羽本纪》。

项羽自封梁、楚，也是事出有因：一是“项氏世世为楚将，封于项”《史记·项羽本纪》，所以梁、楚之地本来就是项羽的故乡；二是梁、楚之地乃是他亲自率兵平定下来的；三是梁、楚下辖九郡，地处中原，而彭城更是兵家必争之地，经济也比较发达。灭秦这事儿，项羽厥功甚伟，为了保持对天下的主宰权，他需要具备和自己霸主地位相符的实力，梁、楚九郡正是他主宰天下的实力所在。刘邦后来当了皇帝，封了七位异姓诸侯王，也为自己保留了十五个郡，以便控制天下。这和项羽称王梁、楚是同样的道理。

第九，杀义帝。

项羽和义帝之间的恩怨情仇，此处不再赘述。不过无论如何，义帝被杀的幕后主使的确是项羽，这一宗罪是抹不去躲不掉的。至于义帝到底是怎么死的，历史上有很多说法，纷争甚多。不但真凶难辨，矛盾重重，就连时间、地点也是着实混乱。

先说真凶难辨。

《史记·项羽本纪》载："乃阴令衡山、临江王击杀之江中。"《史记·高祖本纪》载："乃阴令衡山王、临江王击之，杀义帝江南。"这两条最重要的记载都说是衡山王吴芮、临江王共敖奉项羽之命击杀义帝。《史记·黥布列传》说："项氏立怀王为义帝，徙都长沙，乃阴令九江王布等行击之。"这里黥布成为第一谋杀犯，还有帮凶。《汉书·高帝纪》索性删去了"等"字，黥布成为唯一的凶手："二年冬十月，项羽使九江王布杀义帝于郴。"《资治通鉴》卷九干脆将三王合在一起："二年冬十月，项王密使九江、衡山、临江王击义帝，杀之江中。"

到底杀"义帝"的真凶是谁呢？难讲！

再说矛盾重重。

上述史料中，黥布的嫌疑貌似最大。可是倘若黥布真是杀害义帝的刽子手，那么当年刘邦为义帝发丧之时，号召天下诸侯共击"楚之杀义帝者"，为何又会派随何前去策反黥布？而随何见到黥布，大谈义帝被杀一事："夫楚兵虽强，天下负之不义之名，以其背盟约而杀义帝也。"《史记·黥布列传》如果义帝真是黥布所杀，随何在黥布面前大谈"杀义帝"，这是当面揭人之短，怎么能令黥布叛楚归汉？而且黥布对义帝被杀之事竟然毫无反应，确实匪夷所思。

再则义帝被杀的时间、地点也多有疑点。

义帝被杀的时间，《史记》的《项羽本纪》《高祖本纪》记载为汉元年（前206）四月，《黥布列传》记载为汉元年八月，《秦楚之际月表》

载为汉二年十月;《汉书》《资治通鉴》记载为汉二年十月。

义帝被杀的地点,《史记》的《高祖本纪》说是在“江南”,《黥布列传》里说是在“郴县”,《项羽本纪》说是在“江中”。三者统一起来就是“江南”“郴县”的“江中”。

第十,大逆不道。

刘邦对项羽“大逆不道”的定义其实就是总结陈词。“为人臣而弑其主”指“罪九”杀义帝之事,“杀其已降”指“罪五”杀秦降王子婴和“罪六”坑杀秦二十万降兵,“为政不平,主约不信”指“罪一”“罪七”“罪八”的分封诸侯之事。

这十大罪状的逻辑顺序也非常有意思。刘邦把“负约”放在了第一条,这反映出他对自己失封关中王一事最为切齿,念念不忘。除第十条是例行总结之外,从“罪二”至“罪九”都是精确地按照时序排列。

再者,这十宗罪状里面,真正谈得上“罪”的其实只有第六条前半部分“诈坑秦子弟新安二十万”,以及第九条“杀义帝”。第六条后半“王其将”实为刘邦痛恨三秦王占了关中,夺了自己的关中王,这谈不上是“罪”,顶多算是错。其他的罪状也是各有所指,第一、第二条关乎刘、项二人的核心利益之争,不存在“罪”与非“罪”。有关分封诸侯王的“罪七”“罪八”,至多也是错而非“罪”。不过刘邦才不管那么多,一律将“错”上升为“罪”,估计当时的听众也没多少人能真正明白并且分析清楚。

刘邦滔滔不绝历数出项羽十大“罪”状,项羽却哑口无言,有口难辩。好吧,玩政治玩辩论,我项羽的确不是你刘邦的对手,但动武我就是内行了。项羽听完自己的“十宗罪”，暗自埋伏好弩机，一箭正中刘邦胸口。

话说刘邦真不是一般人，明明是胸口受了重伤，却赶紧捂着脚说，贼人射中了我的脚指头！汉军士兵们见汉王只是伤了脚趾，无甚大碍，并不惊慌。刘邦临危不乱，如此心机和反应，怨不得项羽斗不过他。刘邦这次箭伤其实十分严重，回帐后就爬不起来了。可这一箭毕竟是在众目睽睽之下射出的，为了稳定军心，张良强迫刘邦带伤起身，硬撑着到各营巡视了一圈，安定军心，以免让楚军钻了空子，然后迅速转移到成皋养伤。

项羽大怒，伏弩射中汉王。汉王伤匈，乃扪足曰：『虏中吾指！』汉王病创卧，张良强请汉王起行劳军，以安士卒，毋令楚乘胜于汉。汉王出行军，病甚，因驰入成皋。——《史记·高祖本纪》

这场对抗，项羽相继打出外交牌和人质牌。刘邦呢，除了头脑，一无所有，所以他对项羽大打政治牌。两个人隔空相对，各打各的，都疲于应对，根本无法解决实际问题，难道楚汉之争还要这样长期僵持下去吗？

请看：圆满收官。

十四

从汉二年（前205）五月到汉四年（前203）八月，刘邦与项羽在荥阳、成皋一线对峙了二十八个月。最后，项羽手中仅剩十万兵力，说什么也不是刘邦集团五十万大军（刘邦二十万，韩信三十万）的对手，他的手中仅剩下一张王牌，那就是两个重要人质：太公和吕雉。刘邦这头呢？尽管在广武战场上毫无优势可言，但就整个战局来看，刘邦的可用之牌比项羽多了去了。接下来，刘邦将以何种形式为这场楚汉战争画上一个圆满的句号呢？

鸿沟议和

刘邦的第一张牌是兵盛粮足。荥阳、成皋一仗打了两年多，刘邦吃了不少败仗，但越败兵却越多，这主要得力于韩信和萧何。刘邦总能从韩信那里获得源源不断的训练有素的士兵。《史记 · 淮阴侯列传》载：“信之下魏破代，汉辄使人收其精兵，诣荥阳以距楚。”汉三年（前204）六月，刘邦与太仆夏侯婴两人渡河到韩信军营带走韩信灭赵之后的精兵。萧何从关中也为刘邦提供了大量兵员。有了如此多的兵员补充，刘邦当然越打兵越多了。

是时，汉兵盛食多，项王兵罢食绝。——《史记 · 项羽本纪》

项羽就很悲剧了，他不但没有关中那样稳固的大后方，而且国都彭城和楚军粮道还时常遭受彭越的骚扰，害得他不得不屡次从前线回兵解除危机恢复粮道。再加上龙且轻敌，在齐地一下子损失了楚兵精锐二十万。项羽手下又没有韩信那样可以独当一面的大将，纵然在荥阳前线打得有声有色，也难逃士卒越打越少的厄运，逐渐陷入“兵罢食绝”的窘境。

刘邦的第二张牌是韩信、黥布已成气候。汉四年（前203），“春二月，遣张良操印，立韩信为齐王。秋七月，立黥布为淮南王”《汉书 · 高帝纪》。韩信在齐地称王，黥布在淮南封王，形成了南北夹击项羽之势。

此时，项羽手中仅剩的牌——人质——又被刘邦盯上了。刘邦想将自己的父亲太公、妻子吕雉等人解救出来。可是，解救人质不能打，只能谈。刘邦手下的顶级说客郦食其已在齐地被害，所以他只好派出了另一位说客陆贾。确切地说，陆贾其实是一位学者，著有《新语》一书。刘邦对陆贾寄予厚望，无奈陆贾却无功而返。刘邦没有放弃，又派出名不见经传的“侯公”（侯公姓“侯”，“公”只是尊称）继续游说。没料到，“侯公”还真说动了项羽。最后，刘邦的父亲太公、妻子吕雉、二哥刘仲、儿子刘肥等人都被放了回来。

汉遣陆贾说项王，请太公，项王弗听。汉王复使侯公往说项王……项王许之，即归汉王父母妻子。——《史记·项羽本纪》

“侯公”面见项羽究竟讲了些什么？很可惜，目前所见史料皆不见记载。宋人苏轼曾作《代侯公说项羽辞》，文笔甚美，流传颇广，但毕竟只是猜测。

虽然无法从史料中重现这段历史，我们也可以大概揣摩一下项羽的心理。打了这么久，楚军的形势是每况愈下，恐怕项羽早已无心再战，希望议和。这次一咬牙放回了人质，是想以此换取停战和解。

“项王乃与汉约，中分天下，割鸿沟以西者为汉，鸿沟而东者为楚。”《史记·项羽本纪》这便是项羽提出的停战协议。

鸿沟是一条运河，开通于战国魏惠王之时，从今河南荥阳西北引黄河水，东经今中牟北、开封北，南下经淮阳东南入颍水。鸿沟也因为这场议和，成为中国历史上著名的“楚河汉界”。

当刘邦父亲、妻子回到汉营时，整个汉军军营都高呼“万岁”。因为人质归来，意味着战争结束了，哪个当兵的不高兴呢？“侯公”也因此被封为“平国君”。

军皆呼万岁。汉王乃封侯公为平国君。——《史记·项羽本纪》

但是，《史记·项羽本纪》记载“侯公”受封“平国君”时，另写了五个字：“匿，弗肯复见。”这五个字历来有两种理解：一是刘邦不愿再见“侯公”，二是“侯公”不愿再见刘邦。

先说第一种理解。“侯公”凭着一张嘴，说动项羽放回扣留了二十八个月的人质，可以进入“史上最牛说客”行列。所以后来刘邦说他：“此天下辩士，所居倾国，故号为平国君。”《史记·项羽本纪》什么叫“所居倾国”？就是说他住在哪个国家就能凭借一张利口颠覆哪个国家。刘邦担心自己有朝一日被“侯公”的嘴给说败了，宁愿此生再不见他。

再说第二种理解。“侯公”立下大功之后，躲起来不见刘邦。为什么呢？本来，说服项羽放回人质，对汉王刘邦来说是大功一件。为什么“侯公”不愿再见刘邦呢？莫非也有功高震主的担忧？似乎谈不上。比较起来，从第一种理解来看，刘邦为人太不地道。第二种理解从行文上来看似乎更通畅，但实在不好理解。

项王已约，乃引兵解而东归。——《史记·项羽本纪》

无论如何，人质问题总算是解决了，刘邦卸下了沉重的包袱，为彻底剿灭项羽扫清了障碍。项羽和刘邦不同，项羽骨子里还是有贵族的风范，一般都会信守承诺。他对议和抱有极大的期望，在刘邦同意和解之后便放了人质引兵东归。他以己推人，认为汉王刘邦一定会信守约定。

据《史记·项羽本纪》的记载，刘邦似乎也打算履行和平协议，“汉欲西归”。但是，张良、陈平不同意，他们建议刘邦：现在大王已经拥有大半个天下，诸侯百姓都亲附于汉。而楚军呢，现在兵疲食尽。此时，正是上天要亡楚的大好时机，应当趁此机会灭了项羽。若是现在放了项羽，无异于养虎为患。

汉欲西归，张良、陈平说曰：『汉有天下太半，而诸侯皆附之。楚兵罢食尽，此天亡楚之时也，不如因其机而遂取之。今释弗击，此所谓「养虎自遗患」也。』——《史记·项羽本纪》

刘邦听了这番话，点头称是，立即单方面违约，进军灭楚！

鸿沟议和，就这样被中止了。

负约追杀

张良、陈平的建议难道刘邦自个儿真的想不到吗？未必！

刘邦向来志高心细。鸿门宴之前，范增就曾对项羽说：“沛公居山东时，贪于财货，好美姬。今入关，财物无所取，妇女无所幸，此其志不在小。”《史记·项羽本纪》当初刘邦踏入秦宫，在樊哙、张良的劝说下，放弃欲念，还军霸上，为的是有朝一日夺取天下。入关之时，不杀秦降王子婴，封闭宫殿，约法三章，拒收礼物，为的就是笼络人心，信服天下。屈就汉王，又伺机杀回关中，东击彭城，开始抢夺天下的反击战。彭城败退，逃亡路上不惜抛儿弃女，为的是保住夺取天下的一线希望。武涉游说韩信时说得非常清楚：刘邦是“侵人之分，夺人之地……其意非尽吞天下者不休”《史记·淮阴侯列传》。“尽吞天下”是刘邦一以贯之的终极目的，这一点无论如何都不可能改变。

新城三老董公遮说汉王以义帝死故。汉王闻之，袒而大哭。遂为义帝发丧，临三日。——《史记·高祖本纪》

刘邦付出了极大的代价。当年鸿门之宴，他曲意讨好项伯，不惜放下身段主动缔结为儿女亲家。对项羽阿谀奉承，掩盖真相，避重就轻，最后还差点儿成为项庄的剑下鬼。在力不如人的情况下，他被迫接受汉王之封，为了拿下汉中郡，走后门向项伯行贿。在项羽面前他得装“孙子”，在项伯面前他要扮“知己”。这些卑躬屈膝的事情，不就是为夺取天下做准备吗？

再后来路遇“三老董公”，刘邦“袒而大哭”，为义帝发丧，全军服孝。彭城战败，他毫不气馁，甩出关东之地，招纳贤才，缔结反项同盟。荥阳之战，成皋之战，广武之战，纪信为他舍命，周苛、枞公为他献身。刘邦数次逃出杀身之祸，凭借韩信的忠心耿耿，屡获新生。项羽要烹太公，他不得不“大义灭亲”，以社稷为重。眼下项羽“兵罢食尽”，天下江山触手可及，刘邦怎会轻易地放虎归山呢？

刘邦经营管理有方。为了赢得胜利，拉拢盟友，刘邦一口气封了韩信、彭越、黥布，并在汉地施行算赋。算赋也就是人头税，以保证国家的财政收入。此外，刘邦还争取并获得了北方少数民族的支持，优抚阵亡士兵。这一系列措施产生了极佳的社会效益，达到了四方归心的效果。当然，他做这一切，只为了一个目标：独霸天下。

所以，“汉欲西归”四字当非刘邦本意。既然如此，史学家为什么偏要写作“汉欲西归”呢？

其实很简单，刘邦自始至终都在指责项羽违背“怀王之约”，还公开把“负约”作为项羽“十宗罪”的首宗，搞得路人皆知。如今自己刚刚签约议和，项羽又放回了人质引兵东归，此时毁约追杀项羽，岂不将自己置于“负约”的位置上？所以，刘邦为了自己光明磊落的形象，只得摆出“西归”的架势。至于归不归，再议。果然，张良、陈平的谏言正中刘邦下怀，他连讨论的环节也省去了，立即付诸行动。

无论追杀令出自谁的建议，最后都出自刘邦之口，他注定逃脱不了道德上的亏欠。时人自然要为尊者讳，后人却可以直言不讳地评说千古。

秋七月，立黥布为淮南王。八月，初为算赋。北貉、燕人来致枭骑助汉。汉王下令：军士不幸死者，吏为衣衾棺敛，转送其家。四方归心焉。——《汉书·高帝纪》

垓下合围

汉五年冬十月，刘邦率军追杀项羽，一路杀到阳夏（今河南太康县）。刘邦立即约韩信、彭越参战，共同歼灭项羽。当刘邦到达固陵（今河南周口市淮阳区西北）后却发现，答应合围项羽的韩信、彭越两大军团连半个人影都没有。项羽趁机在固陵这个地方杀了一个回马枪，十万楚军打得刘邦二十万大军大败而归。刘邦只好死守固陵，不再出战。

汉五年，汉王乃追项王至阳夏南，止军，与淮阴侯韩信、建成侯彭越期会而击楚军。至固陵，而信、越之兵不会。楚击汉军，大破之。汉王复入壁，深堑而自守。——**《史记·项羽本纪》**

刘邦问张良：韩信、彭越不按约定参战怎么办？张良当然清楚韩信、彭越为什么爽约，他对刘邦说：楚军眼看就要被灭了，韩信、彭越两家却一块地盘也没分到，他们当然不会来参战了。再说，当年您封韩信为齐王，实属无奈之举，韩信心里也不踏实。彭越平定了梁地，当初因为魏豹是魏王，只能封彭越任相国。现在魏豹死了，彭越自然也盼着被封魏王呢。大王如果能够和他们“共分天下”，他们马上就会来参战。如若不然，这天下事就不好说了。大王不如把陈郡直至海边的地全给韩信，睢阳（今河南商丘市南）以北至谷城（今山东平阴县西南）的地全给彭越，再邀他们参战，就会很容易打败楚军了。

乃谓留侯曰：『诸侯兵不从，为之奈何？』留侯曰：『齐王信之立，非君王之意，信亦不自坚。彭越本定梁地，功多，始君王以魏豹故，拜彭越为魏相国。今豹死毋后，且越亦欲王，而君王不蚤定。与此两国约：即胜楚，睢阳以北至谷城，皆以王彭相国；从陈以东傅海，与齐王信。齐王信家在楚，此其意欲复得故邑。君王能出捐此地许二人，二人今可致；即不能，事未可知也。』——**《史记·魏豹彭越列传》**

就这样办！刘邦立即派使者将封地之事告诉韩信、彭越，并相约全力破楚。韩信和彭越果然立即表态：马上出兵！

汉王曰：『善。』于是乃发使者告韩信、彭越曰：『并力击楚。楚破，自陈以东傅海与齐王，睢阳以北至谷城与彭相国。』使者至，韩信、彭越皆报曰：『请今进兵。』——**《史记·项羽本纪》**

终于，韩信从齐地出兵，彭越从魏地出兵，合围楚军。

十一月，刘邦此前派到彭城南部的将军刘贾攻占了寿春（今安徽寿县），项羽的大司马周殷被劝降，协助刘贾控制了九江郡，然后西迎淮南王黥布，顺势收了城父县（今安徽亳州市东南）。

十二月，周殷、黥布随刘贾一同北上，齐聚垓下。

刘邦与项羽的世纪决战在垓下展开。据《史记·高祖本纪》记载，此次战役主要是韩信指挥。当时的战阵，韩信居中，其手下两位将军分居左右两侧，刘邦在韩信之后，并未真正参战。韩信与项羽先交手了一场，未占上风，左右两位将军包抄而上，韩信再杀将回来，大败项羽。项羽夜闻四面楚歌，以为汉军已经完全占领了楚地，连夜败逃。刘邦派骑将灌婴率兵追杀至东城，楚军八万人马溃败。项羽无力回天，拔剑自刎。

十一月，刘贾入楚地，围寿春。汉亦遣人诱楚大司马周殷。殷畔楚，以舒屠六，举九江兵迎黥布，并行屠城父，随刘贾皆会。——《汉书·高帝纪》

五年，高祖与诸侯兵共击楚军，与项羽决胜垓下。淮阴侯将三十万自当之，孔将军居左，费将军居右，皇帝在后，绛侯、柴将军在皇帝后。项羽之卒可十万。淮阴先合，不利，却。孔将军、费将军纵，楚兵不利，淮阴侯复乘之，大败垓下。项羽卒闻汉军之楚歌，以为汉尽得楚地，项羽乃败而走，是以兵大败。使骑将灌婴追杀项羽东城，斩首八万，遂略定楚地。——《史记·高祖本纪》

至此，历时四年的楚汉战争以刘邦的完胜画上了一个完满的句号。我们暂不论楚汉战争的胜败原因，单就垓下之战而言，韩信投入了三十万兵力，刘邦拥有二十万军队，彭越、刘贾、黥布、周殷等人投入的兵力至少有十万之众，而项羽总共只有十万人。刘邦的兵力占了绝对优势，项羽的失败必然在情理之中了。

精彩收官

楚汉战争终于精彩收官，彻底解决了项羽，刘邦舒了一大口气，同时也不忘做了四件事。

第一件事是封赏功臣。

谁是功臣？刘邦为什么急着封赏他们呢？其实刘邦此时要封赏的只是追杀项羽之人。之前他曾下令，杀死项羽者封侯！现今项羽被杀，他不能失信于军中，必须立即施行封赏。

项羽当日放弃渡江，在身受重伤之时，看到追杀他的人中有自己原来的部下吕马童。吕马童此时任汉骑司马。项羽对他说：你不是我的老朋友吗？吕马童扭过脸，示意王翳说：他就是项王。项羽又说：我听说汉王以千金和封邑万户悬赏我的脑袋，那好，我就成全你吧。说完，他当着吕马童的面自刎而死。王翳一个箭步冲上前砍下项羽的人头，其他人一见，蜂拥而上，刀兵相见，有“数十人”在争抢中被杀。

项王身亦被十余创。顾见汉骑司马吕马童，曰：『若非吾故人乎？』马童面之，指王翳曰：『此项王也。』项王乃曰：『吾闻汉购我头千金，邑万户，吾为若德。』乃自刎而死。王翳取其头，余骑相蹂践争项王，相杀者数十人。——《史记·项羽本纪》

最终，郎中骑杨喜、骑司马吕马童、郎中吕胜、杨武、王翳各抢得一部分，凑起来正好是一具完整的项羽遗体。于是，刘邦说到做到，将原来的封地一分为五，五人同日封侯。

最其后，郎中骑杨喜，骑司马吕马童，郎中吕胜、杨武各得其一体。五人共会其体，皆是。故分其地为五。——《史记·项羽本纪》

第二件事是招降鲁地。

项羽死后，平定楚地的事情非常顺利，唯独鲁县（今山东曲阜市东北）就是不降。刘邦气得差点儿率兵屠城。鲁人不降汉，是因为项羽生前曾受怀王之封为鲁公，他们都在为项羽守节。见此情形，刘邦派人挑着项羽的头昭示鲁地百姓，才得以收服。鲁县降汉之后，刘邦以当地礼节将项羽葬在谷城（今山东泰安市东平县旧县乡旧县三村）。

项王已死，楚地皆降汉，独鲁不下。汉乃引天下兵欲屠之，为其守礼义，为主死节，乃持项王头视鲁，鲁父兄乃降。始，楚怀王初封项籍为鲁公，及其死，鲁最后下，故以鲁公礼葬项王谷城。——《史记·项羽本纪》

第三件事是哭祭项羽。

安葬完项羽之后，刘邦亲自到坟前哭祭了一场。

刘邦此哭，非常不易！作秀到这个份儿上，也真是难为他了！为什么这么说呢？俗话说，男儿有泪不轻弹，何况土里埋的可是自己必欲除之而后快的宿敌，他怎么可能哭祭自己的死敌呢？刘、项之仇由来已久，刘邦苦苦煎熬这么多年就是为了这一天，心花怒放还来不及呢，怎会酝酿出悲痛之情？既无伤痛之情，哪来的伤心欲绝之泪呢？对一个男人来说，想哭就哭谈何容易！刘邦的演技我们早已领略过，不过这场哭戏的技术含量之高，恐怕世上再难有人演绎得如此得心应手了。

刘邦哭祭项羽的伪善面目不言而喻，项羽入了土也不得安宁，被刘邦鬼哭狼嚎地骚扰了一回。后来，刘邦如愿以偿地当上了皇帝，却依然对项羽耿耿于怀，非得让原项羽的部下改口叫“项籍”，不许尊称“项羽”。世人都说刘邦心胸宽广，显然事实并非如此。未成气候之时广纳贤才、虚怀若谷，称帝之后，就表现得不那么可爱了。

其先郑君尝为项籍将；籍死，已而属汉。高祖令诸故项籍臣名籍。——《史记·汲郑列传》

《史记·汲郑列传》讲述了一件很有意思的小事：汉武帝朝有一位正直的大臣郑当时，他的父亲郑君曾经是项羽手下的将军。项羽死后，郑君归降了刘邦。刘邦称帝后下令，要求原项羽部下在奏章中提到项羽时，一定要称他为“项籍”，不许叫“项羽”，更不许称“项王”。汉时习俗，直呼其名非常不敬。如果称其字“羽”，则要恭敬得多；如果称“项王”，那当然更尊敬了。

郑当时的父亲郑君提到项羽，从不称“项籍”，要么称“项王”，要么称“项羽”。郑君这样做显然是坚守自己作为西楚国臣子的礼节，以表示自己不忘昔日的君臣之礼。刘邦下令，凡称项羽为“项籍”的原项羽部下一律升职为大夫，坚持称“项羽”或“项王”的郑君一个人被赶出朝堂。郑君虽然为此断了仕途，病死家中，但是，他始终不愿以蔑称项羽作为个人的进身之阶。

郑君独不奉诏。诏尽拜名籍者为大夫，而逐郑君。郑君死孝文时。——《史记·汲郑列传》

把这件小事和刘邦在项羽死后为项羽举行隆重的葬礼并哭祭一事做个对比，从中可以看出刘邦哭祭项羽的虚伪。

第四件事是封赏项伯。

于刘邦而言，项伯的确为自己出力不小。鸿门宴时，项伯夜报军情通敌卖主不说，还在危急时刻挺身而出，帮刘邦避过一场绝杀。项羽分封诸侯时，项伯私受贿赂，帮助刘邦得到汉中郡，此地成为刘邦四个月后杀回三秦大地的跳板。刘邦父亲被项羽挟为人质，也是项伯巧言化解，刘邦的父亲太公才免遭杀身之祸。项伯作为刘邦的内线，表现得相当出色。项羽死后，刘邦宣布项氏族人皆不追杀，并立即封项伯等四位项氏家族成员为列侯，赐姓刘。

诸项氏枝属，汉王皆不诛。乃封项伯为射阳侯。桃侯、平皋侯、玄武侯皆项氏，赐姓刘氏。——《史记·项羽本纪》

至此，该打的仗打完了，该杀的人自杀了，该讨伐的地方平定了，该作的秀收场了，该奖励的部下也封赏了，刘邦一口气做完了这一历史阶段该做的事儿，算是为楚汉战争善了后。圆满收官的刘邦又将如何引领新一轮的历史洪流呢？他对未来有怎样的打算呢？他会像项羽一样选择做一个天下霸主吗？

请看：登基称帝。

登基称帝

十五

汉五年十二月，刘邦处理完楚汉之争的后事，匆匆赶回定陶，立即驰马飞奔至齐王韩信的大营，做了一件了却心事的大事。这件大事是什么呢？韩信刚刚担当主力横扫了楚军，为最终消灭项羽立下汗马功劳，按理说，刘邦该去封赏了。还要如何封赏？齐国都封赏给韩信了，再要封赏的话，恐怕要把自己这“汉王”的头衔封给他了。但有功不能不赏，刘邦恐怕又要纠结一番了。项羽虽然死了，但天下远没有“四海升平”，刘邦该如何是好？他将如何面对和规划“后项羽时代”的天下呢？

分封诸侯

刘邦到韩信大营去做了什么?

六个字: 夺兵权, 控军队。

为什么要这么干? 只怪韩信太过出位了, 对汉王刘邦构成了巨大的威胁。

说韩信太过出位, 到底出什么位了? 只怪他的“第一”太多了。先说说韩信的“第一”吧。

第一个“第一”: 军事才华当今第一。韩信可谓真正的常胜将军, 不仅深谙兵法, 最重要的是军事实践能力超强, 这让刘邦一万个不放心。

第二个“第一”: 军团实力天下第一。此时, 韩信军团有三十万精兵, 是刘邦集团中实力最强的一股势力, 远远超过了刘邦亲率的军团。而且垓下之战中, 韩信军团的出色表现让刘邦寝食难安。

第三个“第一”: 功劳在刘邦集团中居第一。刘邦手下将领众多, 但没有哪个像韩信这样厥功甚伟。韩信不但大大抢去了刘邦的风头, 而且还隐隐有功高盖主之势。

这三个“第一”, 常人能占其一就很了不得了, 韩信却三条占尽, 刘邦能吃香睡稳吗? 论功劳, 应当重赏; 论威胁, 应当严防。实在纠结啊! 几番权衡之后, 刘邦采取了比较保险的“搬倒树抓鸟蛋”之法, 先夺了韩信三十万大军的控制权。

这一幕大家应该不陌生, 当年在赵国, 刘邦就曾演绎过这么一回, 只不过那次也就是带走韩信的精兵而已, 事态并不严重。

可这一次不同，灭楚之后立即夺取韩信军权一事，对韩信和其他诸侯王会产生严重影响。这件事当然不能就此为止，得对韩信和其他诸侯王有个交代。

分封诸侯：只是一个手段

汉五年（前202）正月，刘邦昭告天下：楚地已经平定，急需一位新的主人来安抚楚地百姓。鉴于义帝没有后人，齐王韩信又熟悉楚地风俗，现改齐王韩信为楚王，统辖淮北，建都下邳（今江苏睢宁县西北）。魏相国彭越，“常以少击众，数破楚军”，以魏国故地封为梁王，建都定陶（今山东菏泽市定陶区西北）。

> 下令曰：『楚地已定，义帝亡后，欲存恤楚众，以定其主。齐王信习楚风俗，更立为楚王，王淮北，都下邳。魏相国建城侯彭越勤劳魏民，卑下士卒，常以少击众，数破楚军，其以魏故地王之，号曰梁王，都定陶。』——《汉书·高帝纪》

刘邦先是夺了军权，架空了韩信，又将韩信从齐地调到楚地。刘邦做这一系列的动作，到底想干什么？

一是还愿。刘邦在合围项羽之前许诺，只要韩信、彭越出兵灭楚，事成之后就封他们二人为诸侯王，并将陈郡直至海边的土地全给韩信，睢阳（今河南商丘市南）以北至谷城（今山东平阴县西南）的土地全给彭越。如今项羽已死，楚军已灭，是该兑现承诺的时候了。

二是安抚。鉴于在灭楚之战中的卓越表现，韩信隐隐已成为七位异姓诸侯王的代表。这次刘邦夺了韩信的军权，不但刺激了韩信，也刺激到其他六位诸侯王。若这六位诸侯王有异动，这天下是否还能够姓刘就不好说了。刘邦对此当然也是心知肚明。为了安抚韩信，为了稳住其他六位诸侯王，安排韩信担任楚王是最好的选择。

三是铺路。此时，刘邦已经开始掌控天下大势，而且对用什么形式继续掌控天下已经有了明确的想法。封了韩信、彭越，加上此前封的淮南王黥布，稳住这三位最有实力的诸侯王，刘邦才能更好地实施自己的计划。

不得不说，刘邦先夺韩信军权再将其徙封为楚王这一手非常高明。既稳固了江山，又在一定程度上解除了隐忧，这叫一举两得。既满足了韩信封地称王的要求，又安抚了其他诸侯王的人心，这叫一箭双雕！

可见，分封诸侯王，已经成为刘邦掌控天下的王牌。凭借这张王牌，刘邦可以惬意地以自我为中心，调动周围的人为他服务。这种牌局，刘邦玩得可谓得心应手，简直已达炉火纯青的境界。刘邦跟谁学的这一手呢？两个老师：第一位叫“实践”！第二位叫“高人”！

先来认识一下“实践”这位老师。

刘邦这次大玩分封，搞得韩信、彭越、黥布围着自己团团转，可谓“实践出真知”，全靠他在以往一系列各式各样的分封过程中领会到的精髓。要剖析刘邦分封诸侯王的精神纲要，还得从他自己求封诸侯王说起。

刘邦起事之初，为了收复因雍齿叛变而丢失的大本营丰邑，投靠了当时声望、实力都极抢眼的项梁集团。在项梁立楚怀王熊心之时，他自然而然地成为拥立楚怀王熊心的一派势力。在当时，刘邦根本不懂分封，他最渴望的是得到他人的分封。所以，当怀王提出

"先入定关中者王之"的约定时，刘邦一下子兴奋起来。此后，他一心想做的就是率先入定关中，以便受封关中王。为此，西行入关的沿途，他每到一地都打听人才，千方百计地吸引更多的人才进入他的集团。这才有了在陈留时，顶级说客郦食其的"倾情加盟"。

于是遣郦生行，沛公引兵随之，遂下陈留。号郦食其为广野君。——《史记·郦生陆贾列传》

郦食其加入刘邦集团的见面礼是袭取陈留。之后，刘邦封郦食其为"广野君"。"广野君"其实是个虚封，但对郦食其和刘邦手下的其他谋士而言却代表着认可和激励。刘邦第一次分封他人，虽然不是实封，而且那时候也没有条件实封，但也让他受益匪浅，意识到这种手段所具备的激励人心的作用。

后来，刘邦凭借陈恢"约降"之计，和平解放了南阳，随后封南阳郡守为"殷侯"，封陈恢"千户"。虽然"殷侯"也是虚封，但这已经是他第二次运用分封的手段为自己的政治目标服务了。只不过此时的刘邦仍醉心于楚怀王的"关中王"，求封心切。

韩王信者，故韩襄王孽孙也，长八尺五寸。及项梁之立楚后怀王也，燕、齐、赵、魏皆已前王，唯韩无有后，故立韩诸公子横阳君成为韩王，欲以抚定韩故地。项梁败死定陶，成奔怀王。沛公引兵击阳城，使张良以韩司徒降下韩故地，得信，以为韩将，将其兵从沛公入武关。——《史记·韩信卢绾列传》

还定三秦是刘邦由求封到分封的重要转折点。

韩王信（区别于大将军韩信，史称韩王信）原本是战国后期韩襄王的"孽孙"。秦末大起义时，张良为韩王攻略韩地，得到韩王信，发现韩王信身材魁梧，武功高强，便任命他为韩将。后来，韩王信随刘邦入关。刘邦受封汉王后，韩王信力劝刘邦起兵灭项，理由极似大将军韩信。刘邦还定三秦，许愿得到韩地后封韩王信为韩王，并拜韩王信为韩太尉，率兵攻略韩地。项羽听说韩王信在韩地的动向后，任命郑昌为韩王，阻挡汉兵。汉二年（前205），韩王信平定韩地十几座城。刘邦到达河南郡，韩王信急攻郑昌，郑昌抵抗不住，降汉。当年十月，刘邦立韩王信为韩王，史称韩王信。

及闻汉遣韩信略韩地，乃令故项籍游吴时吴令郑昌为韩王以距汉。汉二年，韩信略定韩十余城。汉王至河南，韩信急击韩王昌阳城。昌降，汉王乃立韩信为韩王，常将韩兵从。——《史记·韩信卢绾列传》

这是刘邦平生分封的第一个诸侯王，在由求封到分封道路上迈出了一大步。话说他封韩王信为韩王还潜藏着两大发明：一是许封。刘邦还定三秦时许封韩王信为韩王。这好比卖期房，先跟你达成意向，让你心里踏实了，等建设好了再交房。二是分封。此前刘邦一直求封关中王，没想过要独霸天下。可水涨船高，从还定三秦开始，刘邦的目的转变为“非尽吞天下者不休”。他想要的是整个天下，已非区区关中之地。这天下向谁要？当然是向拥有天下的人去要。此时拥有天下的是谁？是楚霸王项羽。可是用脚指头都能想到，项羽好不容易把天下收归囊中，会将天下拱手送给刘邦吗？所以，求封是不可能了，刘邦只能是用分封的手段与项羽争夺天下。

汉二年（前205）五月，刘邦彭城大败。此后，据张良的“下邑画策”，刘邦凭借韩信、彭越、黥布三人，成功扭转局面。这是刘邦政治思想的一次飞跃，他俨然已经把分封的手段提升到了战略的高度。

我们再来看看“高人”这个老师。

成功需要个人努力，更需要高人指路。高人指路往往是成功的保证。韩信和张良是对刘邦分封思想形成有重大影响的两位高人。

韩信让刘邦明白分封是夺取天下的利器。当年韩信登坛拜将以后，刘邦向他问计。韩信分析了项羽的缺陷，特别指出项羽“使人有功当封爵者，印刓弊，忍不能予”《史记·淮阴侯列传》，不能与天下同甘共利，大失人才之心，并劝刘邦重用天下勇士，以天下城邑封赏功臣。刘邦完全采纳了韩信的建议。关于分封功臣的阐述，韩信已经上升到理论层面，制定出以分封为手段夺取天下的大致路线，对刘邦影响至深。

张良让刘邦明白分封应当封功臣。张良下邑画策与谏阻刘邦复立六国后人，实际上涉及了分封标准和对象的课题。张良的意见非常明确，分封诸侯王，主要针对那些跟随刘邦打天下，做出重大贡献的功臣。这是在告诫刘邦，光知道分封不行，更重要的是知道封谁，分封不当，则后患无穷。

实践出真知，经高人指点，慧根极佳的刘邦迅速成为巧借分封运筹帷幄的高手。不过有一点我们不能忽视，刘邦和项羽的分封策略具有实质性的差别：项羽要当霸王，分封是目的；刘邦要当皇帝，分封是手段。

理论问题最终要落实到操作层面。当分封进入操作层面的时候，刘邦很是纠结，每次都得具体问题具体分析。这一时期，刘邦分封诸王有三种情况：

一是真心封王。汉三年（前204），韩信大败赵军，杀了陈馀，攻占赵地，建议刘邦封随他一块儿灭赵的张耳为赵王，以安抚赵地百姓。刘邦欣然批准。刘邦和张耳是老相识了，对张耳信任有加，这次封张耳为赵王，确实是真心实意。后来鲁元公主也被许配给了张耳的儿子张敖，可见俩人的关系有多铁。

汉三年，韩信已定魏地，遣张耳与韩信击破赵井陉，斩陈馀泜水上，追杀赵王歇襄国。汉立张耳为赵王。汉五年，张耳薨，谥为景王。子敖嗣立为赵王。高祖长女鲁元公主为赵王敖后。——《史记·张耳陈馀列传》

二是半心封王。汉二年（前205），刘邦兵出函谷关，除掉项羽分封的韩王郑昌以后，册封“韩太尉信为韩王”。刘邦此次分封，是欣赏韩王信的勇武，看重韩信是韩襄王的后人，对韩地百姓有影响力。然而，韩国旧地靠近关中，北靠巩县、洛阳，南临南阳、叶县，东边是天下要冲淮阳，其地理位置在军事上极为重要，常常集结着天下重兵。刘邦对韩王信的感情，远不及对张耳的感情，所以最终把韩王信迁到今山西太原的北边去防御匈奴，调离了战略要地韩国。刘邦分封韩王信为韩王，显然是一种利用，只能称之为半心半意。

上以韩信材武，所王北近巩、洛，南迫宛、叶，东有淮阳，皆天下劲兵处，乃诏徙韩王信王太原以北，备御胡，都晋阳。——《史记·韩信卢绾列传》

三是违心封王。韩信攻占齐地后，向刘邦求封“假齐王”。刘邦此时正在广武前线被项羽打得焦头烂额，从大局出发，不得不顺势给韩信封了个齐王。毫无疑问，这次分封实属无奈，刘邦既力不从心又担心韩信哗变，心里纵有一百个不乐意也得先忍着。一旦搞定项羽，刘邦即刻收缴韩信的军权，故技重施，徙封韩信为楚王，以缓解自己受到的威胁。

关于韩信被徙封为楚王之事,《史记·高祖本纪》与《汉书·高帝纪》的记载不同。据《史记》的记载，刘邦先登基称帝，然后徙封齐王韩信为楚王，立彭越为梁王。然而据《汉书》的记载，刘邦夺了齐王韩信的军权后，先徙封韩信为楚王，立彭越为梁王，然后楚王韩信、梁王彭越等七诸侯王联名上疏，要求汉王接受尊号。我个人觉得,《汉书》对这件事的记载更为可信一些。

需要指出的是，刘邦的分封套路中也偶有失误。汉三年冬十月，刘邦在荥阳前线听信郦食其之计，准备分封六国国君，要不是被张良的“八不可”拦下，可以肯定的是，天下的诸侯王多了，但刘邦手下的人才肯定要“人心散了”。说到底，在实践中学习，难免要缴点学费。

登基称帝

册封韩信、彭越之后，楚王韩信、韩王信、淮南王英布、梁王彭越、赵王张敖、衡山王吴芮、燕王臧荼等七位异姓诸侯王联名上疏，恭请刘邦接受“皇帝”尊号。

这里有两个问题：一是以楚王韩信为首的七位异姓诸侯王为什么要刘邦接受尊号？二是为什么是“皇帝”这一尊号，而非其他？

第一个问题好理解。若以王号来定尊卑，确实有些尴尬。刘邦是汉王，韩信是楚王，韩王信是韩王，英布是淮南王，彭越是梁王，张敖是赵王，吴芮是衡山王，臧荼是燕王。七位异姓诸侯王，与汉王刘邦是平起平坐的。而且七位异姓王中，韩信、彭越、英布、韩王信、张敖等五位是刘邦所封，刘邦、吴芮、臧荼乃项羽所封，尊卑关系确实有些混乱。怎么办呢？解决这一问题的办法是让“大王”刘邦再向上升一升，这样，尊卑高下就一目了然了。怎么向上升呢？上尊号。

第二个问题就有些蹊跷了。七位异姓诸侯王联名上疏，要求刘邦接受的是“皇帝”尊号，为什么不是其他尊号呢？

在政治制度的问题上，人们往往习惯于从历史中寻求答案。在刘邦之前，中国社会存在过两种截然不同的政治制度：一种是商周的王国制，另一种是秦始皇的帝国制。项羽当年选择的是当霸王，本质上从属于王国制，是王国制的一种变形。

至于诸侯们为何选择“皇帝”而不是其他尊号给刘邦？《史记》和《汉书》等史料里都没有提及。不过我们试想一下，劝刘邦接受尊号这么大的事，七位异姓诸侯王私底下肯定得通通气，打打招呼，起码得一块儿商量一下吧。虽然刘邦从未公开谈及灭掉项羽后自己想要什么尊号，但这不等于他从未表明心迹。诸侯们看准了这些蛛丝马迹，给刘邦来了个投其所好。

第一，刘邦的目标是夺得天下。

武涉游说韩信时评价刘邦说：“其意非尽吞天下者不休。”《史记·淮阴侯列传》这是项羽集团对刘邦兵出函谷关终极目的的诠释。对于这一点，七位异姓诸侯王都会有所了解，为意在“尽吞天下”的汉王上什么尊号最合适？“皇帝”！

第二，刘邦的行政建制是郡县制。

刘邦重返关中平定三秦后，在关中“置陇西、北地、上郡、渭南、河上、中地郡；关外置河南郡”，完全承袭了秦帝国在地方实行郡县制的行政建制。这些做法无不透露出他打算在“后项羽时代”沿袭帝国制的端倪。

于是置陇西、北地、上郡、渭南、河上、中地郡；关外置河南郡。——《史记·高祖本纪》

第三，刘邦对诸侯联名上疏的反应是默许。

诸侯王们联名上疏汉王刘邦上“皇帝”尊号，刘邦却没有马上接受。为什么呢？刘邦这样的“王中王”当然不会直白地说出心中所想，这就需要大家去猜，去揣摩，需要大家帮忙架梯子。于是，诸侯王们给出了汉王刘邦理应接受尊号的三大理由：一是功大，二是德厚，三是上下不分。意思就是，汉王功勋卓著，厚德载物，但现在和其他诸侯王无法区分尊卑上下，只有加了尊号才能解决这一问题。

大王先得秦王，定关中，于天下功最多。存亡定危，救败继绝，以安万民，功盛德厚。又加惠于诸侯王有功者，使得立社稷。地分已定，而位号比拟，亡上下之分，大王功德之著，于后世不宣。——《汉书·高帝纪》

这三大理由就是诸侯王们给刘邦架的梯子，好让刘邦顺着向上爬！梯子是架好了，刘邦会作何反应呢？他是这样回应的：

“帝”必须是贤者。如果我不是贤者，上了尊号，岂非“虚言无实之名”？这不是我所希望的。你们这些诸侯王“推高寡人”，叫我怎么处理好呢？

汉王曰：『寡人闻帝者贤者有也，虚言亡实之名，非所取也。今诸侯王皆推高寡人，将何以处之哉？』——《汉书·高帝纪》

刘邦这番话妙不可言，短短几句表态却包括三个关键点：一是不反对称帝，二是质疑自己的资格，三是担心自己被推高后不好处事。虽然口口声声说着“寡人闻帝者贤者有也，虚言亡实之名，非所取也”。但很显然，他并不反对诸侯王们的劝进，只是说担心自己还不够贤能。

不反对就是默许。如果刘邦真的不想当皇帝，那么他完全可以直截了当地加以拒绝。现在话里有话，诸侯王们自然心领神会，知道这把梯子是架对了。刘邦还是有意顺势而上的，接下来就是把这梯子扶稳喽！

诸侯王皆曰：『大王起于细微，灭乱秦，威动海内。又以辟陋之地，自汉中行威德，诛不义，立有功，平定海内，功臣皆受地食邑，非私之也。大王德施四海，诸侯王不足以道之，居帝位甚实宜，愿大王以幸天下。』——《汉书·高帝纪》

听懂了刘邦的弦外之音，诸侯王们迅速组织起第二拨集体上疏，总结了汉王的三大功德，一是“灭乱秦”，二是“诛不义”，三是“功臣皆受地食邑”，所以“汉王”的称号已经不能承载刘邦的功德了，只有“居帝位”才能实至名归，再次希望“大王以幸天下”。

这一次的上疏厉害了，直言刘邦只有称帝才能让天下百姓满意。抬出“民生”这个梯子，让刘邦很是动心，这正是他想要的。于是，刘邦不再推辞。只是说，只要你们都认为我上“皇帝”尊号有利于天下苍生就行了。

在刘邦的首肯下，七位“诸侯王及太尉长安侯臣绾等三百人，与博士稷嗣君叔孙通”，选择了一个好日子，“二月甲午，上尊号”，刘邦正式“即皇帝位于汜水之阳。尊王后曰皇后，太子曰皇太子”，并追尊自己的生母为“昭灵夫人”，完成了由汉王到西汉开国皇帝的历史性转变。

于是诸侯王及太尉长安侯臣绾等三百人，与博士稷嗣君叔孙通谨择良日。二月甲午，上尊号。汉王即皇帝位于汜水之阳。尊王后曰皇后，太子曰皇太子，追尊先媪曰昭灵夫人。——《汉书·高帝纪》

可见，搬梯子是一门大学问。要别人向上“攀登”，需要合适的梯子；要他人体面下台，也需要搬一把合适的梯子。

西汉帝国就在诸侯王们找到一把最恰当的梯子后诞生了。

刘邦称帝在中国帝国史上是一件大事。尽管秦始皇开创的帝国制度因为秦帝国的暴政、苛法仅仅存在了十五年，但是，帝国制度相对于商周的王国制度无疑更利于稳定与统一，这种政治制度在更有活力、更为合理的共和制产生之前是最具活力的政治制度。秦汉之交，人们更多地看到了秦帝国的速亡，并认为帝国制度要为秦帝国的速亡负责。比如项羽，在身为诸侯盟主的最佳时刻，选择了做霸主，大封诸侯。究其实，项羽错失称帝的机会是他没有认识到帝国制度已经成为一股不可抗拒的历史潮流。那么，刘邦为什么选择了帝国制而放弃了王国制？史书没有记载，但这一选择显然是最佳选择。

在这场历史之交的重磅演出中，《汉书·高帝纪》特意记下了两个人的官职号、姓名，一个是“太尉长安侯臣绾”，一个是“博士稷嗣君叔孙通”。这两个人绝非等闲之辈，尤其是叔孙通，他和刘邦登基称帝关系非常密切。为什么《汉书》在刘邦称帝的关键时刻，特意点出叔孙通呢？叔孙通之外，还有哪些人为刘邦称帝立国做出了贡献呢？

请看：立仪定都。

十六

刘邦登基称帝，“博士稷嗣君叔孙通”是个特殊人物。关于此人，《史记·高祖本纪》中没有相关信息，但《史记·叔孙通列传》倒是详述了他为刘邦称帝所做的贡献。《汉书·高帝纪》还出现了这样的文字：“于是诸侯王及太尉长安侯臣绾等三百人，与博士稷嗣君叔孙通谨择良日。”这意味着叔孙通是刘邦称帝的关键人物。七个位高权重的诸侯王仅用了“诸侯王”三个字一笔带过，堂堂“三百人”的劝进队伍中仅详细列出“博士稷嗣君叔孙通”和“太尉长安侯臣绾”两人，不但具名，还交代了职务与封号、姓名，显然是一种特殊的礼遇。这位“太尉”有何来头，我们以后再讲。先来看看这位“博士稷嗣君叔孙通”究竟何许人也？他为什么会被史书详列呢？此人又为刘邦称帝做出了什么特殊贡献呢？

叔孙其人

叔孙通是春秋时鲁国权臣叔孙氏的后人，秦帝国薛郡人。薛郡郡治薛城在今山东滕州市南，是战国时代鼎鼎大名的“战国四公子”齐国孟尝君的封邑。

叔孙通者，薛人也。——《史记·刘敬叔孙通列传》

叔孙通原本仅是一介儒生，因为通晓儒术被秦始皇征诏入宫，跟秦帝国的博士们一块儿工作。博士是个什么职位？说白了，就是秦始皇身边见多识广的侍从而已。朝廷特设博士部门，专为皇帝排忧解难，随时接受咨询。叔孙通只是博士中的替补，并非正式员工，混了好多年，也没捞到一官半职，就这么在秦廷候着。

秦时以文学征，待诏博士。——《史记·刘敬叔孙通列传》

秦二世元年（前209）七月，陈胜在大泽乡首举反秦义旗。打探消息的使者回来向秦二世报告了陈胜反秦的消息。

秦二世召集朝中博士、儒生，询问他们的意见：楚国戍卒陈胜等已经攻下蕲县（当时大泽乡隶属蕲县，在今安徽宿州市南），你们看应该怎么办？朝下的三十多人都说：身为臣民，绝不允许拥兵作乱，拥兵作乱就是死罪，杀无赦，希望陛下尽快发兵剿灭。秦二世一听，脸气得变了色。

二世召博士诸儒生问曰：『楚戍卒攻蕲入陈，于公如何？』博士诸生三十余人前曰：『人臣无将，将即反，罪死无赦。愿陛下急发兵击之。』二世怒，作色。——《史记·刘敬叔孙通列传》

叔孙通一见秦二世脸色陡变，立即上前一步说道：不对！不对！始皇帝统一天下，四海一家，原来六国郡县的城墙一律被拆掉，兵器全部被销毁。如今明主在上，法令完备，官员奉职，地方服从中央，哪有人敢造反？这不过是一些鸡鸣狗盗之徒罢了，何足挂齿？地方上的郡守、郡尉很快就会把他们缉拿归案，治罪量刑的，陛下不必担忧。

叔孙通前曰：『诸生言皆非也。夫天下合为一家，毁郡县城，铄其兵，示天下不复用。且明主在其上，法令具于下，使人人奉职，四方辐辏，安敢有反者！此特群盗鼠窃狗盗耳，何足置之齿牙间。郡守尉今捕论，何足忧。』——《史记·刘敬叔孙通列传》

秦二世一听，龙颜大悦，连声叫好。其他博士仍有坚持说是造反的，也有改口说仅是一群盗贼的。秦二世下令，让主管司法的御史把所有说是造反的儒生通通抓起来，因为这不是他们该说的话。凡说陈胜等人是盗贼的儒生，全部放回。赏首倡盗贼说的叔孙通二十匹绢帛，一套制服，正式任命叔孙通为博士。

二世喜曰：『善。』尽问诸生，诸生或言反，或言盗。于是二世令御史案诸生言反者下吏，非所宜言。诸言盗者皆罢之。乃赐叔孙通帛二十匹，衣一袭，拜为博士。——《史记·刘敬叔孙通列传》

一出宫，同事们就抱怨叔孙通：你怎么能用这样的方式讨好皇上呢？叔孙通说：命都快没了，哪里还顾得上什么方式！当天，叔孙通就匆匆收拾行装逃跑了。这一逃，逃到了薛地，薛地此时已属于陈胜的“张楚”国。当项梁率兵到达薛地，叔孙通立即投奔了项梁。后项梁战死沙场，楚怀王到达彭城，收了项羽、吕臣的军权，叔孙通就又改投到楚怀王旗下。项羽入关后，放逐义帝，原义帝身边的臣子纷纷自找出路。叔孙通也不例外，再次改换门庭，加入如日中天的项羽集团。汉二年（前205），刘邦率五诸侯联军攻下彭城，叔孙通就顺势叛楚降汉。

叔孙通已出宫，反舍，诸生曰：『先生何言之谀也？』通曰：『公不知也，我几不脱于虎口！』乃亡去，之薛，薛已降楚矣。及项梁之薛，叔孙通从之。败于定陶，从怀王。怀王为义帝，徙长沙，叔孙通留事项王。汉二年，汉王从五诸侯入彭城，叔孙通降汉王。——《史记·刘敬叔孙通列传》

不过，刘邦很快就战败，溃退到荥阳。叔孙通这次竟然没有动摇，立场坚定地追随刘邦。

> 汉王败而西，因竟从汉。——《史记·刘敬叔孙通列传》

叔孙通刚归汉的时候，总穿着儒生的衣服，经常惹得刘邦很不开心。他知道这一点后，立马改穿楚人的短衣，刘邦就觉得叔孙通这人还不错，有点儿意思。

> 叔孙通儒服，汉王憎之；乃变其服，服短衣，楚制，汉王喜。——《史记·刘敬叔孙通列传》

叔孙通降汉的时候，随他一块儿归汉的还有一百多名弟子。楚汉战争打了四年，这期间叔孙通没有向刘邦举荐过自己的弟子，倒是推荐了好些有案底的壮士。叔孙通的弟子们私下里抱怨道：跟随先生这几年，我们这些弟子先生一个也不推荐，推荐的净是一些流氓泼皮。

> 叔孙通之降汉，从儒生弟子百余人，然通无所言进，专言诸故群盗壮士进之。弟子皆窃骂曰：『事先生数岁，幸得从降汉，今不能进臣等，专言大猾，何也？』——《史记·刘敬叔孙通列传》

叔孙通听说后，郑重其事地对弟子们说：汉王现在正冒着强弩箭镞征战沙场，你们可以上阵厮杀吗？我理应优先推荐那些能够“斩将搴旗”的壮士。你们暂且等一等，我不会忘了你们。不久，汉王拜叔孙通为博士，号稷嗣君。

> 叔孙通闻之，乃谓曰：『汉王方蒙矢石争天下，诸生宁能斗乎？故先言斩将搴旗之士。诸生且待我，我不忘矣。』汉王拜叔孙通为博士，号稷嗣君。——《史记·刘敬叔孙通列传》

叔孙通一生的经历屡遭后人诟病。没办法，他确实给了别人诟病的理由：反复无常，六易其主，先后侍奉过秦始皇、秦二世、项梁、楚怀王熊心、项羽和刘邦。这样的经历，让很多人对叔孙通极为不齿，认为他是一个趋炎附势的无耻小人。不过话分两头说，从另一个角度而言，叔孙通的选择又都是正确的：他自始至终奉行“成功第一”的原则，之所以六易其主，也是因为一直没有碰到真正的天下主宰者，再加上他识人的眼光不高，世道又不太平，所以不得不一而再、再而三地更换主人。但是，当他认定刘邦是真命天子后，就一直坚持到了最后。

制定朝仪

刘邦定陶登基之时，叔孙通奉命制定了一套皇帝即位的仪式，当然很大程度上参考了秦朝的各项流程，刘邦过目之后大大简化了一番，省掉了不少礼仪形式。这一简化不打紧，直接导致文武大臣们在朝堂上毫无顾忌地喝酒争功，喝醉后大喊大叫，甚至还有人拔出剑对着殿上的大柱猛砍。刘邦看到这种混乱不堪的场面，大伤脑筋。

汉五年，已并天下，诸侯共尊汉王为皇帝于定陶，叔孙通就其仪号。高帝悉去秦苛仪法，为简易。群臣饮酒争功，醉或妄呼，拔剑击柱，高帝患之。——**《史记·刘敬叔孙通列传》**

叔孙通看出刘邦越来越看不惯这种毫无秩序的混乱场面，便适时地对刘邦建议道：儒生那一套虽然难以用来打天下，但是可以用来守天下。我想选调一批鲁地的儒生，协助我制定一套群臣朝见皇帝的仪式。刘邦的反应很激烈，马上问道：会不会很难办啊？其实刘邦是在为自己担心，他怕叔孙通搞得太复杂了自己受不了。

叔孙通知上益厌之也，说上曰：『夫儒者难与进取，可与守成。臣愿征鲁诸生，与臣弟子共起朝仪。』高帝曰：『得无难乎？』——**《史记·刘敬叔孙通列传》**

叔孙通回答说：五帝（黄帝、颛顼、帝喾、尧、舜）的乐章各有不同，夏、商、周三代的礼仪也不尽相同。不同的时局应当有不同的行为规范。夏、商、周三朝的礼仪都是根据前朝的制度加以增删而成的，绝不是简单的重复。臣下的意见是结合古礼和秦朝的礼仪，相互参照，制定出本朝的礼仪制度。刘邦说：那就试试吧，不过要容易施行，估摸着我能做到才行。

叔孙通曰：『五帝异乐，三王不同礼。礼者，因时世人情为之节文者也。故夏、殷、周之礼所因损益可知者，谓不相复也。臣愿颇采古礼与秦仪杂就之。』上曰：『可试为之，令易知，度吾所能行为之。』——**《史记·刘敬叔孙通列传》**

于是，叔孙通到鲁地招聘了三十位儒生，加上皇上身边的学者，以及自己的一百多位弟子，在野外拉起绳索，扎上草人，模拟练习。一个多月后，叔孙通觉得差不多了，便向刘邦报告：皇上可以来看看了。刘邦亲临视察，看完众人演示的朝礼仪式之后，松了口气，说：我应该做得到。于是下令群臣学习朝礼。

遂与所征三十人西，及上左右为学者与其弟子百余人为绵蕞野外。习之月余，叔孙通曰：『上可试观。』上既观，使行礼，曰：『吾能为此。』乃令群臣习肄，会十月。——**《史记·刘敬叔孙通列传》**

汉七年（前200），长乐宫重新装修完毕，诸侯群臣前来朝贺，叔孙通制定的朝仪正式启用。天大亮之前，司仪（谒者）在前面引领官员们依次进入殿门。大殿前面陈列着战车、战马，立着手持武器、旗帜的步兵、骑兵。郎中们都侍立在大殿每一级台阶的两侧，整个台阶上站立着几百号人。功臣、列侯、将军、军吏按次序面东而站；文官则从丞相以下，面西而站。司礼官（大行）完成九种引领宾客的礼仪之后，皇帝才坐着天子的专车从寝宫出来。前面派专人拿着旗，传话众人肃静，并引领着诸侯王直到年俸六百石的低级官员，依次上前拜贺。各级官员个个都恭恭敬敬。朝见皇帝的礼仪结束，端上酒爵，陪坐在大殿之上的人，一个个低眉顺眼，按照级别向皇帝敬酒。酒过九巡，司仪宣布酒宴结束。御史按照规定，把不遵礼仪的人全部带了下去。从开始直至酒宴结束，没有人敢在朝堂之上大声喧哗。

汉七年，长乐宫成，诸侯群臣皆朝十月。仪：先平明，谒者治礼，引以次入殿门，廷中陈车骑步卒卫宫，设兵张旗志。传言『趋』。殿下郎中侠陛，陛数百人。功臣列侯诸将军军吏以次陈西方，东乡；文官丞相以下陈东方，西乡。大行设九宾，胪传。于是皇帝辇出房，百官执职传警，引诸侯王以下至吏六百石以次奉贺。自诸侯王以下莫不振恐肃敬。至礼毕，复置法酒。诸侍坐殿上皆伏抑首，以尊卑次起上寿。觞九行，谒者言『罢酒』。御史执法举不如仪者辄引去。竟朝置酒，无敢欢哗失礼者。——**《史记·刘敬叔孙通列传》**

高祖刘邦看到这种有礼有节的隆重场面，兴奋地说：我今天终于知道做皇帝的尊贵了。随即任命叔孙通为太常（主管朝廷及宗庙礼仪），“赐金五百斤”。叔孙通趁机对刘邦说：我的弟子们追随我多年，协同我制定礼仪，希望陛下也能给他们个官做做。刘邦当场任命叔孙通的全部弟子通通为“郎”。退朝后，叔孙通把皇帝赏给他的五百斤金全部分给他的弟子们，大家无不欢呼雀跃，高兴地说：叔孙先生真是圣人啊！懂得什么是当务之急。

于是高帝曰：『吾乃今日知为皇帝之贵也。』——**《史记·刘敬叔孙通列传》**

乃拜叔孙通为太常，赐金五百斤。叔孙通因进曰：『诸弟子儒生随臣久矣，与臣共为仪，愿陛下官之。』高帝悉以为郎。叔孙通出，皆以五百斤金赐诸生。诸生乃皆喜曰：『叔孙生诚圣人也，知当世之要务。』——**《史记·刘敬叔孙通列传》**

叔孙通为高祖刘邦制定朝仪，巩固了皇权，约束了朝臣，结束了刘邦刚刚称帝时宫廷的混乱局面，对西汉中央集权制的形成发挥了不小作用，对汉帝国礼仪制度的形成产生了重大影响。

至于对叔孙通个人的评价，就只能是仁者见仁、智者见智了。

奉春定都

汉五年（前202）二月，刘邦在定陶这个地方登基称帝。定陶从春秋时期开始直至当时，一直都是水陆交通枢纽，陶朱公范蠡认为定陶是“天下之中”《史记·货殖列传》。但是，定陶地势低，无险可守，可以在此登基，不能在此建都。再说，此前已将彭越的梁国都城安在了定陶。

于是，为国都选址之事被提上日程。这第一个被选中的地方乃是洛阳城。刘邦为什么会看中洛阳呢？

第一，洛阳是周朝故都；第二，洛阳有现成宫殿可用；第三，洛阳地处中原腹地，有山川之险可凭借，地理位置优越；第四，洛阳地处关东，刘邦手下大批将领、士兵都出自关东，离家乡近，感情上好接受。

汉五年（前202）三四月的时候，刘邦决定在洛阳建都。五月，刘邦下令遣返手下士兵，各自复员到原籍为民。

帝乃西都洛阳。夏五月，兵皆罢归家。——《汉书·高帝纪》

恰在此时，一个小小的戍卒路过洛阳，彻底改变了西汉帝国国都的命运。

此人原名娄敬，齐国人。这一年，娄敬奉命到陇西郡

(郡治在今甘肃临洮县南)戍边，路过洛阳时碰巧听说刘邦决定定都洛阳。于是，这位戍边的小兵摘下身上的拉车绳套，穿着羊皮短袄，贸然地拜见齐国虞将军。他对虞将军说：我想见皇上，有重要事情要向皇上汇报。虞将军见这位老乡衣衫破旧，想给他找一件像样的衣服换上再面见皇上。娄敬却说：不用换了，我穿什么是什么，就这样吧，挺好的。刘邦得到虞将军的呈报，立即召见娄敬，还赐娄敬吃饭。等娄敬吃完，刘邦才问有何要事。娄敬说：陛下建都洛阳是不是要和当年建都洛阳的周朝比个高下？刘邦回答：是啊。

刘敬者，齐人也。汉五年，戍陇西，过洛阳，高帝在焉。娄敬脱挽辂，衣其羊裘，见齐人虞将军曰：『臣愿见上言便事。』虞将军欲与之鲜衣，娄敬曰：『臣衣帛，衣帛见；衣褐，衣褐见：终不敢易衣。』于是虞将军入言上。上召入见，赐食。已而问娄敬，娄敬说曰：『陛下都洛阳，岂欲与周室比隆哉？』上曰：『然。』——《史记·刘敬叔孙通列传》

娄敬接着说：可是陛下得此天下和周朝得彼天下是有天壤之别的啊。当年周朝从先人后稷受封，“积德累善”十几代，最终靠着天下诸侯的支持才得以灭商。成王即位，周公辅佐，这才开始营建成周洛邑，而且目标很明确：一是将商朝遗民迁居到此地，监督看管；二是将成周洛邑作为周朝的东部都城，朝见天下诸侯。所以说，周朝定都洛阳，乃是为了以德服人，而不靠这里的地形险要。

娄敬曰：『陛下取天下与周室异。周之先自后稷，尧封之邰，积德累善十有余世。公刘避桀居豳。太王以狄伐故，去豳，杖马棰居岐，国人争随之。及文王为西伯，断虞芮之讼，始受命，吕望、伯夷自海滨来归之。武王伐纣，不期而会孟津之上八百诸侯，皆曰纣可伐矣，遂灭殷。成王即位，周公之属傅相焉，乃营成周洛邑，以此为天下之中也，诸侯四方纳贡职，道里均矣，有德则易以王，无德则易以亡。凡居此者，欲令周务以德致人，不欲依阻险，令后世骄奢以虐民也。』——《史记·刘敬叔孙通列传》

而陛下得天下的情况就大为不同了。陛

下从沛县丰邑起兵，定三秦，战项羽，大仗七十场，小仗四十次，无不殃及天下百姓。现在死者家属的哭声未止，伤者还没有痊愈，陛下就想效法成康之世，这实在不合适啊。

今陛下起丰沛，收卒三千人，以之径往而卷蜀汉，定三秦，与项羽战荥阳，争成皋之口，大战七十，小战四十，使天下之民肝脑涂地，父子暴骨中野，不可胜数，哭泣之声未绝，伤痍者未起，而欲比隆于成康之时，臣窃以为不侔也。——《史记·刘敬叔孙通列传》

再来看关中之地，四面环山，东有黄河天堑为屏障，四方关塞坚固难破。一旦遇到危险，很快就能组织起百万大军。陛下如果定都关中，凭借着秦时修筑的军事要塞，以及关中优质的土地资源，就算崤山以东乱了，这秦地也仍然可以保全。

且夫秦地被山带河，四塞以为固，卒然有急，百万之众可具也。因秦之故，资甚美膏腴之地，此所谓天府者也。陛下入关而都之，山东虽乱，秦之故地可全而有也。——《史记·刘敬叔孙通列传》

娄敬这番话讲得颇有道理，高祖刘邦就此问题咨询群臣。群臣大多是崤山以东之人，争着说东周延祚数百年，秦朝二世而亡，应当建都周朝故都。刘邦一时不知该如何决断。

高帝问群臣，群臣皆山东人，争言周王数百年，秦二世即亡，不如都周。上疑未能决。——《史记·刘敬叔孙通列传》

此时有一人站出来，明确支持娄敬。此人就是刘邦最为信任的谋士——张良。张良说娄敬讲得对，建都关中比定都洛阳更加有利。为什么张良会如此坚决地支持娄敬建都关中的主张呢？安广禄先生认为大要有四：

一是看好关中制衡天下的地形优势。我国地貌总体特征是西北高、东南低，西北相对于东南形成了居高临下之势。就关中而言，前后左右均有险可守，可谓“金城千里”；腹地是广阔肥饶的“天府之国”；再加上这个地区水系发达，黄河、渭水是天然的运输通道，“漕挽天下”。占据关中，进可东制诸侯，退可自保无忧。洛阳四周虽有险可守，但腹地不开阔，土地相对贫瘠，容易四面受敌，并非用武之地。

留侯曰：『洛阳虽有此固，其中小，不过数百里，田地薄，四面受敌，此非用武之国也。夫关中左殽函，右陇蜀，沃野千里，南有巴蜀之饶，北有胡苑之利，阻三面而守，独以一面东制诸侯。诸侯安定，河渭漕挽天下，西给京师；诸侯有变，顺流而下，足以委输。此所谓金城千里，天府之国也，刘敬说是也。』——**《史记·留侯世家》**

二是看好关中经济文化方面的优势。关中土地肥沃，地域宽广，“南有巴蜀之饶，北有胡苑之利”，战马、粮食、资用，都很充裕。秦自孝公变法起，奖励军功和耕织，经营既久，民习战耕。秦始皇一统天下后，在历代积淀基础之上推行郡县制，统一文字，统一度量衡，制定很多有重大意义的法令，汉王朝草创之时非常需要借鉴、继承、丰富、完善、践行帝国制度的这一套东西，便利之地莫如关中。

三是看好关中安定天下大局的政治优势。关中是秦帝国的发祥之地，刘邦入关时对关中秋毫无犯，与关中父老约法三章，深得关中百姓拥戴。四年楚汉战争中，关中百姓付出甚多。建都关中，正可利用关中百姓的拥戴打好汉室江山的基础。由关中至关外，进而至天下，关中是稳定全国的政治基础。

四是吸取东周王室暗弱不振的历史教训。周朝自平王东迁洛阳后每况愈下，天子气象尽失，诸侯坐大，朝贡不举，甚至还经常有人觊觎九鼎。虽然这一局面并非建都洛阳所致，但周王室如非衰弱，何必东迁？汉家江山要做大做强，必须弃洛阳而都关中。

于是高帝即日驾，西都关中。——**《史记·留侯世家》**

听了张良一番话，刘邦不再犹豫，当天起驾西迁关中。最早建言定都秦地关中的是娄敬，“娄”就是“刘”（谐音），刘邦赐娄敬改姓刘，封刘敬为郎中，号奉春君。

于是上曰：『本言都秦地者娄敬，「娄」者乃「刘」也。』赐姓刘氏，拜为郎中，号为奉春君。——**《史记·刘敬叔孙通列传》**

刘邦历经七年坎坷，终于从一介布衣跃为九五之尊，在千千万万官兵百姓的血泊中建立了西汉帝国。娄敬的一番话，让刘邦深刻地意识到自己与周朝得天下、守天下的状况大不相同。那么，刘邦将会如何重新审视自己的成功呢？将会怎样守护好刚刚诞生的西汉帝国呢？

请看：汉初三杰。

十七

娄敬在劝谏汉高祖刘邦建都关中之时指出：汉朝的建立与周朝的建立大相径庭，其中最大的不同无疑是时间上的悬殊。周朝积累了十几代才逐渐形成气候，得到天下诸侯认可，推翻殷商，建立新王朝。刘邦不同，他一共折腾了七年，三年反秦，四年灭项，就当上了皇帝。自古至今，未曾所见。尽管诸侯、大臣劝刘邦上“皇帝”尊号时场面话说得非常漂亮，但说到底刘邦只是从一介布衣起家当上皇帝的暴发户。五百年后，魏晋之交的阮籍登广武山观览楚汉战争古战场时，十分感慨地说：“世无英雄，遂使竖子成名！”可见他对刘邦的成功颇不以为然。阮籍的这句话代表了相当一部分后世之人对刘邦的看法。那么，汉高祖本人是怎样看待自己这一番成功历程的呢？

“三杰”由来

刘邦成功转型之后，某天在洛阳南宫召开庆功大会，他当着在场所有列侯、将领的面抛出了一个问题：我刘邦为什么能够得到天下？项羽为什么会失掉天下？

帝置酒洛阳南宫。上曰：『通侯诸将毋敢隐朕，皆言其情。吾所以有天下者何？项氏之所以失天下者何？』——《汉书·高帝纪》

高起、王陵两位率先回应说：虽说陛下您傲慢而且喜欢侮辱别人，项羽仁厚而且爱护别人，可是，陛下攻城略地，只要攻占了就会分封给功臣；而项羽呢，却总是妒贤嫉能，迫害有功之人，怀疑贤能之士，打了胜仗不奖赏，攻下地盘不封人。这是项羽失去天下的原因。

高起、王陵对曰：『陛下嫚而侮人，项羽仁而敬人。然陛下使人攻城略地，所降下者，因以与之，与天下同利也。项羽妒贤嫉能，有功者害之，贤者疑之，战胜而不与人功，得地而不与人利，此其所以失天下也。』——《汉书·高帝纪》

高起、王陵的回答触及了一个大家都很感兴趣的话题：刘邦舍得分封！一帮底层出身的壮士豪杰拎着脑袋跟随刘邦打天下，图个啥？当然是分封。分封意味着拥有土地，而土地自古至今都是最宝贵的资源，特别是在帝国时代，土地代表的不仅是财富，而且是权势、地位、名望。这是那个时代几乎所有愿意跟着刘邦打天下的人首先想得到的东西。

刘邦听他们说完，却把头摇得像拨浪鼓似的，说道：你们只知其一不知其二啊。要说这运筹帷幄、决胜千里的智略，我不如张良。这治理国家，安抚百姓，保障供给，护卫粮道的才能，我不如萧何。这统率千军万马，战无不胜攻无不克的胆识，我不如韩信。这三位都是当今天下最杰出的人才，能为我所用，这便是我能夺取天下的根本原因。而项羽手下只有一位谋士范增，他还不信任，不重用，所以最终被我打败。

上曰：『公知其一，未知其二。夫运筹帷幄之中，决胜千里之外，吾不如子房；填国家，抚百姓，给饷馈，不绝粮道，吾不如萧何；连百万之众，战必胜，攻必取，吾不如韩信。三者皆人杰，吾能用之，此吾所以取天下者也。项羽有一范增而不能用，此所以为我禽也。』——《汉书·高帝纪》

群臣听完刘邦的自我总结，个个心悦诚服。他们确实没想到高高在上的皇帝会如此看待自己的成功，当然也对三位杰出人才表示由衷地敬佩。

刘邦的这番高论让“汉初三杰”名扬史册，同时也提出了一个非常重要的课题：西汉帝国什么最金贵？人才！

留侯归汉

“三杰”之中，张良被刘邦列为第一，且尊称其字“子房”，显示出刘邦对张良的特别敬重。刘邦待人一向非常随意，初见郦食其时竟然边洗脚边见客。这么一个极其随便的人，又当了皇帝，提起张良开口是“子房”，闭口还是“子房”，这不简单，而且很不简单！这是张良一言一行留给刘邦深刻印象后的自然而然的反应。

我们在“西入秦关”一章讲过张良和刘邦的相识及张良献计帮助刘邦和平解放南阳的事情。现在，我们再回过头来详细了解一下张良其人。

张良是韩国贵族的后裔，他的祖父担任过韩昭侯、韩宣王、韩襄王三代韩国国君的相国，父亲担任过韩釐王、韩悼惠王两代韩国国君的相国，这就是历史上所称的“五世相韩”。

留侯张良者，其先韩人也。大父开地，相韩昭侯、宣惠王、襄哀王。父平，相釐王、悼惠王。——《史记·留侯世家》

悼惠王二十三年（前250），张良的父亲去世了。此时，张良年龄小，没有出仕为官。韩王安九年（前230），秦国内史腾率兵攻韩，俘虏韩王安，灭韩为秦国的颍川郡。此时距张良父亲去世才刚刚二十年。国亡之际，张良家又遭遇不测，他的弟弟早夭。张良家境在当时还属富裕，仅奴仆就有三百人，但张良草草安葬了弟弟，遣散了三百奴仆，变卖了全部家财，准备去干一件大事：寻求刺客，刺杀秦王政。

悼惠王二十三年，平卒。卒二十岁，秦灭韩。良年少，未宦事韩。韩破，良家僮三百人，弟死不葬，悉以家财求客刺秦王，为韩报仇，以大父、父五世相韩故。——《史记·留侯世家》

秦灭六国的历史进程中，出现了两位热血青年。一位是燕国太子丹，一位就是韩国的张良。太子丹寻到壮士荆轲，上演了“荆轲刺秦王”的传奇一幕。张良寻到了一位大力士，可以投掷一百二十斤（约合今30公斤）重的大铁锤。秦始皇二十九年（前218），秦始皇第三次东巡，张良和刺客在博浪沙（今河南原阳县东）设伏，准备狙击秦始皇。大力士把大铁锤狠狠抛出，准确命中一辆专车，当即把这辆车砸得稀巴烂。不巧的是，这辆车只是皇帝的备用车，秦始皇因此躲过一劫。这是秦始皇一生中，继荆轲、高渐离之后的第三次遇刺，而此时秦并天下已有三年。侥幸躲过一劫的秦始皇勃然大怒，立即下令大规模搜查附近，竟遍寻不到刺客的踪影，于是通令天下，全国戒严十天，紧急排查！

得力士，为铁椎重百二十斤。秦皇帝东游，良与客狙击秦皇帝博浪沙中，误中副车。秦皇帝大怒，大索天下，求贼甚急，为张良故也。——《史记·留侯世家》

这件震惊全国的大案在《史记·秦始皇本纪》里亦有详细的记载：“二十九年，始皇东游。至阳武博狼沙中，为盗所惊。求弗得，乃令天下大索十日。”

“为盗所惊”是司马迁的讳言，“大索十日”才是这场行刺的真实反映。秦始皇如果仅仅是受了惊，用得着在全国“大索十日”吗？只能是亲睹了副车被砸毁的惨状，从而联想到了砸到自己乘坐的专车上将会出现怎样的严重后果。

张良行刺失败，立即改“姬”姓为“张”姓，改名为“良”，逃到下邳隐居下来，躲过了大搜捕。史书没有记载那位大力士的行迹，估计也应是安然无恙，否则张良也难逃法网。行刺的主谋、凶手能够双双脱身，纯属偶然。这件事给了张良一个深刻的教训：仅靠一己之力为韩报仇是不可能的！

良乃更名姓，亡匿下邳。——《史记·留侯世家》

就在隐居下邳的某一天，张良在下邳的桥上遇见一位老人。这老人穿着一身布衣，走到张良面前，把自己的鞋子脱下来扔到桥下，然后转过身来对张良说：年轻人，到下面把我的鞋子捡回来！张良亲眼看着这老人往桥下扔鞋，现在竟然命令自己到桥下替他捡鞋。他先一愣，接着就想挥拳把他暴揍一顿！但转念一想，老人年龄也挺大了，没必要跟他较劲儿，于是强抑着自己的性子，到桥下为老人取回鞋子。这还不算完，老人一边伸出脚，一边理所当然地说：给我穿上！

良尝间从容步游下邳圯上，有一老父，衣褐，至良所，直堕其履圯下，顾谓良曰：『孺子，下取履！』良鄂然，欲殴之。为其老，强忍，下取履。父曰：『履我！』——《史记·留侯世家》

张良心想，既然已经捡回了鞋子，那就好事做到底吧，于是耐着性子跪在地上为老人穿鞋。老人心安理得地等张良替自己穿好鞋，意味深长地笑了笑，扬长而去。张良见自己低三下四地忙活了半天，最后连一句谢谢的话都没听到，一脸无辜、无奈、无助外加无所适从地站在原地，注视着老人离去。估摸着走了有一里多地，老人又折了回来，正儿八经地对张良说：孺子可教矣。五天后，天亮时到这儿来等我。张良来不及多想，跪下来恭恭敬敬地应了一声“遵命”。

良业为取履，因长跪履之。父以足受，笑而去。良殊大惊，随目之。父去里所，复还，曰：『孺子可教矣。后五日平明，与我会此。』良因怪之，跪曰：『诺。』——《史记·留侯世家》

五天后，天刚放亮，张良匆匆赶到桥边，老人已经在那儿了，怒气冲冲地说道：为什么来得比我晚？和一位长者相约，怎么能迟到呢？五天以后再来！五天后，鸡刚刚叫，张良就急慌慌赶去。没想到，老人又抢在了前面，他怒不可遏地对张良说：为什么又晚了？临走时交代，五天后早一点来。又过了五天，这次张良半夜就赶过去了。停了一会儿，老人也来了，这次他高兴地说：这才像个样子。然后他随手拿出一部书，说：读好这部书，便可以成为帝王之师！

十年后可以发达，十三年后可在济北相见，谷城山下那块黄石就是我。说完，老人翩翩离去。天亮后，张良打开老人的赠书，原来是《太公兵法》，不禁大为惊诧。此后，张良经常研读这本书。这就是历史上鼎鼎大名的“下邳授书”。

五日平明，良往。父已先在，怒曰：『与老人期，后，何也？』去，曰：『后五日早会。』五日鸡鸣，良往。父又先在，复怒曰：『后，何也？』去，曰：『后五日复早来。』五日，良夜未半往。有顷，父亦来，喜曰：『当如是。』出一编书，曰：『读此则为王者师矣。后十年兴。十三年，孺子见我济北，谷城山下黄石即我矣。』遂去，无他言，不复见。旦日视其书，乃《太公兵法》也。良因异之，常习诵读之。——《史记·留侯世家》

“下邳授书”的确是个精彩的故事，但其中至少存在两个谜团：第一，那位老人到底什么人？有学者（如王仲孚先生）认为，授书的老人应当是一位反秦志士。张良在博浪沙狙击秦始皇引起了天下反秦志士的关注，他们认为张良胆识过人，但年少气盛，所以故意用“圯下拾履”之事来磨砺张良。也有学者认为老人是一位隐士，乃《太公兵法》的作者。第二，《太公兵法》是一部什么书？多数学者认为，这是一部兵书。也有人认为，它就是宋代《武经七书》中的《黄石公三略》。

张良隐居下邳，汲取了博浪沙行刺失败的教训，读书增智，积蓄力量。在此期间，还发生了一件小事儿，这件小事儿在不久的将来会影响到历史的进程。

张良在下邳隐居时，项伯因为杀人逃到他那儿避过了风头。张良救项伯，纯粹是行侠仗义之举，帮朋友躲过杀身之祸，谁会料到将来在鸿门宴时他会得到项伯的帮助呢！

居下邳，为任侠。项伯常杀人，从良匿。——《史记·留侯世家》

在下邳隐居了十年之后，反秦大起义的号角吹响，张良立马聚集了百十号年轻人投身其中。他原打算率众投奔刚刚被拥立的代理楚王景驹，不料在路上巧遇刘邦。刘邦此时正好率兵攻略下邳，张良自然而然就加入了刘邦集团，成为刘邦手下的一员将领（厩将），并屡屡用《太公兵法》为刘邦出谋划策。《太公兵法》一书，高深莫测。张良给别人讲，人们大多听不懂张良在讲什么。可刘邦悟性极高，一听就明白，所以常常采纳张良之策。张良感慨万千，常说，沛公真是天资聪慧。于是他放弃了投奔楚王景驹，决定就跟着刘邦干事业。

这是张良与刘邦第一次打交道，双方都留下了非常美好的印象。不过，此后的一件事却又让两人暂时分开。这一段前文已经提及，这里再简单做一下回顾。

项梁立楚怀王的孙子熊心为楚王，让张良看到了韩国复国的希望。于是，张良便劝说项梁立韩国公子横成君为韩王。此后，张良一直忙于复国，随同韩王成攻城略地。这是张良与刘邦的第一次分别。

后来刘邦西入秦关，来到韩地，随手帮韩王成搞定了被秦军攻占的十几座城池。作为回报，韩王成命令张良辅助刘邦一路西行入关。张良跟随刘邦和平解放南阳，智取峣关，一直到刘邦被封为汉王，张良才在褒斜道与刘邦话别，回国辅佐韩王成。这是张良与刘邦的第二次分别。

韩王成原为项梁所封，项羽大分封时没有动他。但项羽对张良辅佐刘邦西入秦关之事非常不满，再加上鸿门宴前、宴中张良的出色表现让项羽深感不安。出于某种报复的心理，项羽不许韩王成回到韩国封地，将他扣留在自己身边。

> 良至韩，韩王成以良从汉王故，项王不遣成之国，从与俱东。——《史记·留侯世家》

汉元年（前206）八月，刘邦还定三秦，公开挑战项羽。张良给项羽写信，称“汉王失职，欲得关中，如约即止，不敢复东”。这封信将项羽的第一把火引向齐地，为刘邦赢得了缓冲时间。事后，项羽先贬韩王成为侯，继而在彭城杀死韩王成。韩王成被杀，张良侥幸逃脱，重回刘邦身边。此时刘邦已定三秦，张良的归来让刘邦特别高兴，当即封其为成信侯。从此，张良便死心塌地地追随刘邦，最终成为西汉帝国的开国元勋。

> 时汉王还定三秦，良乃遗项羽书曰：『汉王失职，欲得关中，如约即止，不敢复东。』又以齐反书遗羽，曰：『齐与赵欲并灭楚。』项羽以故北击齐。——《汉书·张陈王周传》

> 项王竟不肯遣韩王，乃以为侯，又杀之彭城。良亡，间行归汉王，汉王亦已还定三秦矣。复以良为成信侯，从东击楚。——《史记·留侯世家》

张良与刘邦，在最初的相识之后，又经历了两次分别，最终走到了一起。其实张良真正想做的是复国，但当他发现复国仅是一个美丽的幻影之后，就毅然决然地一心归汉。不过，这并不影响刘邦对他的肯定。“汉初三杰”的荣耀，张良可谓实至名归。

萧何辅汉

萧何和刘邦有“三老”之谊，这层关系非张良、韩信可比。所谓的“三老”之谊，一是老乡，二是老同事，三是老战友。

先说老乡。两人的老乡关系非常明朗。萧何是沛县丰邑（今江苏丰县）人，刘邦也是沛县丰邑人，两个人是地地道道的老乡。

萧相国何者，沛丰人也。——《史记·萧相国世家》

再说老同事。萧何文笔娴熟，尤其擅法律文书写作。任沛县主管人事的公曹（主吏掾），在沛县是个人物。

以文无害为沛主吏掾。——《史记·萧相国世家》

秦朝御史到沛郡检查工作，和萧何打过几次交道，一致认为他办事干练，在当地的干部考评中名列第一，想奏报中央，调萧何到朝中任职。萧何知道后，坚决谢绝。

秦御史监郡者与从事，常辨之。何乃给泗水卒史事，第一。秦御史欲入言征何，何固请，得毋行。——《史记·萧相国世家》

萧何为什么不愿到中央政府工作呢？不少人认为他慧眼识英雄，相中了刘邦。此论恐怕抬举了萧何，也抬举了刘邦。萧何再有本事，也不可能看出一个小小的亭长会是个命世之才吧。机缘未至，刘邦还没有得到展示拳脚的舞台，岂能显出时势英雄的本色！也有人认为，萧何是看透了世事，预感到大动荡将至。其实准确地说，倒不是萧何真预见到秦帝国行将崩溃，只不过作为一名刀笔小吏突然间得到这样的升迁，他心中难免会有疑惑，并隐隐约约感到了秦帝国的风雨飘摇。

而刘邦为布衣之时，放荡不羁，多次触犯秦法，萧何总是护着刘邦，为他挡了几场官司。刘邦任泗水亭长后，萧何更是经常照顾他。亭长需要负责押送民工去都城咸阳服劳役，这可是一项苦差事。每次出行前，同事们都会友情资助刘邦三百钱，萧何每次都比他人多出两百钱。

高祖为布衣时，何数以吏事护高祖。高祖为亭长，常左右之。高祖以吏繇咸阳，吏皆送奉钱三，何独以五。——《史记·萧相国世家》

最后说老战友。刘邦沛县举兵，成为沛公，萧何、曹参功不可没。

首先，萧何力主请刘邦回来主政。陈胜起兵后，天下形势风起云涌，沛县县令面临着生死抉择：要么顽抗到底，成为秦帝国的牺牲品；要么来一个华丽转身，叛秦起兵，以求自保。沛县县令选择了后一条路。但是，萧何、曹参却反对他继续主政，力劝他将逃亡在外的人找回来主持起义大事。沛县在外逃亡者就是刘邦。可见，萧何、曹参一开始就想在刘邦的旗帜下聚集起来。沛县县令深知他作为秦帝国的县令，积怨极深，难孚众望，不得已而同意。后来沛县县令反悔，关闭城门，谋杀萧、曹，拒绝刘邦入城，刘邦号召沛县父老诛杀县令，顺利成为沛公。从刘邦举事之日起，萧何就是刘邦的主要助手。

其次，萧何率萧氏家族参与反秦。作为一个深谙秦帝国苛法的刀笔小吏，萧何当然明白这么做意味着什么。他把萧氏家族的活路都交给刘邦，一方面是判断出反秦的光明前景，另一方面则反映出他对刘邦的绝对信任。

刘邦起兵后，萧何作为刘邦的“第一秘书”，拥有很大的行政权力。张良虽然极受刘邦器重，但是，张良既无军权，又无政权，只是一名谋士。那么，在刘邦的心中，为什么萧何会拥有如此特殊的地位？对于刘邦的创业，萧何又有何等的功绩呢？

一是成全沛公。当上沛公是刘邦传奇人生的第一级台阶。上到这个台阶，他才能一级级向上攀登，逐渐释放自己的能量，由沛公至汉王，再到汉高祖。成全他上第一级台阶的正是萧何！一个人能够在大时代里成为弄潮儿，一靠个人才智，二靠时代平台。没有个人才智就没有成功的内因，没有时代平台就不能顺应历史之势，借不上时代的东风。

二是成全高祖。刘邦攻入咸阳，诸将纷纷打家劫舍抢夺珠宝，萧何却独收取秦丞相、御史府中的律令、图书。真牛！别人争抢“物质遗产”，萧何看中的却是秦帝国的“非物质文化遗产”。这些“非物质文化遗产”，对刘邦称帝帮助极大，让他知道了天下户口、赋税的分布，了解了天下地理形胜。从这个意义上讲，没有萧何就没有高祖刘邦！

三是举荐韩信。韩信从军，经历坎坷，尽管他有经天纬地之才，可是他没有名气，没有家族背景，在项梁、项羽、刘邦三位领导手下都默默无闻，跳槽到刘邦集团还差一点因罪被杀，幸有滕公出手相救，韩

沛公至咸阳，诸将皆争走金帛财物之府分之，何独先入收秦丞相御史律令图书藏之。沛公为汉王，以何为丞相。项王与诸侯屠烧咸阳而去。汉王所以具知天下阸塞，户口多少，强弱之处，民所疾苦者，以何具得秦图书也。——**《史记·萧相国世家》**

信才得以保全性命。最后多亏萧何一而再、再而三地推荐，才说服刘邦拜其为大将军。在聆听了韩信的“汉中对策”之后，刘邦意识到，此人乃是千年一遇的军事奇才。一句话，没有萧何，刘邦就会错过韩信。没有韩信，刘邦就灭不了项羽。灭不了项羽，刘邦就当不上皇帝。

四是经营后方。萧何不以军事见长，但他在楚汉战争中起的作用是任何一位军事家都无法比拟的。萧何苦心经营巴、蜀、汉中之地，给刘邦提供了一个稳固的大后方。他合理地管理户籍，征集粮草，征发士卒，使得刘邦在多次大败后都能迅速恢复元气。正是有了萧何镇守后方，刘邦才能全身心地投入到战争中去，硬生生地拖垮了楚霸王项羽。

何以丞相留收巴蜀，填抚谕告，使给军食。汉二年，汉王与诸侯击楚，何守关中，侍太子，治栎阳。为法令约束，立宗庙社稷宫室县邑，辄奏上，可许以从事；即不及奏上，辄以便宜施行，上来以闻。关中事计户口转漕给军，汉王数失军遁去，何常兴关中卒，辄补缺。上以此专属任何关中事。——《史记·萧相国世家》

“三杰”之中的韩信，在“屈就汉王”一章中已有详述，这里就不多解释了。刘邦凭借“三杰”的力量与才华，最终战胜项羽，夺得天下。在得到天下之后，志得意满的高祖刘邦真的可以心想事成、高枕无忧了吗？

请看：血性男儿。

血性男儿

十八

刘邦登基之后，他一生中最大的外患项羽已除，最大的内忧韩信也被夺了军权徙封楚国，可刘邦仍然心神不宁，为什么呢？因为还有一个人。此人虽远在千里之外，却让刘邦心里始终踏实不下来。这个人到底是谁？刘邦将怎样对付这个让他焦虑不安的人呢？

高祖惦念的人：田家人都不简单

此人叫田横。此时正在齐地即墨（今山东平度市东南）附近的一座海岛上隐居，手下仅有随从五百余人。一个田横，外加五百多号人，怎会让刘邦如此放心不下呢？项羽数十万军队都被搞定，区区五百来人怎能入得了高祖刘邦的法眼呢？

因为这个田横不简单！

他不但深得人心，更重要的是家世显赫。家族是一个以血缘为纽带的团体。一个强势家族往往有着超强的凝聚力。家族虽然比民族更狭隘，但是，在危难时刻，家族往往能表现出一种超强的力量。田横的家族乃是战国时期齐国国君田氏的一个支脉，他的堂兄田儋、哥哥田荣，都是齐地知名豪杰，深受齐地百姓爱戴。

> 田儋者，狄人也，故齐王田氏族也。儋从弟田荣，荣弟田横，皆豪，宗强，能得人。——《史记·田儋列传》

田氏家族的第一颗明星是田儋。

秦末大起义期间，陈胜曾派人攻打魏地。此时，田儋、田荣和田横都住在魏地狄城（今山东高青县东南）。陈胜的军队到达狄地后，狄城县令严防死守，陈胜的军队一时无计可施。

> 陈涉之初起王楚也，使周市略定魏地，北至狄，狄城守。——《史记·田儋列传》

看到这样的状况，田儋捆了一个家奴，带着一帮年轻人去“拜见”狄城县令。秦法规定：杀家奴需要得到当地政府的批准。田儋以此为借口，得到县令的召见，趁县令毫无戒备刺杀成功。杀了县令，田儋对当地的豪强宣布：第一，天下已经形成一股强大的反秦潮流；第二，齐国建国非常早，现在是复国的最佳时机；第三，田氏应当称王。于是，田儋借此机会自立为齐王。

田儋详为缚其奴，从少年之廷，欲谒杀奴。见狄令，因击杀令，而召豪吏子弟曰：『诸侯皆反秦自立，齐，古之建国，儋，田氏，当王。』遂自立为齐王。——《史记·田儋列传》

田儋称王后，立即发兵攻打陈胜的军队，将其赶出了狄城。随后他又趁势攻占了整个齐地，成为秦国灭齐后的第一位齐王，也是当时六国后裔自立为王的第一人。在当时，被秦灭掉的六国国君后裔纷纷复立，当然多是被义军立为诸侯，比如楚怀王的孙子熊心被项梁立为楚王，魏王咎被陈胜立为魏王。田儋不是为人所立，而是自立为王。“被立”与“自立”虽然只有一字之差，但含义却有天壤之别：“被立”者多是政治傀儡，“自立”者多手握实权。

田儋自立为王不久，魏王咎被秦将章邯围困。千钧一发之际，魏王咎决定向齐国求救。田儋很耿直，立即亲自带兵援救。但章邯毕竟是秦军猛将，搞了一场夜袭，就把见义勇为的田儋给解决了。

秦将章邯围魏王咎于临济，急。魏王请救于齐，齐王田儋将兵救魏。章邯夜衔枚击，大破齐、魏军，杀田儋于临济下。——《史记·田儋列传》

田儋的死我们放下不表，不过他的作为倒是有值得肯定的地方：

一是善度大势。田儋起兵反秦，不能说他已经预见到强大的秦帝国即将灭亡，但至少说明田儋看到了反秦的大趋势已经形成。魏王咎身处危境，田儋奋勇相救，说明他懂得一存俱存、一亡俱亡的道理。大起义之初，各路义军相继被章邯军团击败，只有联合起来才有可能杀出一条血路，田儋可谓深明大义。

二是有勇有谋。天下大乱，狄城未乱，田儋要起兵，第一个要除掉的就是狄城县令。借杀家奴面见县令，伺机杀之，起兵反秦，可谓有勇有谋。

三是自主自立。夺了狄城，田儋并未止兵，而是趁机东进，拿下全齐，自立为齐王。这说明田儋不甘做傀儡，他要自己打出一个田氏齐国。此时，陈胜的部将已经率兵来到狄城，依靠陈胜的部将似乎更容易成功，但田儋不屑于这样干。他不想让他人立自己为王，再受制于他人，他要自己打出江山。

田氏家族的第二颗明星是田荣。

田老大战死后，田儋的堂弟田荣义无反顾地挑起了继续反秦的重担，收拾残兵，聚兵东阿。而此时，齐地已经发生了很大变化。

儋弟田荣收儋余兵东走东阿。——《史记·田儋列传》

战国时期齐国国君田氏宗族支脉繁茂，田儋一死，齐地豪强认为，天下不能一日无主，马上立了齐国亡国之君齐王建的弟弟为齐王，并安排了另外两位田姓宗亲分别担任齐相和齐将，以此阻挡其他诸侯进驻齐地。显然，这一举措大大伤害了田荣家族的利益。

齐人闻王田儋死，乃立故齐王建之弟田假为齐王，田角为相，田閒为将，以距诸侯。——《史记·田儋列传》

与此同时，秦将章邯已平定了魏地，眼里自然容不下田荣这粒沙子，于是迅速率兵包围了东阿。田荣此时是凶多吉少。幸而楚将项梁出手相助，大败章邯，解了田荣之困。项梁亲自救了田荣，田荣理应与项梁合兵共同对付章邯。但是，田荣对齐地另立齐王一事始终耿耿于怀：我大哥田儋打下来的齐地岂容他人染指？愤怒的田荣不顾秦兵大敌当前的现实，扔下恩公项梁，率兵回齐地赶走了新立的齐王，改立田儋的儿子为齐王。

田荣之走东阿，章邯追围之。项梁闻田荣之急，乃引兵击破章邯军东阿下。章邯走而西，项梁因追之。而田荣怒齐之立假，乃引兵归，击逐齐王假。假亡走楚。齐相角亡走赵；角弟田閒前求救赵，因留不敢归。田荣乃立田儋子市为齐王。荣相之，田横为将，平齐地。——**《史记·田儋列传》**

田荣和他的堂兄田儋不同，他心胸狭隘，而且破坏性强。

为什么说田荣心胸狭隘呢？

首先，看重王位。秦兵大敌当前，田荣却只顾着齐王之位的争夺，被项梁救出后不管不顾地回兵齐地，一心想着经营他的田氏齐国，实在是缺乏应有的大局观。

其次，不助恩公。项梁被章邯攻击，危急时刻向田荣求援，田荣却开出了出兵相助的条件：楚国必须杀死被他驱逐的新齐王，赵国杀掉新立的齐将、齐相，齐国才出兵。楚、赵两国双双拒绝了田荣的要求，田荣于是坐视不救，致使项梁兵败被杀。这是田荣大失人心的一步，并正式与项羽交恶。且不说项梁是田荣的救命恩人，就秦军与义军的关键战役而言，田荣亦应当出手相救。

再次，不参加大决战。项梁死后，项羽杀死宋义，执掌楚军大权，发动巨鹿之战，大败秦军。保全赵国，消灭了秦军主力，迫降了章邯，最终率兵进入函谷关。此战是秦军与天下义军的生死大决战，关系到秦帝国的国运，也关系到反秦义军的生死存亡。因此，它是反秦义军最应当参加的大决战。田荣拒绝出兵援助项羽，置身事外，没能够将革命进行到底。这样，田荣之功仅限于反秦之初攻占齐地。从此之后，他自保齐地，甘当地方实力派，对于反秦、灭秦，完全不再有任何热情。

我们再来探讨一下田荣超强的破坏性话题。

一是自立齐王。田荣兄弟在反秦之初攻占全齐，驱逐了秦帝国在齐地的势力，有利于整个关东的反秦大局，这是功劳。但是，田荣只吃老本，不立新功，拒绝参与大决战。所以，项羽大分封时没有封田荣为齐王，另立了随他救赵、入关的齐将为齐王，还立了齐王建的孙子为济北王，田荣所立的田儋之子由齐王徙封为胶东王。

项羽既存赵，降章邯等，西屠咸阳，灭秦而立侯王也，乃徙齐王田市更王胶东，治即墨。齐将田都从共救赵，因入关，故立都为齐王，治临淄。故齐王建孙田安，项羽方渡河救赵，田安下济北数城，引兵降项羽，项羽立田安为济北王，治博阳。田荣以负项梁不肯出兵助楚、赵攻秦，故不得王。——《史记·田儋列传》

这极大地触怒了田荣，他相继杀死了项羽新立的齐王、济北王。被徙封的胶东王虽然内心很不满意，但是，他惹不起项羽，想去即墨就任。田荣极为霸道，不许其到即墨就任胶东王。田儋之子害怕项羽，偷偷前往即墨，竟被田荣所杀。这样，田荣杀死三位齐王，自己独占了整个齐地，自立为齐王。

田荣闻项羽徙齐王市胶东，而立齐将田都为齐王，乃大怒，不肯遣齐王之胶东，因以齐反，迎击田都。田都走楚。齐王市畏项王，乃亡之胶东就国。田荣怒，追击杀之即墨。荣因自立为齐王，而西杀击济北王田安，并王三齐。——《史记·项羽本纪》

二是煽动叛乱。田荣到处煽风点火，极力搞乱天下。他写信给没有被项羽分封的彭越，给他一枚将军印，让其在梁地叛乱。陈馀对项羽大分封不满，向田荣借兵，田荣以兵相助，帮助陈馀叛楚，赶走了项羽所立的常山王。田荣还写信给汉王刘邦，鼓动刘邦反楚。其实刘邦不用田荣动员已经行动起来了，而且一转手把田荣的来信转交给了项羽，将项羽的一腔怒火引向田荣。

予彭越将军印，令反梁地。楚令萧公角击彭越，彭越大破之。陈馀怨项羽之弗王己也，令夏说说田荣，请兵击张耳。齐予陈馀兵，击破常山王张耳，张耳亡归汉。——《史记·高祖本纪》

项羽没料到田荣有这么大的能量。于是，他置还定三秦的刘邦于不顾，出兵齐地，平定田荣叛乱。田荣虚火旺，实力弱。在项羽铁拳的打击下，一战而败，逃至平原（今山东平原县西南），为平原百姓所杀。田老二死了。

项王闻之，大怒，乃北伐齐。齐王田荣兵败，走平原，平原人杀荣。——《史记·田儋列传》

于是乎，田氏家族真正的明星田横粉墨登场。为什么说田横是家族中真正的明星呢？他与两位兄长有何不同呢？

此时，田氏三兄弟中只剩下一个田横，田氏家族危在旦夕。然而在这样的关键时刻发生的两件大事，彻底改变了田横的命运：一是刘邦率军攻占了彭城，二是项羽屠城引发齐地民变。前者吸引了项羽的注意力，项羽率精兵回攻彭城，发动了著名的彭城大战。从此，项羽无暇再顾及齐地。而后者引起了田横的关注，借着齐地百姓纷纷起义反抗的势头，他趁机起兵，重新举起大旗，短期内就聚集起数万人。原本已经一败涂地的田氏家族重新成为齐地的实际统治者，田横立哥哥田荣之子为齐王，自己仅担任齐相，当然，事无大小，全部由他决断。

项王遂烧夷齐城郭，所过者尽屠之。齐人相聚畔之。荣弟横，收齐散兵，得数万人，反击项羽于城阳。而汉王率诸侯败楚，入彭城。项羽闻之，乃释齐而归，击汉于彭城，因连与汉战，相距荥阳。以故田横复得收齐城邑，立田荣子广为齐王，而横相之，专国政，政无巨细皆断于相。——《史记·田儋列传》

田横在一片唱衰的哀歌声中迅速崛起。

田横的末路源于韩信。楚汉战争后期，郦食其奉汉王刘邦之命到齐地游说。田横权衡再三，决定降汉。于是，田横下令解除齐历下（今山东济南市）军团的戒备，天天好酒好肉招待郦食其。可是，田横、郦食其都没想到，韩信竟然在蒯通的游说下突袭齐历下军，一举大败齐军主力军团，并迅速攻到齐都临淄（今山东淄博市临淄区）。田横怒火中烧，认为郦食其出卖了自己，烹杀郦食其，逃到高密（今山东高密市西南）。这时，楚将龙且为田横带来一丝曙光。他奉项羽之命率二十万楚军救齐，在高密和田横联手。但是，龙且恃强自傲，很快丢了自己的性命，自然也带走了田横最后的一线希望。龙且战死，齐王被杀，田横自立为王，和汉军灌婴交手。田横当然不是灌婴的对手，很快战败。

横定齐三年，汉王使郦生往说下齐王广及其相国横。横以为然，解其历下军。汉将韩信引兵且东击齐。齐初使华无伤、田解军于历下以距汉，汉使至，乃罢守战备，纵酒，且遣使与汉平。汉将韩信已平赵、燕，用蒯通计，度平原，袭破齐历下军，因入临淄。齐王广、相横怒，以郦生卖己，而亨郦生。齐王广东走高密，相横走博，守相田光走城阳，将军田既军于胶东。楚使龙且救齐，齐王与合军高密。汉将韩信与曹参破杀龙且，虏齐王广。汉将灌婴追得齐守相田光。至博阳，而横闻齐王死，自立为齐王，还击婴，婴败横之军于嬴下。——《史记·田儋列传》

战败的田横逃到了梁地，在彭越处避难。《史记·田儋列传》记述彭越此时骑墙的政治态度：“彭越是时居梁地，中立，且为汉，且为楚。”彭越的“中立”为田横留下了生存空间。

不过，我认为《史记 · 田儋列传》对彭越此时政治立场的描述并不准确。彭越早在彭城大战前已经归降刘邦，并且坚定地站在刘邦一边。他在楚汉战争中断楚粮道，袭扰项羽后方，逼得项羽两次从荥阳前线回兵。这绝对不是什么“中立”。彭越不“中立”，他为什么收留被汉军打败的齐王田横呢？原因是田横的哥哥田荣曾经封彭越为将军，帮助彭越反楚。因此，田横走投无路之时才敢于去找彭越避难，彭越才会收留田横。

一年多以后，刘邦在韩信、彭越的协助下取得了楚汉战争的胜利。此后，刘邦称帝，彭越受封梁王。这让寄人篱下的田横顿生危机感。当初彭越收留田横时，刘、项之争尚不明朗，如今所有的悬念都已解开，田横担心梁王彭越为求自保，把自己给卖了，于是决定一走了之，带着手下的五百多名随从，找了个小岛居住下来。

后岁余，汉灭项籍，汉王立为皇帝，以彭越为梁王。田横惧诛，而与其徒属五百余人入海，居岛中。——**《史记 · 田儋列传》**

死与气节

刘邦登基后，听说田横一帮人隐居在齐地的小岛上，心想，田氏兄弟在秦末最先平定了齐地，追随他的大多是齐地的贤能之人。倘若现在不设法收服此人，恐怕以后会横生枝节。所以，他立即下诏：赦免田横之罪，召他进京。

> 高帝闻之，以为田横兄弟本定齐，齐人贤者多附焉，今在海中，不收，后恐为乱，乃使使赦田横罪而召之。——《史记·田儋列传》

赦罪？田横都有哪些罪呢？

韩信攻齐，田横烹杀郦食其，罪一也。聚兵叛乱，阻止韩信平齐，罪二也。

刘邦很聪明，先赦免田横之罪，再召他入京。到了京城，在自己身边，田横再有本事，也无用武之地了。田横的本钱是他们家族在齐地的号召力，一旦离开齐地，就如同鱼儿离水，想不蔫儿都办不到！

但是，田横也不是傻子，深知一旦入京，自己即使不被杀，亦如蛟龙出水，再无凭借。于是，田横先向汉使表示感谢，然后申明己意：我当年烹杀了陛下的特使郦食其，而他的弟弟郦商又是汉将，我“不敢奉诏”。

> 臣亨陛下之使郦生，今闻其弟郦商为汉将而贤，臣恐惧，不敢奉诏，请为庶人，守海岛中。——《史记·田儋列传》

田横所言，有道理没有？有。但对刘邦而言，应付这样的拒绝实在不成问题。刘邦立即下诏给时任皇宫“卫尉”的郦商：齐王田横将要入京，有敢欺负他及他的随从者，灭族！然后，又派使者将下诏郦商的事通知田横，并且宣诏：田横进京，大者封王，小者封侯，胆敢不来，派兵诛灭。

> 使还报，高皇帝乃诏卫尉郦商曰：『齐王田横即至，人马从者敢动摇者致族夷！』——《史记·田儋列传》

> 乃复使使持节具告以诏商状，曰：『田横来，大者王，小者乃侯耳；不来，且举兵加诛焉。』——《史记·田儋列传》

这就叫金元加大棒！

田横别无选择，带了两位随从奉旨进京。

> 田横乃与其客二人乘传诣洛阳。——《史记·田儋列传》

走到离洛阳三十里地的地方，田横对使者

说：臣子拜见天子，应当洗沐更衣。使者表示理解，当晚留宿。田横私下对两位随从说：我和汉王当年都南面称王，现在人家当天子，而我却为俘虏面北朝奉，这样的耻辱我实在不堪忍受。再说，我杀了郦将军的兄长，还要与郦将军共事，即使郦将军害怕天子的诏书，“不敢动我”，我心里难道就没有一点愧疚吗？而且，陛下想见我，不过想看看我到底是个什么样子。现在陛下在洛阳，这儿距离都城洛阳不过三十里，拿着一颗人头跑过去，想必也不会腐烂，照样可以看。说完这番话，田横刎颈自杀。两名随从手捧田横的头，随使者飞驰入朝，奏报汉高祖。刘邦见到田横头颇感慨不已，怆然泪下，再三称贤，于是赏赐田横的两名随从，并派两千士兵以王者的礼仪厚葬田横。田横入葬后，两名随从趁人不注意，凿开田横的墓室，在墓中双双自刎而死！刘邦一听，大惊失色，认为田横的随从全是贤者，立即传旨：听说田横还有五百多名随从在岛上，派使者全部召进京。等刘邦的使者到达岛上，岛上五百多壮士已全部自刎而死。

当初田横接到刘邦让他进京的诏书时，他的面前只有两条路，一是归降，一是死亡。如果归降刘邦，也许可以得到高官厚禄，富贵如故，

未至三十里，至尸乡厩置，横谢使者曰：『人臣见天子当洗沐。』止留。谓其客曰：『横始与汉王俱南面称孤，今汉王为天子，而横乃为亡虏而北面事之，其耻固已甚矣。且吾亨人之兄，与其弟并肩而事其主，纵彼畏天子之诏，不敢动我，我独不愧于心乎？且陛下所以欲见我者，不过欲一见吾面貌耳。今陛下在洛阳，今斩吾头，驰三十里间，形容尚未能败，犹可观也。』遂自刭，令客奉其头，从使者驰奏之高帝。高帝曰：『嗟乎，有以也夫！起自布衣，兄弟三人更王，岂不贤乎哉！』为之流涕，而拜其二客为都尉，发卒二千人，以王者礼葬田横。既葬，二客穿其冢旁孔，皆自刭，下从之。高帝闻之，乃大惊，以田横之客皆贤，『吾闻其余尚五百人在海中』，使使召之。至则闻田横死，亦皆自杀。——**《史记·田儋列传》**

但他最后还是选择了死亡，选择了逆势而为的放弃。更令人唏嘘的是他的两名随从和岛上的部下，知道田横自杀后，也和他一样，义无反顾地选择自杀。

对于如此义举，太史公司马迁饱含深情地慨叹：“田横之高节，宾客慕义而从横死，岂非至贤！”《史记·田儋列传》

五百忠魂和他们的主人生生世世永不分离。田横与五百壮士的集体殉节，是中国历史中一道瑰丽夺目的光芒，闪耀着人性中可贵的道义和血性。

项羽之死、田横之死、韩信之死乃是后人吟咏不已的三大主题。在这一章里，我们先谈谈后人吟咏田横之死的三首诗：

第一首是宋人司马光写的《田横墓》诗：

昔时南面并称孤，今日还为绛灌徒。
忍死祇能添屈辱，偷生不足爱须臾。
一朝从殉倾群客，千古生风激懦夫。
直使强颜臣汉帝，韩彭未必免同诛。

首联写田横当年和刘邦一样称王，如今奉诏进京成了周勃、灌婴一样的臣子。颔联写这样苟活下去只会徒增耻辱，绝不能为了偷生而忍辱。颈联写田横自杀，五百壮士集体殉节，写这种精神永远激励着天下的懦夫。尾联写向汉高祖称臣的韩信、彭越，未必能避免被刘邦诛杀的下场。全诗饱含了司马光对田横坚贞风骨的钦佩，亦流露出对忠臣终究难逃兔死狗烹命运的哀叹。

第二首是元人陈基写的《田横墓》：

一门兄弟王齐中，耻与群臣事沛公。
五百余人同日死，也胜匹马向江东。

此诗写田儋、田荣、田横三兄弟相继在齐称王，田横耻于向刘邦称臣。五百多个随从同日而死，这种悲壮胜过耻于渡江的项羽。

第三首是清人王士祯的《田横客墓》，写田横和五百壮士的铮铮铁骨：

一剑纵横百战身，楚虽三户能亡秦。
拔山力尽虞兮死，争及田横五百人！

全诗四句，前两句盛赞了项羽仗剑纵横乱世，身经百战，楚虽三户却能最终亡秦的勇猛与不屈。后两句话锋一转，化用了项羽《垓下歌》的“力拔山兮气盖世”和“虞兮虞兮奈若何”《史记·项羽本纪》两句，点明项羽江畔自刎、虞姬殉情的痛心，怎么比得上田横和五百从死壮士的惨烈。

刘邦称帝后，原来和刘邦分属不同阵营的人都面临着与田横一样的人生选择：或投降，或成仁，或隐居。那么，他们中是否每个人都能像田横这样，如此果断，如此决绝，如此超脱，如此豪侠呢？

请看：冰火人生。

十九

刘邦的成功不仅逼死了项羽、田横，也将原来追随项羽的大兵小将逼进了死胡同。面对汉高祖刘邦的一道道死亡追杀令，项羽的旧部们将会如何应对呢？

季布为奴

季布是楚地有名的勇将，为人仗义，曾经多次奉项羽之命围剿汉军，每每打得刘邦狼狈而逃。项羽一死，刘邦立即想到让他咬牙切齿的季布，以千金悬赏季布的人头，并下令：窝藏季布者诛灭三族。

> 季布者，楚人也。为气任侠，有名于楚。项籍使将兵，数窘汉王。及项羽灭，高祖购求布千金，敢有舍匿，罪及三族。——《史记·季布栾布列传》

此时，季布正藏匿在濮阳（今河南濮阳市西南）的一户周姓人家里。面对着铺天盖地的全国通缉令，周氏对季布说：上面查得很急，很快就会查到我家了。如果将军相信我，就请按照下面的计划行事；如果将军不信我，我宁愿先自杀。季布见周氏如此坦诚，很是感动，表示对他深信不疑。于是，周氏让季布剃光了头发，戴上铁链，穿上粗布衣裳，打扮成“奴隶”的形象，混在周氏自家的几十个奴隶之中，将他们一块儿卖到了鲁地的朱家那里。

> 季布匿濮阳周氏。周氏曰：『汉购将军急，迹且至臣家，将军能听臣，臣敢献计；即不能，愿先自刭。』季布许之。乃髡钳季布，衣褐衣，置广柳车中，并与其家僮数十人，之鲁朱家所卖之。——《史记·季布栾布列传》

朱家很聪明，立即猜到这个被卖到自己家中的“奴隶”就是刘邦正在全国紧急通缉的要犯季布。他镇定地付了钱，将这位“奴隶”买了下来，安排到家中，并悄悄告诫自己的儿子说：这个买来的“奴隶”无论干不干活儿、怎样干，你都别管，而且吃饭的时候，你一定要请他同桌进餐。

> 朱家心知是季布，乃买而置之田。诫其子曰：『田事听此奴，必与同食。』——《史记·季布栾布列传》

朱家安排好这一切，立即坐上一辆快车匆匆

朱家乃乘轺车之洛阳，见汝阴侯滕公。滕公留朱家饮数日。因谓滕公曰：『季布何大罪，而上求之急也？』滕公曰：『布数为项羽窘上，上怨之，故必欲得之。』朱家曰：『君视季布何如人也？』曰：『贤者也。』朱家曰：『臣各为其主用，季布为项籍用，职耳。项氏臣可尽诛邪？今上始得天下，独以己之私怨求一人，何示天下之不广也！且以季布之贤而汉求之急如此，此不北走胡即南走越耳。夫忌壮士以资敌国，此伍子胥所以鞭荆平王之墓也。』——**《史记·季布栾布列传》**

赶往洛阳拜见滕公夏侯婴。滕公长期位居太仆，是刘邦最亲信的大臣之一。他久闻朱家大名，见其来访，知道一定有要事相烦，便挽留朱家住下，并摆宴热情招待。几天后，朱家单刀直入，问滕公：季布究竟犯了什么弥天大罪，皇上这么急着让他死呢？滕公说：季布以前多次困辱皇上，皇上十分恼怒，一定要抓住季布解恨。朱家又问：在先生的眼里，季布是个怎样的人呀？滕公回答：当然是个贤者。朱家点了点头，接过滕公的话说：忠于其主，本来就是为臣的职责。季布是项羽手下的将领，他恪尽职守是应该的。再说，项羽那么多部下，当真杀得完吗？如今皇上刚刚得了天下，如果因为私人恩怨就下令追杀一个人，岂非在天下人面前显得自己心胸太过狭隘了吗？况且，逼人太甚会出大乱子的。以季布的才华，朝廷又这样逼他，搞不好会迫使他北上匈奴或南逃南越。得天下者最忌讳的就是逼迫壮士逃往敌国，当年被迫逃离楚国的伍子胥，最后杀回楚国鞭尸楚平王，这就是前车之鉴啊！

最后，朱家对滕公说：先生为什么不能在方便时将这番道理讲给皇上听听呢？

滕公岂是等闲之辈，一听就猜到季布一定藏在朱家家中，马上答应：好，好。

汝阴侯滕公心知朱家大侠，意季布匿其所，乃许曰：『诺。』——**《史记·季布栾布列传》**

待间，果言如朱家指。上乃赦季布。——《史记·季布栾布列传》

不久，滕公找了个机会，将朱家所言转述给了刘邦。刘邦一听，觉得很有道理，马上赦免了季布。

季布因为朱家面见滕公而得以赦免，获得了重见天日的机会，由此也引发了三个疑问：

第一，刘邦为什么能接受朱家的意见？

第二，我们该如何评价季布死里逃生这件事？

第三，这个朱家，究竟是什么人？

我们先看第一个问题，已经下达必杀令的高祖刘邦为什么会接受朱家的意见，从而收回成命呢？

虽然朱家此番话的最终目的是为季布开脱，但毕竟人家这话说得很是巧妙，体量不大却涵盖了四个关键点，且每一个关键点都是从高祖刘邦的利益出发，让刘邦明白赦免季布对自己最有利。

一是忠于其主是为臣的职责。刘邦会反对这一条吗？当然不会。刘邦在楚汉之争中胜利了，成为一国之君。如果非要计较前嫌，将项羽的忠臣赶尽杀绝，岂不是在提倡大汉臣子不必忠诚于自己吗？刘邦是聪明人，所以一定听得进去。这点儿肚量都没有，还当什么大汉天子？从自身的利益出发，高祖刘邦必须提倡忠君！既然承认忠君，季布何罪之有？

二是项羽的部下杀不完。项羽战败自刎，手下将士大都如鸟兽散。这些将士原本就不可能被全部消灭，强行坚持杀光政策，后果不堪设想。

三是不能为私仇而下必杀令。作为天子，挥舞屠刀，要杀尽当年打得自己落花流水的敌将，这种“公报私仇”的做派不利于建立刘邦汉帝国皇帝的新形象。这一点也告诫刘邦：为了维护自己汉帝国统治者的形象，得学会有胸怀，哪怕是假装有胸怀。

四是不能逼人太甚。刘邦称帝后，北有匈奴，南有南越，一旦把季布这等人才逼入匈奴或南越，必将成为汉帝国的心腹之疾。这也是从维护刘邦及汉帝国的利益入手考虑。

刘邦赦免季布说到底是为自己的利益、形象考虑，客观结果是，让季布死里逃生。

我们再看第二个问题，因为朱家和滕公的出手，季布死里逃生，我们该如何评价这件事？

据《史记·季布列传》记载，朱家救下季布之后，名声大振，可见当时的主流舆情赞成朱家的出手相救。对于季布“卖身为奴”委曲求全的做法，大众也表示理解和钦佩。

当是时，诸公皆多季布能摧刚为柔，朱家亦以此名闻当世。——《史记·季布栾布列传》

季布与田横的价值取向显然不同。田横身为齐王，不愿俯首称臣于当年和自己平起平坐的刘邦，以自杀来维护自己的人格尊严，赢得了后世的广泛赞誉。而季布仅是项羽手下的勇将，他有实现抱负的雄心壮志。现在项羽死了，他仍然想以自己的才干报效新王朝。所以，他忍辱负重，卖身为奴，终成汉家大将。

赦免季布之后，刘邦随即召见了他，并封他为郎中，不久又升职为中郎将。吕后时代，因匈奴单于通信汉帝国冒犯吕后，吕后大怒，召集诸将商讨此事。吕后的妹夫、上将军樊哙口出狂言：“臣愿得十万众，横行匈奴中。”当时在场的将领个个屈从于吕后的淫威，都迎合樊哙主张出征匈奴。在一片喊打声中，唯有季布挺身而出，说道：当年高祖率四十万大军被匈奴困在平城，现在樊哙竟然狂言率十万之众横行匈奴。这不是当面欺君吗？再说了，当年秦帝国为防御匈奴大修长城，最终导致陈胜起兵，秦帝国覆灭。如今，国家的旧伤未愈，樊哙竟敢当面欺君，动摇天下，应该立马拉出去斩了。季布讲完，整个朝堂安静得让人发毛，谁都不知道吕后将会做出怎样的反应。然而，吕后的反应却很出人意料，她十分冷静地宣布退朝，从此不再提攻打匈奴之事。

季布召见，谢，上拜为郎中。孝惠时，为中郎将。单于尝为书嫚吕后，不逊，吕后大怒，召诸将议之。上将军樊哙曰：『臣愿得十万众，横行匈奴中。』诸将皆阿吕后意，曰『然』。季布曰：『樊哙可斩也！夫高帝将兵四十余万众，困于平城，今哙奈何以十万众横行匈奴中，面欺！且秦以事于胡，陈胜等起。于今创痍未瘳，哙又面谀，欲摇动天下。』是时殿上皆恐，太后罢朝，遂不复议击匈奴事。——《史记·季布栾布列传》

这是季布作为汉臣最为光鲜的一件事，尽显其非凡的眼光与敢于担当的勇气。

季布能保住性命，并有机会继续报效朝廷，都是拜朱家所赐。那么，这个朱家到底是什么人呢？

朱家是鲁地的侠士。鲁地一向是儒家思想的根据地，但朱家却因侠义名闻天下。通过朱家收留庇护而得救的豪杰之士有近百人，普通百姓则更多。但是，朱家始终不炫耀自己的本事，也不标榜自己的恩德。对于那些受过自己好处的人，唯恐再见到他们。

朱家热衷救济他人，专门雪中送炭，而不锦上添花。他家里始终没有多余的钱财，衣服上没有一处完整的花纹，吃饭从没有两个菜，坐的只是当时最普通的牛车，却把解救别人的危急看得比自己的任何私事都重要。他暗中救了季布，等到季布地位提升，他却终生不再见季布之面。关东之人，都以能与朱家交往为荣。

鲁人皆以儒教，而朱家用侠闻。所藏活豪士以百数，其余庸人不可胜言。然终不伐其能，歆其德，诸所尝施，唯恐见之。振人不赡，先从贫贱始。家无余财，衣不完采，食不重味，乘不过軥牛。专趋人之急，甚己之私。既阴脱季布将军之厄，及布尊贵，终身不见也。自关以东，莫不延颈愿交焉。——《史记·游侠列传》

丁公被杀

田横和他的五百壮士，凭着壮烈的殉节之举，最终名垂青史；而季布呢，选择屈身为奴，终成汉家大将，同样赢得了世人的尊重。可惜，并不是所有人都能有这样的气魄和作为，季布的亲舅舅丁公就是一例。

关于丁公，我们之前有所提及，彭城大战时，在刘邦最危急的时刻，丁公顺手放了刘邦。在丁公看来，这是极大的恩情。所以，项羽死后，众将士纷纷隐居避祸，唯独这个丁公，自恃有恩，主动到洛阳城去拜见高祖刘邦。谁知这刘邦见了丁公，立即下令将他绑起来押到各个军营示众，并宣布：丁公作为项王的臣子，不忠不义，令项王失掉天下。于是，斩杀丁公。事后，刘邦解释说：我之所以这么做，是为了让做人臣者引以为戒，要忠于自己的君王。

当年丁公放走刘邦，确实是大恩。刘邦不但不报恩，反而将他斩了，难道刘邦就不怕世人说自己忘恩负义吗？

不怕，因为他已经为自己杀丁公准备了一个最好的借口：丁公不忠君！救自己是小恩，不忠君是大逆。“大逆”和“小恩”相比，当然是“大逆”的分量重。

那么，为什么刘邦非要杀丁公呢？要知道，丁公毕竟是刘邦、汉惠帝、鲁元公主三个人的活命恩人啊！

一是杀一儆百。古人云：此一时彼一时。刘邦现在已经坐在皇帝的宝座上，就必须用天子的思维来解决问题。作为天子，对臣子的底线要求就是忠诚。而丁公呢，出现得真不是时候，恰好撞在了枪口上，他的不忠前科，成为刘邦杀一儆百倡导忠诚的反面教材。只有杀了丁公，才能在汉帝国倡导忠君。

二是深恶痛绝。说起丁公，我们可以拿项伯做个对比。项伯和丁公都是项羽的臣子，项伯的所作所为，比丁公更为不忠不义。但刘邦在事后，封项伯为侯，还赐姓刘。为什么呢？因为刘邦知道，项伯是真心帮助自己，所以必须有恩必报。

那么，刘邦是否忘了丁公的活命之恩呢？我看没忘。项羽自杀后，刘邦下必杀令追杀季布，却没有去追杀丁公。这就是刘邦对丁公的回报！但是，丁公对刘

布母弟丁公，为项羽将，逐窘高祖彭城西。短兵接，汉王急，顾谓丁公曰：『两贤岂相厄哉！』丁公引兵而还。及项王灭，丁公谒见高祖，以丁公徇军中，曰：『丁公为项王臣不忠，使项王失天下者也。』遂斩之，曰：『使后为人臣无效丁公也！』——《汉书·季布栾布田叔传》

邦的回报并不领情，或者说他并不满意，他还想向刘邦索取更多的东西。

刘邦知道，项伯当年帮助自己，那是积极主动，而且一直都给足了自己面子。而丁公呢，当年那是穷追不舍，搞得自己极为狼狈，尽管最终被忽悠住，但刘邦早就窝了一肚子火。现在他居然还敢来邀功，刘邦心里那是深恶痛绝，一怨他当年太过分，二怨他不懂得适可而止，当然不会放过他了。

季布、丁公同是项羽手下的将军，二人还是外甥与舅舅的亲戚关系。但是，季布作为刘邦的仇人，被通缉后，终被赦免，成为汉朝重臣；丁公是刘邦的恩人，没受到通缉，最终却被杀。仇人被赦免，恩人却被杀，人生命运真是冰火两重天！

季布得救，一是忠于职守，二是有人出手，三是援手得力。丁公被杀，一是为臣不忠，为他人提供了杀鸡给猴看的借口；二是不知满足。人生往往多了就是少了，少了就是多了。唯有知足，最为难得。

逼杀钟离眛

钟离眛是上了刘邦追杀令的另一位楚军重将。当年陈平献反间计时，向刘邦分析说："彼项王骨鲠之臣亚父、钟离眛、龙且、周殷之属，不过数人耳。"《史记·陈丞相世家》可见，钟离眛是项羽手下的"骨鲠之臣"，是深受项羽信任的少数将领之一，同时也是饱受陈平反间计之害的第一位楚将。

如前文所言，在刘邦守荥阳时，陈平曾派人到处散布流言，说钟离眛立功颇多，始终未能封地为王，因此，钟离眛暗中与汉王刘邦联系，想达到消灭项羽、封地称王的目的。项羽听到这种流言后，竟然不再信任钟离眛。

陈平的反间计拿钟离眛开刀，恰恰说明钟离眛对汉军的威胁甚大。钟离眛一直对项羽忠心耿耿，屡立大功，却遭此不白之冤。这种情况下，钟离眛还会一如既往地忠于职守吗？

汉四年（前203）的汜水之战中，项羽将守卫广武的重任交给了大司马曹咎。钟离眛因不被信任，只能率偏师协防。在曹咎的错误指挥下，楚军大败，几乎全军覆灭，广武失守，曹咎因此而自杀。而钟离眛，在楚军主力惨败的不利局面下，以偏师之军，独撑危局。汜水之败，责任在项羽用人不当，然从中亦可见钟离眛之骁勇。无奈项羽放弃这样忠诚、善战的大将不用，偏拿无能之辈当令箭，实在令人扼腕叹息。

项羽最终垓下大败，乌江自刎，楚军全线溃散，钟离眛却再次成功逃脱。他逃到哪里去了呢？谁能在这种局面之下保全他呢？韩信！谁能料到分属不同阵营的这两位高级军事将领，竟然还是密友。刘邦称帝之后，到处搜捕当年的仇人，钟离眛自然也是其中之一。刘邦当年可没少在钟离眛的手下吃苦头。后来，高祖刘邦听说钟离眛藏在楚地，便下诏让楚王韩信负责抓捕。

项王亡将钟离眛家在伊庐，素与信善。项王死后，亡归信。汉王怨眛，闻其在楚，诏楚捕眛。——**《史记·淮阴侯列传》**

不久，有人举报韩信谋反。刘邦听从陈平的计策，伪称要游云梦泽，要求各地诸侯到陈地（今河南周口市淮阳区附近）相会，实际上就是要抓捕韩信。各地诸侯相会，地点居然在陈地，这让韩信不免有些怀疑：刘邦是不是打算对自己动手了？他一下子陷入两难的境地：想发兵叛乱，但又觉得自己原本无罪；想去拜见高祖刘邦，但又怕被算计。就在这时，有人向韩信提出建议：杀了钟离眛，再见皇上，皇上一定高兴，您就可以消灾了。韩信觉得有理，便将实情告诉了钟离眛。钟离眛对韩信说：朝廷之所以不发兵攻楚，正是因为我钟离眛在这里啊。想杀我讨好刘邦，说实话，我今天死，您也活不到明天。无奈韩信这时是吃了秤砣铁了心，钟离眛见事不可为，大骂韩信，你真不是个讲信义的人，随即拔剑自刎。

汉六年，人有上书告楚王信反。高帝以陈平计，天子巡狩会诸侯，南方有云梦，发使告诸侯会陈：『吾将游云梦。』实欲袭信，信弗知。高祖且至楚，信欲发兵反，自度无罪，欲谒上，恐见禽。人或说信曰：『斩眛谒上，上必喜，无患。』信见眛计事。眛曰：『汉所以不击取楚，以眛在公所。若欲捕我以自媚于汉，吾今日死，公亦随手亡矣。』乃骂信曰：『公非长者！』卒自刭。——《史记·淮阴侯列传》

一代名将钟离眛就这样被逼自杀。韩信逼杀钟离眛的原因有两条：第一，钟离眛是刘邦亲自下令通缉的要犯；第二，钟离眛是一代名将。韩信造反，一定会重用钟离眛；韩信杀了钟离眛，刚好证明自己不会造反。

或许有人会问：钟离眛和季布同为楚军将领，为何最终结局如此不同？这个不难解释。季布虽为楚军名将，但受信任的程度远远不及钟离眛。季布被刘邦通缉，他还想施展自己的才华，不想就这样一死了之。钟离昧才华出众，却不愿为新朝服务，逃到韩信处避难，一是视韩信为挚友，二是认为韩信有能力保护自己。然而世事弄人，谁都没想到韩信亦有自身难保的一天，更没想到韩信会逼杀挚友以求自保。

刘邦当上皇帝后，不断地追杀仇人和假想中的敌人，逼得田横、钟离眜等人先后自杀。当了皇帝就折腾，刘邦非要把这些年所受的窝囊气统统发泄出来。对敌将，刘邦毫不手软。对自己人，刘邦会怎么做呢？

请看：一升一降。

二十

一升一降

汉五年（前202），刘邦在山东定陶称帝后，做的第一件大事就是镇压敌对阵营的残余势力。在强大的政权压力、舆论压力下，田横、钟离眛被逼自刎，丁公被杀，只有季布侥幸逃过一劫。与此同时，刘邦集团的内部开始出现微妙的变化：长安侯卢绾升职为燕王，楚王韩信降职为淮阴侯。这两个人一升一降，到底事出何因呢？

卢绾升王

> 燕将臧荼从楚救赵，因从入关，故立荼为燕王，都蓟。——《史记·项羽本纪》

卢绾升王，升为燕王。之前有没有燕王呢？有！那么之前的燕王呢？之前的燕王臧荼，叛乱了！

臧荼，原是燕王韩广的旧将。巨鹿之战时，臧荼先是奉命出兵救赵，后又随项羽入关，最终被项羽封为燕王，定都蓟（今北京）。就这样，臧荼从燕王韩广的将领变成了新的燕王。那么原燕王韩广怎么办呢？他被项羽徙封为辽东王，但辽东可不是什么好地方，原燕王韩广不愿意迁徙。新燕王臧荼一怒之下，就率军覆灭了原燕王韩广的势力，统一了燕地和辽东地区，成为名副其实的燕王。再后来，韩信收复赵地，采纳李左车的意见，出兵燕境，臧荼见大势已去，降了韩信，就此归了汉。刘邦称帝后，仍封臧荼为燕王。

> 臧荼之国，因逐韩广之辽东，广弗听，荼击杀广无终，并王其地。——《史记·项羽本纪》

站在刘邦的立场上，臧荼这个人还可以。臧荼的燕王之职，虽是项羽所封，但他毕竟灭掉了原燕王韩广，这一行为在客观上策应了自己杀回关中的军事行动。而且，臧荼这家伙还懂得顺应时势，当初没有为难韩信，后来又积极参与众诸侯王“搬梯子”的行动，让自己“更上一层楼”当了皇帝，有拥立之功。再加上燕国地处东北，远离中原，更远离关中，战略地位并不重要，为了稳定当时的局势，刘邦对臧荼这个燕王就睁一只眼闭一只眼了。

站在臧荼的立场上，刘邦对自己那也算是相当关照了。在新朝里，自己这个旧朝的诸侯王仍然是诸侯王，而且还是在自己原有的势力范围内做诸侯王，比起其他六个异姓诸侯王，别提心里有多爽了。

然而，当刘邦频频追杀项羽旧部时，臧荼的心里就开始隐隐不安。很快，丁公被杀的消息传来。丁公是刘邦的恩公，尚且被杀，何况他人呢？臧荼终于明白：新朝毕竟是新朝，刘邦的屠刀，迟早是要落到自己这个旧朝诸侯王的头上的。干脆，先下手为强好了！于是，他选择了起兵叛汉，成为七位异姓诸侯王中最先跳出来的那个。

汉五年十月（《汉书》载为七月），燕王臧荼攻下代地（今山西北部）。刘邦亲自率兵征伐，燕军一败涂地。樊哙生擒臧荼，平定代地。臧荼成为七位异姓诸侯王中最先挂掉的那个。

十月，燕王臧荼反，攻下代地。高祖自将击之，得燕王臧荼。即立太尉卢绾为燕王。使丞相哙将兵攻代。——《史记·高祖本纪》

臧荼被诛，燕王的位置就空出来了。此时刘邦有两种选择：一是将燕地改为汉帝国的郡县，二是再立一位燕王。

刘邦最终的选择是：再立一位燕王。

立谁呢？刘邦采用了“公选”的方式。他下诏给自己的将相、列侯们说：你们推选一位有功之人作为新的燕王。此次“公选”，貌似公正，实则刘邦是别有用心。因为刘邦早就想封卢绾为诸侯王了，只是一直没有合适的机会。而这些大臣和列侯呢，没一个是省油的灯，能坐到今天的位置，谁不懂得官场的“潜规则”啊！于是，大臣们不约而同地推荐道：太尉、长安侯卢绾跟从皇上平定天下，劳苦功高，可封燕王。刘邦立即下诏：“许之。”就这样，卢绾成为新一任燕王。

> 高祖已定天下，诸侯非刘氏而王者七人。欲王卢绾，为群臣觖望。及虏臧荼，乃下诏诸将相列侯，择群臣有功者以为燕王。群臣知上欲王卢绾，皆言曰：『太尉长安侯卢绾常从平定天下，功最多，可王燕。』诏许之。汉五年八月，乃立卢绾为燕王。——《史记·韩信卢绾列传》

据史书记载，当时天下所有的诸侯王，都不如这个燕王卢绾能得到刘邦的宠爱。然而，这个卢绾究竟是何等人物？为什么会得到刘邦如此宠爱呢？说起二人的关系，还真是非同一般。

> 诸侯王得幸莫如燕王。——《史记·韩信卢绾列传》

卢绾，沛县丰邑人，和刘邦不但是同乡，而且还是街坊。卢绾的父亲与刘邦的父亲是好朋友，两家关系极好，用现在的话说，刘邦和卢绾就是发小。更神奇的是，他们俩竟是同年同月同日生。小时候，二人穿一条裤子长大，一块儿上学，关系比亲兄弟还亲。长大后，刘邦惹了官司要逃难，卢绾也跟着他一块儿逃难。可见，他俩的关系，就是我们现在常说的同过窗、下过乡、扛过枪的铁哥们儿。

> 卢绾者，丰人也，与高祖同里。卢绾亲与高祖太上皇相爱，及生男，高祖、卢绾同日生，里中持羊酒贺两家。及高祖、卢绾壮，俱学书，又相爱也。里中嘉两家亲相爱，生子同日，壮又相爱，复贺两家羊酒。高祖为布衣时，有吏事辟匿，卢绾常随出入上下。——《史记·韩信卢绾列传》

当年刘邦一起兵，卢绾二话不说就加入义军，助其一臂之力。东击项羽时，卢绾担任太尉一职，不打招呼就可以随便出入刘邦卧室。刘邦平时赏给卢绾的锦衣玉食，都是群臣想都不敢想的。这样亲密的关系，即使是萧何、曹参等亲信也是望尘莫及。

及高祖初起沛，卢绾以客从，入汉中为将军，常侍中。从东击项籍，以太尉常从，出入卧内，衣被饮食赏赐，群臣莫敢望，虽萧曹等，特以事见礼，至其亲幸，莫及卢绾。——《史记·韩信卢绾列传》

这次立卢绾为燕王，刘邦终于舒心地松了口气：好哥们儿，兄弟对得起你了！

也许有人就问了：刘邦既然想封卢绾为燕王，那就直接封呗，干吗这么麻烦，搞这么一套“公选”的流程呢？这里面其实有刘邦自己的一番小心思。

在此之前，分封诸侯王是刘邦调动下属工作积极性的激励手段。既然是激励，那就必须论功行赏。卢绾有什么功劳值得封王呢？据《史记》《汉书》的记载，卢绾仅有一件功劳。项羽自刎后，卢绾率军攻打临江王共敖之子，为刘邦摆平了鄂中南腹地。这点儿功劳，别说与同是诸侯王的楚王韩信、梁王彭越相比，就是与汉初功臣中的萧何、曹参相比，差得也不是一两点儿。

初项羽所立临江王共敖前死，子尉嗣立为王，不降。遣卢绾、刘贾击虏尉。——《汉书·高帝纪》

刘邦心里想立卢绾为燕王，可是实在说不出口。卢绾的功劳实在不够啊！既然自己不能说，那就搞一套“公选”的流程，让群臣说。这就是刘邦的小心思。

卢绾被封为燕王是汉初分封的一个重要转折点。此例一开，注定会一发而不可收，权贵亲信接二连三地受封一批。从因功而封到因亲而封，再到非亲不封，汉初天下诸侯共荣的局面被打破，一个家天下的专制时代到来了。

韩信降侯

高祖六年（前201）年初，刘邦突然接到密报，说楚王韩信谋反。告发者是谁？有何证据？从何处得来楚王韩信谋反的消息？史书都没有记载。因此，韩信这一次被人告发“谋反”是一桩无头悬案。

汉六年，人有上书告楚王信反。——《史记·淮阴侯列传》

此事虽然是彻头彻尾地无凭无据，但刘邦的应对却非常认真，他赶紧召集身边的将领问对策。这些将领的态度非常一致：立即发兵，杀了这个小子！

高帝问诸将，诸将曰：『亟发兵坑竖子耳。』——《史记·陈丞相世家》

这里面有很多值得怀疑的地方。韩信谋反之事是真的吗？为什么这个根本性的问题无人质疑呢？有人告韩信谋反，韩信就一定反了？这些将领为什么这么恨韩信，张口是“竖子”，闭口是“亟发兵”？

群臣之所以出现这些反应，有两个方面的原因：第一，群臣对楚王韩信有一种“羡慕嫉妒恨”的情绪，盼望着韩信倒霉。第二，刘邦一直视韩信为眼中钉肉中刺，群臣当然要跟着棒打落水狗，那么韩信就只能倒霉了。无论是前者，还是后者，抑或是两者兼具，都反映出人性最丑陋的一面。

群臣的表态，并没有让刘邦的心里踏实多少。刘邦又去咨询陈平的意见，陈平一口气反问了刘邦四个问题：第一，上书告韩信谋反之事有人知道吗？第二，韩信知道有人告他吗？第三，您手下的兵马能敌得过韩信的精锐楚军吗？第四，您手下有哪位将领的军事才能可以超过韩信？刘邦一口气做了四次否定性回答。

陈平曰：『人之上书言信反，有知之者乎？』曰：『未有。』曰：『信知之乎？』曰：『不知。』陈平曰：『陛下精兵孰与楚？』上曰：『不能过。』平曰：『陛下将用兵有能过韩信者乎？』上曰：『莫及也。』——**《史记·陈丞相世家》**

于是，陈平对刘邦说：陛下的兵不如楚军精良，将领又不如韩信会打仗。派兵打韩信，那是逼着韩信和你对着干，太危险，也太不明智了。

陈平就是陈平，刘邦一下子就明白为什么自己的心里不踏实了。刘邦只好虚心地再问：那该怎么办？

平曰：『今兵不如楚精，而将不能及，而举兵攻之，是趣之战也，窃为陛下危之。』上曰：『为之奈何？』——**《史记·陈丞相世家》**

陈平答：自古以来，都有天子巡视天下、大会诸侯的制度。南方有个云梦泽，陛下伪装出游云梦泽，召集诸侯在楚国西面的陈地开会。韩信听说您只是巡游，一定不会有戒心，而前来朝拜。陛下趁机抓了他，这事儿一个大力士就能做到了。刘邦一听，好主意！马上向天下诸侯发出诏书，说自己要游云梦泽，并在陈地大会诸侯。

平曰：『古者天子巡狩，会诸侯。南方有云梦，陛下弟出伪游云梦，会诸侯于陈。陈，楚之西界，信闻天子以好出游，其势必无事而郊迎谒。谒，而陛下因禽之，此特一力士之事耳。』高帝以为然，乃发使告诸侯会陈，『吾将南游云梦』。——**《史记·陈丞相世家》**

此时，可怜的韩信并不知道自己已经被告发谋反，也不知道刘邦此次视察是伪巡游，更不知道陈平已经设计要在他拜谒皇帝时抓捕他。

但是，皇帝巡游，居然选择在陈地大会诸侯，直觉告诉韩信，自己的处境恐怕不妙啊。韩信为什么会有这种感觉呢？

一是他窝藏了朝廷要犯钟离昧；

二是刘邦两次袭夺他的军权。

当刘邦的巡游队伍快到楚国边境时，楚王韩信坐不下去了，为求自保，韩信忍痛逼杀了知己钟离昧，带着他的头颅去拜见刘邦。刘邦一见韩信，立即令武士将其捆绑起来，放到后车上。韩信无奈地叹息，果然像那人说的那样："狡兔死，良狗亨；高鸟尽，良弓藏；敌国破，谋臣亡。"天下已经平定，我该死了。刘邦对韩信说，无须多言，明摆着你是谋反！

刘邦在陈地大会天下诸侯，彻底解决了楚地问题后，押着韩信回到洛阳。一到洛阳，刘邦就赦免了韩信，但楚王不能当了，直接降为淮阴侯。

信持其首，谒高祖于陈。上令武士缚信，载后车。信曰：『果若人言，「狡兔死，良狗亨；高鸟尽，良弓藏；敌国破，谋臣亡。」天下已定，我固当亨！』上曰：『人告公反。』遂械系信。至洛阳，赦信罪，以为淮阴侯。——**《史记·淮阴侯列传》**

卢绾升王，韩信降侯，一升一降，大有文章。这两件事分别发生在汉五年（前202）九月和汉六年（前201）十二月。因为汉初乃沿袭秦历，每年以十月为岁首，实际上这两件事只隔了三个月。这两个事件的实质是一回事——分封，其中蕴含着两个关键的命题：一是分封对象；二是分封标准。

在韩信由楚王降为淮阴侯的过程中，从最开始刘邦接到告密，到决定伪游云梦泽诱捕韩信，直至韩信被捕，押解至京，降为淮阴侯，我们仅仅听到了刘邦与陈平两个人的声音，对韩信倍加器重的张良和萧何都干什么去了呢？

先说张良。

张良是刘邦最为倚重的谋士，刘邦对他几乎是言必听，计必从。这次刘邦兴师动众，诱捕韩信，张良不可能一无所知，但张良既没有出面为韩信辩解，调解君臣关系，也没有劝阻刘邦，而是听任刘邦率性而为。张良在此时的失语，只能有两种解释：第一，张良预知到刘邦削弱乃至诛灭异姓诸侯王是巩固刘姓江山的必然；第二，张良看清了刘邦尽杀异姓诸侯王的决心。无论是哪种可能，身为一代帝师的张良，对韩信等开国功臣的下场已有预见。因此，张良不想再做什么，再说什么。因为，无论说什么，还是做什么，都是徒劳。既然如此，倒不如明哲保身。

反过来说，张良此时如果坚持说点什么，做点什么，是不是能够将刘邦与韩信等开国功臣的关系调解得好一点呢？我们只能猜测，可能会起点作用，但也可能完全没有作用，毕竟江山姓刘，人家姓刘的说了算，张良在这些事情上能否左右刘邦恐怕得画一个大大的问号。

再说萧何。

萧何是韩信当年官拜大将军的唯一举荐人，他对韩信的军事才华极为了解，当然也明白刘邦为什么对韩信如此猜忌。刘邦诱捕韩信时，不追究他这个举荐者的责任已属万幸，岂能再为了韩信引火烧身？所以，此时的萧何不敢再为韩信说话，以免殃及池鱼。

汉五年（前202），刘邦在洛阳南宫摆酒宴隆重庆祝自己登基称帝时，向大臣提出了一个问题：为什么我赢了项羽？这场著名的宴会上刘邦提出了著名的“三杰”说，并大赞“三杰”之一的韩信：“连百万之众，战必胜，攻必取。”如今一年不到，音犹在耳，韩信却已被削去王位，降职为侯，似乎有点匪夷所思，但也是一种必然。

清人袁保恒在《过韩侯岭题壁》一诗中，对此事有深刻的认知：

高帝眼中只两雄，淮阴国士与重瞳。
项王已死将军在，能否无嫌到考终。

“淮阴国士”，指的是淮阴侯韩信，其有“国士无双”之称；“重瞳”，指“重瞳子”项羽；“考终”，指自然寿命的终结。这首诗说，刘邦眼中只有两位英雄，一是淮阴侯韩信，二是“重瞳子”项羽。项羽已死，韩信尚在。刘邦既然视韩信为大患，韩信岂能安然度过余生？

至于那封莫名其妙的告发信，刘邦真相信吗？只怕是信也不信，不信也信。相信，才会诱捕韩信；不相信，诱捕成功后才不杀韩信，仅仅降王为侯。韩信真要谋反，刘邦岂能放过他？

至此，刘邦用陈平的计策，兵不血刃地解决了一代国士韩信，但是，此事也留下了十分严重的后遗症。楚王韩信被抓，其他诸侯王会怎么想？这些诸侯王在陈地与刘邦相聚时，只怕都会心存一分恐惧，二分担心，三分疑虑，四分不安，五分忧郁。他们不知道今天的韩信之灾哪天会降临到自己的头上，这种恐惧、担心、疑虑、不安、忧郁，最终会将一个个异姓诸侯王逼上叛乱之路。

这些诸侯王的心里固然是五味杂陈，各有各的想法和打算，而那些未被封王的元老功臣心里也很不平静，他们也在关切地注视着刘邦的一举一动。因为，刘邦已经将卢绾作为功臣封了燕王，这必然会使更多的功臣“嗷嗷待哺”地期盼着刘邦的分封。刘邦将怎样打发他手下的这批功臣呢？

请看：分封之争。

分封之争

二十一

在当年的庆功宴上，关于刘邦为什么能够战胜项羽这一问题的探讨，刘邦与大臣们明显有不同的意见。刘邦持“三杰”说，部分大臣却明确指出：刘邦派人攻城略地，夺下土地，能分封给部下，和天下人同利，这才是战胜项羽的终极原因。这些大臣的话，反映出刘邦手下诸将跟随他南征北战，最关注的是胜利后能够得到的封赏。因此，在刘邦称帝后，群臣争功夺利，竞争异常激烈。而刘邦呢，对此也是左右为难。故此事悬而不决，足足撑了一年多。面对如此令人头痛的一道难题，刘邦最终会拿出怎样的破解之术呢？

其实贡献不在此

化解“岁余不决”的“群臣争功”难题，最好的方法是公正地“封”！据《史记·高祖功臣侯者年表》记载，高祖六年（前201）十二月，刘邦一次封了十位列侯。这是刘邦称帝后第一次批量封侯。

首批被封的列侯中，排名第一的是曹参。刘邦手下的大臣们一致认为：曹参军功卓著，当评为天下第一功臣。曹参到底有什么军功，能够被大臣们推举为第一功臣呢？

第一，反秦。曹参和刘邦，也是老乡、老同事、老战友的“三老”关系。曹参，沛县人。反秦大起义前，曹参担任沛县的狱掾，主管刑狱，与亭长刘邦是老同事。秦末大起义开始后，曹参和萧何一道，让刘邦当上了沛公，是沛县起兵的三大核心人物（刘邦、萧何、曹参）之一。此后，从刘邦和泗水守军激战，抗击章邯，斩杀秦帝国三川郡守李由，到西行入关途中的每次战斗，曹参都是最忠实的参战者。

第二，灭项。楚汉战争拉开序幕后，曹参更是战功卓著。刘邦还定三秦时，曹参独当一面，俘获章邯之弟章平。韩信灭魏时，曹参生擒魏豹及其全家，协助韩信平定魏地，彻底解除了荥阳主战场的后顾之忧。韩信灭代时，曹参斩杀代相夏说。韩信灭赵时，曹参奉命独当一面，斩杀赵将戚将军。韩信灭齐时，曹参击败齐国历下主力，攻取齐都临淄；龙且救齐，曹参又随韩信斩杀龙且，破楚军。因为一直追随韩信作战，比起刘邦身边的其他将领，曹参的功劳虽在韩信、彭越之下，但远在其他汉将之上。因此，曹参被封为平阳侯。

> 以高祖六年赐爵列侯，与诸侯剖符，世世勿绝。食邑平阳万六百三十户，号曰平阳侯，除前所食邑。——《史记·曹相国世家》

曹参在这两场战争中劳苦功高，此次被封为平阳侯也算是实至名归。不过，曹参真正的贡献并不在此。刘邦的建国大业完成后，国家急需确立一套治理方针，首先意识到并大胆触及这一重大课题的便是曹参。

韩信被降为淮阴侯之后，刘邦任命自己的长子刘肥为齐王，并下令：凡说齐国语的百姓一律要返回齐国。齐国在当时成为最大的诸侯国，下辖城池七十余座，与关中并称“东西秦”。刘邦认为曹参是可以“托生死之任、寄千里之命”的忠臣，派他担任齐国的国相，辅佐刘肥。齐王刘肥虽为刘邦的长子，但系庶出，其母曹氏只是刘邦以前的情妇。刘肥并没有多少政治上的历练，所以刘邦实际上是把齐国完全托付给曹参了。

> 高帝以长子肥为齐王，而以参为齐相国。——《史记·曹相国世家》

曹参出任齐相，对如何安定大乱之后的齐地这一问题非常上心。他召集了一次载入史册的著名座谈会，主题是“征求治理齐地的方法”。与会嘉宾主要是齐地的“长老”和“诸生”。“长老”是著名的老学者，“诸生”是当下的青年才俊。来参加这次座谈会的齐地儒生有好几百人，都各抒己见，各执一词，简直把征战多年的名将曹参闹糊涂了，他完全不知道谁说得对。后来，曹参听说胶西（今山东高密市西南）有一位盖公，擅长黄老之学，便派人携带重礼去延请。盖公被请来之后，告诉曹参说：治理天下的诀窍在于“清静”无为，不扰民，然后“民自安”。曹参听后，命人将丞相府的正堂腾出来让盖公住，以示尊崇。此后，曹参治理齐国，便开始践行这一套黄老学说。曹参担任齐相九年，齐国安定繁荣，人称曹参是“贤相”。

天下初定，悼惠王富于春秋，参尽召长老诸生，问所以安集百姓如齐故俗，诸儒以百数，言人人殊，参未知所定。闻胶西有盖公，善治黄老言，使人厚币请之。既见盖公，盖公为言治道贵清静而民自定，推此类具言之。参于是避正堂，舍盖公焉。其治要用黄老术，故相齐九年，齐国安集，大称贤相。——《史记·曹相国世家》

那么，为什么黄老学说能够在齐地得以推行并收效显著呢?

第一，社会现状迫切需要休养生息。

从前770年开始，中国社会历经春秋战国争霸，秦始皇统一六国，三年灭秦战火，四年楚汉之争，连绵不断的战乱导致人口锐减，田园荒芜，民穷国贫。汉初之时，连皇帝都不能配齐同色的四匹马拉车，而大臣只能坐牛车。这民不聊生、百废待兴的社会现状，迫切需要休养生息的政策来改变。

第二，齐地是黄老思想的发祥地。

春秋末年至战国时期是中国思想史的第一个辉煌时期，各种思潮百家争鸣。尤其是齐国，从姜尚建国起，就形成了积极开放的社会风气。位于齐都临淄的稷下学宫聚集着来自五湖四海的学者，前前后后已有七十多位哲人来此讲学，黄老学派的思想就是在稷下学宫的讲学与论辩中慢慢成熟的。

第三，曹参本人的理性选择。

曹参虽是战功卓著的武将，但也懂得体察民情，而且善度大势。他对西汉初年的国家形势看得很清楚，在负责任地比较分析之后，决定选择黄老思想作为治国方针。

惠帝二年（前193），相国萧何病故。尚在担任齐国国相的曹参，一听这个消息，便马上催促他的侍从整理行装，并说道：我马上要入朝为相了。不久，朝中的使者果然来到齐国，召曹参入朝。临行之前，曹参对接替他的新任齐相说："以齐狱市为寄，慎勿扰也。""狱市"即"岳市"，是齐都临淄的大集市。新齐相不理解，反问曹参：这是治理齐国的头等大事吗？曹参回答：不是，但集市必须做到"并容"，如果政府强行干涉，"奸人"（对商人的蔑称）就会失去容身之所，所以我把它放在治理齐国的首位。

惠帝二年，萧何卒。参闻之，告舍人趣治行，『吾将入相』。居无何，使者果召参。参去，属其后相曰：『以齐狱市为寄，慎勿扰也。』后相曰：『治无大于此者乎？』参曰：『不然。夫狱市者，所以并容也，今君扰之，奸人安所容也？吾是以先之。』——《史记·曹相国世家》

刘邦将曹参放在齐国国相的位置上，应该是经过周密的思考的。一是重齐，二是试点。齐国战略位置重要，刘邦将齐国作为自己分封的第一个同姓诸侯王国。在异姓诸侯王遍布天下之时，将齐国建设成为汉帝国的钢铁堡垒显得尤为重要。曹参的忠诚、曹参的能力、曹参的军功是刘邦将他安排到齐地的重要原因。曹参在齐地的治国实践应当是在刘邦的默许下进行的。因此，在某种程度上可以说曹参的治国理念与治国实践是汉帝国治国理念的一次试验，齐国是汉帝国初年的政治特区。

可以看出，当初刘邦力主将萧何列为第一功臣的举动，包含了将以大规模军事斗争为主转变为以大规模经济建设为主的一种总体考量。因此，在任用萧何为第一任丞相的同时，将曹参放在了天下最大的诸侯国齐国进行历练，为萧何之后起用曹参做准备。

曹参出任汉帝国的相国后，并没有“新官上任三把火”，而是完全按照萧何的既定原则办事，各项原来的章程毫无变动。同时，他将自己在齐地施行的黄老之策带进了中央，推而广之。凡是从各郡、各诸侯国推选入朝任职的官员，曹参只选那些不擅言辞的忠厚长者。凡是执法、办事苛刻严酷，一味追求声誉的人，一律不用。

参代何为汉相国，举事无所变更，一遵萧何约束。择郡国吏木诎于文辞，重厚长者，即召除为丞相史。吏之言文刻深，欲务声名者，辄斥去之。——《史记·曹相国世家》

而曹参自己呢，自从入朝之后，每天从早到晚都只顾喝酒。九卿高官、中级官员、身边的幕僚等见曹参整天只喝酒不管事，有点看不下去，想给曹参提提建议。可不管谁，一上门，就会被曹参拉着一块儿喝酒。酒席间，谁还想坚持说点儿什么，又会被曹参的酒杯给堵回去。一直到喝到酩酊大醉离开相府，这些人始终没有说话的机会。相府的后园挨着属官们的住宅，相府里每天不绝于耳的喝酒吆喝之声，让这些属官实在无法忍受。于是他们想了个办法，邀请曹参游园，想让他感受一下，回去整顿整顿。谁知曹参反而命人上酒，请这些属官一块儿席地而坐，醉酒当歌。

曹参的儿子曹窋（zhú）也在朝廷做事，时任中大夫。汉惠帝见曹相国对朝政之事不管不问，很是不解，心想：这是对我有所不满吗？于是便对曹窋说：你回家后，私下里问问你父亲，高祖刚刚下世，皇上又太年轻，您作为相国，为什么什么事情都不管呢？但千万不要说是我让你问的。曹窋休假归家，按惠帝的意思向曹参提了几句。没想到曹参勃然大怒，动用家法打了曹窋二百下，还斥责道：你照顾好皇上就行了，这些天下大事不是你该管的。上朝之时，汉惠帝责备曹参说：这事和曹窋无关，是我让他问您的。曹参赶快摘下帽子，向惠帝请罪说：请陛下想一想，您和高祖相比，哪个更贤明呢？惠帝说：寡人怎么敢和高祖相比呢？曹参又问：那再请陛下想一想，我和萧丞相相比，哪个更贤明呢？惠帝回答：您好像赶不上萧相国。曹参点点头说：陛下说得对，高祖和萧丞相制定的法令非常完善，所以陛下您可以清闲，而我呢，也只需遵守制度，不让这些制度走样，不就挺好的吗？惠帝

日夜饮醇酒。卿大夫已下吏及宾客见参不事事，来者皆欲有言。至者，参辄饮以醇酒，间之，欲有所言，复饮之，醉而后去，终莫得开说，以为常。相舍后园近吏舍，吏舍日饮歌呼。从吏恶之，无如之何，乃请参游园中，闻吏醉歌呼，从吏幸相国召按之。乃反取酒张坐饮，亦歌呼与相应和。——《史记·曹相国世家》

听后，马上说：讲得好，那您歇着吧。

参子窋为中大夫。惠帝怪相国不治事，以为『岂少朕与』？乃谓窋曰：『若归，试私从容问而父曰：「高帝新弃群臣，帝富于春秋，君为相，日饮，无所请事，何以忧天下乎？」然无言吾告若也。』窋既洗沐归，间侍，自从其所谏参。参怒，而笞窋二百，曰：『趣入侍，天下事非若所当言也。』至朝时，惠帝让参曰：『与窋胡治乎？乃者我使谏君也。』参免冠谢曰：『陛下自察圣武孰与高帝？』上曰：『朕乃安敢望先帝乎！』曰：『陛下观臣能孰与萧何贤？』上曰：『君似不及也。』参曰：『陛下言之是也。且高帝与萧何定天下，法令既明，今陛下垂拱，参等守职，遵而勿失，不亦可乎？』惠帝曰：『善。君休矣！』——**《史记·曹相国世家》**

就这样，曹参当了四年丞相，也这样坚持做了四年，汉初的经济得到极大恢复。后人称他是“萧规曹随”。当时老百姓还编了一个歌谣到处传唱：“萧何为法，顜(jiǎng)若画一；曹参代之，守而勿失。载其清净，民以宁一。”

参为汉相国，出入三年。卒，谥懿侯。子窋代侯。百姓歌之曰：『萧何为法，顜若画一；曹参代之，守而勿失。载其清净，民以宁一。』——**《史记·曹相国世家》**

一生只做一件事

高祖六年(前201)十二月所封的“十侯”之中，滕公夏侯婴赫然在列。他原来不过是沛县一名赶车的车夫，为什么会得到刘邦如此的厚爱呢？

第一，舍身救友。

夏侯婴原来是沛县政府马厩的专职车把式，用现在的话说就是给领导开小车的司机。每次出车回来，经过泗水亭的时候，他都会停下来跟亭长刘邦侃上好半天。后来县里试补县吏，夏侯婴是最热门的人选之一。眼看就跳出车夫这一行了，却出了一桩意外，升职的事泡了汤。到底是什么倒霉事儿呢？原来，夏侯婴和刘邦私下里没事儿的时候喜欢一块儿切磋，刘邦误伤了夏侯婴。有人就告发了刘邦，说刘邦身为吏员，伤人犯法。刘邦当时是泗水亭长，身为吏员伤人属于触犯刑律，于是他谎称自己没伤害夏侯婴。夏侯婴为了不连累刘邦，做了伪证，说刘邦没伤自己。结果告发者受到惩罚，心中不服，继续上诉，案件发回重审。最终事情败露，夏侯婴挨了几百棍，在狱中关了一年多，但总算救下了刘邦。

汝阴侯夏侯婴，沛人也。为沛厩司御。每送使客还，过沛泗上亭，与高祖语，未尝不移日也。婴已而试补县吏，与高祖相爱。高祖戏而伤婴，人有告高祖。高祖时为亭长，重坐伤人，告故不伤婴，婴证之。后狱覆，婴坐高祖系岁余，掠笞数百，终以是脱高祖。——《史记·樊郦滕灌列传》

夏侯婴为刘邦挨打挨骂又坐牢，这就注定了他将是刘邦一生中最信任的人之一。后来刘邦沛县起兵，夏侯婴义不容辞。刘邦也很痛快，当上沛公后立马就封他为七大夫，任命为太仆，专职为自己驾车。

高祖之初与徒属欲攻沛也，婴时以县令史为高祖使。上降沛一日，高祖为沛公，赐婴爵七大夫，以为太仆。——《史记·樊郦滕灌列传》

二是救主之子。

彭城大战，刘邦大败，逃亡路上几度弃子，多亏滕公舍命救下。夏侯婴救出的可是后来的汉惠帝和鲁元公主，事后刘邦对他深表感激，而汉惠帝和吕后对他更是感恩戴德，特别赏赐夏侯婴一套豪宅，毗邻皇宫，还说：这样可以离我们近一点。

孝惠帝及高后德婴之脱孝惠、鲁元于下邑之间也，乃赐婴县北第第一，曰：『近我』。——《史记·樊郦滕灌列传》

三是患难之交。

在楚汉战争的那段艰苦岁月里，夏侯婴始终是刘邦最忠实的追随者，刘邦也视夏侯婴为最可信的部下。荥阳对峙，刘邦多次遇险，有时只能带一个人出逃，这个人一定是夏侯婴。

汉王跳，独与滕公共车出成皋玉门，北渡河，驰宿修武。——《史记·高祖本纪》

哪里有刘邦，哪里就有夏侯婴。刘邦称帝之后，几乎年年都要遭遇叛乱，每次平叛都会亲征，而夏侯婴一定是刘邦最忠诚的“司机”。

封侯之后，夏侯婴更是鞠躬尽瘁，处处为刘邦着想。高祖七年（前200），汉军与匈奴交战，被围平城白登山（今山西大同市东北）。刘邦派使者对单于阏氏百般忽悠，终于依靠阏氏的游说，使得冒顿单于网开一面，将包围圈放开一角。此时的刘邦急于脱身，强烈要求快点驾车。夏侯婴不听，为了刘邦的安全，他有意放缓车速，徐徐而行，并让随行士兵持满弓，随时做好战斗准备，最终得以脱身。夏侯婴临危不乱，沉着镇定，给刘邦留下了深刻印象。

追北至平城，为胡所围，七日不得通。高帝使使厚遗阏氏，冒顿开围一角。高帝出欲驰，婴固徐行，弩皆持满外向，卒得脱。——《史记·樊郦滕灌列传》

刘邦下世后，夏侯婴又继续担任了惠帝刘盈和文帝刘恒的太仆。

婴自上初起沛，常为太仆，竟高祖崩。以太仆事孝惠。——《史记·樊郦滕灌列传》

作为三代皇帝的太仆，夏侯婴虽然没有多大的才华，却是一个不折不扣的忠心赤胆之人，因而备受君王的信任。

驾车是夏侯婴的工作，但这并不代表他只会驾车，他还是个独具慧眼的伯乐。我们前文讲过，当年夏侯婴在刑场上把韩信救下，经过一番交流，认定韩信是位奇才，于是举荐给了刘邦，虽然这次举荐并没有多大的成效，但毕竟是有人第一次正式举荐韩信，可见夏侯婴的眼力。

除了韩信，季布的获救也多亏夏侯婴出手相助。朱家找到他帮忙，他不但没有告发，还认定季布是位“贤者”，主动给刘邦做工作，让刘邦明白“忠诚”是种美德，最终救下了季布，成全了这位日后的汉家大将。

高祖十一年（前196）七月，黥布叛乱。夏侯婴虽然不善打仗，但他深知黥布原是项羽手下第一勇将，绝不可掉以轻心。他私下找到原西楚国的令尹薛公询问建议。薛公对黥布的情况分析得很到位，夏侯婴受益匪浅，立即向刘邦举荐了薛公。刘邦召见薛公，自问其计。一番谈论之后，刘邦佩服得五体投地，当即封薛公千户。至于薛公到底给刘邦出了什么主意，我们在讲“黥布叛乱”的时候再做详述。

夏侯婴戎马倥偬，识才尊贤，为刘氏江山尽心尽力无怨无悔，可谓忠正之臣的典范。曹参文治武功，清静无为，把国家打理得井井有条，赢得了后世“萧何治家，曹参治国”的美誉。这两位都是刘邦首批封侯的受益者，且都实至名归。那么，其他几位首封为侯者，又是什么样的情况呢？他们的功绩簿上都书写着怎样的故事呢？

请看：奇谋天才。

在刘邦的朝臣中还有一位重量级人物，虽不在“三才”之列，但也备受刘邦器重，他不但是重要谋臣，还是张良的最佳搭档，并顺理成章地成为刘邦此次所封的十大列侯之一。在刘邦下世之后，他更是为稳定大汉江山做出了极大贡献。此人是谁呢？他的一生又有哪些传奇故事呢？

二十二

另类青年

陈丞相平者，阳武户牖乡人也。少时家贫，好读书，有田三十亩，独与兄伯居。伯常耕田，纵平使游学。平为人长大美色。人或谓陈平曰：『贫何食而肥若是？』——《史记·陈丞相世家》

他就是陈平，阳武户牖乡（今河南原阳县东南）人。陈平出身农家，家里经济条件不太好，从小就和哥哥住在一起。但他自幼聪明而且喜好读书，于是他大哥揽下了家中所有的农活，让他专心求学。虽说出身卑微，陈平却生得一副好相貌，有人开他的玩笑说：你家里那么穷，是怎么把你养得这么细皮嫩肉的呀？

陈平不管家中的生活，这让嫂子很生气，常常抱怨说：天生是个吃糠的料。有陈平这样的小叔子，“不如无有”！陈平的大哥知道后，一纸休书，把妻子给休了。

其嫂嫉平之不视家生产，曰：『亦食糠核耳。有叔如此，不如无有。』伯闻之，逐其妇而弃之。——《史记·陈丞相世家》

转眼间陈平到了该成家的年纪，然而富人家不愿把女儿下嫁给他，穷人家的女子陈平又看不上。一来二去，这陈平就成了“剩男”。陈平娶妻的要求不多，就一个——有钱！

陈平家附近有一个有钱人叫张负，他的孙女结了五次婚，死了五个丈夫，是个远近有名的“克夫”女，没人敢再娶她。陈平知道后，打起了这个寡妇的主意。镇上一户人家办丧事，陈平因为家贫，就去为丧家帮忙，赚一点小钱。恰好张负也来参加这家的丧事，见陈平长得一表人才，便心中留意。而陈平呢，也注意到这位张负对自己的关注，所以也借故晚走一会儿。散席之后，张负尾随其后，来到了陈平家，见他家住在靠城墙的一条穷巷里，一张破席子一挂就是门了，可门外却有不少名人、豪侠乘坐的车辆的车辙。张负一回到家，就对他的儿子说：我想把我的孙女嫁给陈平。他的儿子心里不爽，说：那小子那么穷，又没有个正当职业，全县人都笑话他，怎么能把咱家的女孩许给他呢？张负说：自古以来，如陈平这般标致的男子，怎么可能长期穷困潦倒！最终他将自己的孙女嫁给了陈平。

于是，陈平如愿以偿，就这样傍上了一个“富婆”。虽然这位女子“克夫”的“名声”不佳，但陈平不在乎，他看中的是对方的钱财。而女方家也很大方，不但没有为难陈平，还先借钱给他作为娶妻的聘金，并主动承担了婚宴的一系列费用。张负告诫自己的孙女说，不要因为人家穷，就不遵守做媳妇的本分和礼数，对人家的哥哥嫂嫂要像对待自己的长辈一样。

陈平娶了妻，手头立马宽裕起来，他的交友活动也更加热闹广泛。而众人看待他的目光也渐渐开始变化。一次，同里巷的居民共祭土神。祭祀结束后，陈平担任分割祭肉的主刀，他把肉分得十分

及平长，可娶妻，富人莫肯与者，贫者平亦耻之。久之，户牖富人有张负，张负女孙五嫁而夫辄死，人莫敢娶。平欲得之。邑中有丧，平贫，侍丧，以先往后罢为助。张负既见之丧所，独视伟平，平亦以故后去。负随平至其家，家乃负郭穷巷，以弊席为门，然门外多有长者车辙。张负归，谓其子仲曰：『吾欲以女孙予陈平。』张仲曰：『平贫不事事，一县中尽笑其所为，独奈何予女乎？』负曰：『人固有好美如陈平而长贫贱者乎？』卒与女。为平贫，乃假贷币以聘，予酒肉之资以内妇。负诫其孙曰：『毋以贫故，事人不谨。事兄伯如事父，事嫂如母。』

——《史记·陈丞相世家》

公平，大家都赞不绝口，说他分得好。陈平听后，感慨地说：如果让我主政天下，我也能像今天分肉一样做得公正公平。

> 里中社，平为宰，分肉食甚均。父老曰：『善，陈孺子之为宰！』平曰：『嗟乎，使平得宰天下，亦如是肉矣！』——《史记·陈丞相世家》

跳槽高手

陈平娶妻的经历非常另类，而事实上他这一辈子的确活得与众不同，一生三易其主，是位十足的跳槽高手。

陈平的第一任领导是魏咎。陈胜起兵后首先攻下陈郡（郡治在今河南周口市淮阳区），派周市（fú）去平定魏地。秦二世元年（前209）九月，周市决定立魏国王室后裔魏咎为魏王。此时，魏咎尚在陈胜处，陈胜坚决不放其赴任。秦二世二年（前208）十二月，魏咎到达魏地走马上任，陈平带领一帮年轻人投奔魏王咎。虽然魏咎待陈平不薄，任命其为太仆，但陈平提的建议他却听不进去，加之有人在魏咎面前说陈平的坏话，无奈之下，陈平只好选择离开。

> 陈涉起而王陈，使周市略定魏地，立魏咎为魏王，与秦军相攻于临济。陈平固已前谢其兄伯，从少年往事魏王咎于临济。魏王以为太仆。说魏王不听，人或谗之，陈平亡去。——《史记·陈丞相世家》

陈平的第二任领导是项羽。逃离魏王咎后，停了近两年，一直到汉元年十月，项羽结束巨鹿之战到达黄河边，陈平这才加入项羽军团。陈平随同项羽一道入关，受封“爵卿”。“爵卿”的礼秩是卿，但无实职。

项羽完成大分封后返回西楚国国都彭城。八月，刘邦用韩信之谋，还定三秦。汉二年十月，刘邦兵出函谷关，夺取今河南西部一带。殷王司马卬看见汉王刘邦的势力强大，叛楚归汉。陈平奉项羽之命，率军前去平定，重新收服了殷王。项羽难得大方了一次，任命陈平为都尉，并赐给他“金二十溢”（“溢”通“镒”。当时一镒相当于二十四两，或说二十两）。汉二年三月，刘邦率兵攻下河内，俘获了殷王，将其辖地设为河南郡。项羽大怒，非要杀了原来去平定殷王的将领及其部下。陈平担心自己性命不保，将项羽赏给他的金子、都尉印全部封存，派人送归项王，自己单身一人，手提佩剑，抄小路逃了。

项羽略地至河上，陈平往归之，从入破秦，赐平爵卿。项羽之东王彭城也，汉王还定三秦而东，殷王反楚。项羽乃以平为信武君，将魏王咎客在楚者以往，击降殷王而还。项王使项悍拜平为都尉，赐金二十溢。居无何，汉王攻下殷。项王怒，将诛定殷者将吏。陈平惧诛，乃封其金与印，使使归项王，而平身间行杖剑亡。——《史记·陈丞相世家》

陈平的第三任领导，也就是最后一位领导自然是刘邦。当时，刘邦在黄河北，而陈平在黄河南。陈平想投奔刘邦，就必须渡河。谁也没想到，这简单的一次渡河，竟差点儿让陈平丢了性命。

原来，陈平一上船，船夫们见陈平不像是凡夫俗子，又是一人独行，怀疑他是逃亡的将军，心想这小子身上肯定带着不少“金玉宝器”，便互相使眼色，要杀人劫财。陈平见状，心里一时也有点儿发毛，但他很快就找到了破解危机的办法。他故作随意地解开衣服，裸着身子帮船工划船，以示自己不过是平凡人一个。这一裸身，船夫们见陈平身上没有什么“金玉宝器”，也就打消了劫财的念头。于是，陈平成功脱险。陈平这次化解谋杀风险，全仗他擅于洞悉风险的形成原因，并能有效加以化解。

> 渡河，船人见其美丈夫独行，疑其亡将，要中当有金玉宝器，目之，欲杀平。平恐，乃解衣裸而佐刺船。船人知其无有，乃止。——《史记·陈丞相世家》

登岸之后，陈平赶到修武（今河南修武县），通过谋士魏无知见到汉王刘邦。这次呢，刘邦一共召见了七个人，并请他们共同进餐。吃完饭，刘邦下了逐客令：好了，大家下去休息吧。陈平哪能走啊，他对刘邦说：我是为事业而求见，我的话必须在今天讲出来。刘邦只好单独留下陈平谈话。听完陈平的一番高论，刘邦很兴奋，立即问陈平：你在楚军是什么职务？陈平回答：都尉。刘邦当即任命陈平为都尉，并作为自己的陪乘人员登上了汉王的专车，负责监护军队。命令一宣布，军中一片哗然，大家都嚷嚷说：大王见到楚军的这个降兵才一天，还不知道他有多大的本事，怎能让他陪乘，还让他监督我们呢？刘邦听说后，更加信任陈平，让他随自己东伐项羽。

> 平遂至修武降汉，因魏无知求见汉王，汉王召入。是时万石君奋为汉王中涓，受平谒，入见平。平等七人俱进，赐食。王曰：『罢，就舍矣。』平曰：『臣为事来，所言不可以过今日。』于是汉王与语而说之，问曰：『子之居楚何官？』曰：『为都尉。』是日乃拜平为都尉，使为参乘，典护军。诸将尽欢，曰：『大王一日得楚之亡卒，未知其高下，而即与同载，反使监护军长者！』汉王闻之，愈益幸平。遂与东伐项王。——《史记·陈丞相世家》

彭城战败，刘邦退兵荥阳，任命陈平为准将（亚将），驻扎在广武，归韩王信管理调度。周勃、灌婴等老将直接找到刘邦，诋毁陈平说：陈平长得好看，未必有什么真本事。我们听说，陈平和他嫂子有一腿（盗嫂）。在魏王那儿干得不好，跑到楚军那里。在楚军中也没什么出息，这才跑到我们汉军这儿。现在大王尊宠他，让他监护军队，听说他收受将领的贿赂，送的钱多待遇就好，送的钱少待遇就差。总之，陈平是个无耻的小人，希望大王明察。

至彭城，为楚所败。引而还，收散兵至荥阳，以平为亚将，属于韩王信，军广武。绛侯、灌婴等咸谗陈平曰：『平虽美丈夫，如冠玉耳，其中未必有也。臣闻平居家时，盗其嫂；事魏不容，亡归楚；归楚不中，又亡归汉。今日大王尊官之，令护军。臣闻平受诸将金，金多者得善处，金少者得恶处。平，反覆乱臣也，愿王察之。』——《史记·陈丞相世家》

刘邦听到老将们这么说，心里自然是凉了半截。他先把中间人魏无知找来责备了一通，说他荐人不当。魏无知说：我推荐的是能力，大王在意的是德行。古代有一位最讲信用的人叫尾生，他与一位女子约好在桥下相会，女子没来，洪水却突然来了，尾生抱着桥柱子不撒手，最终被淹死。殷高宗武丁的儿子孝己，被继母谗毁，为了不伤害父亲，宁死不说他遭受的不白之冤，最终被流放至死。如果今天还有像尾生、孝己那样德行优秀，却无法对我们正在进行的战争有任何贡献的人，陛下会任用吗？楚汉相争，事关天下，我推荐的是有谋有才、对我们有用的人，至于他与嫂子关系不正当、收受他人贿赂这些缺点，又有何妨呢？

汉王疑之，召让魏无知。无知曰：『臣所言者，能也；陛下所问者，行也。今有尾生、孝己之行而无益于胜负之数，陛下何暇用之乎？楚汉相距，臣进奇谋之士，顾其计诚足以利国家不耳。且盗嫂受金又何足疑乎？』——《史记·陈丞相世家》

话虽如此，刘邦还是放心不下，决定跟陈平私下认真谈一次。他批评陈平说：你在魏王那儿不成功便转身事楚，在项王那儿不成功，又投奔于我，讲信义的人会这样三心二意吗？陈平回答：我跟随魏王，魏王不能用我的计谋，所以我选择离开；我事奉项王，项王不信任我，只信任项氏族人和亲戚，所以我还是选择离开。我听说大王您虚怀若谷、察纳雅言，所以才投奔而来。我来的时候一无所有，不收点儿贿赂，吃什么喝什么？如果我的计谋尚有可用之处，就希望大王能够采纳；若是我的计谋没有可用之处，那么，我收的钱都在这里，请大王收回去，顺便把我的官帽也摘了，我这就辞职回家。刘邦听了陈平这番辩白，心想：陈平这个人是有点儿小贪，但只要不越雷池，倒也没有什么大碍。于是他马上向陈平道歉，并正式任命他为监管全军的官员，负责监督全军将领。这么一来，将领们的嘴也被彻底封住了。

汉王召让平曰：『先生事魏不中，遂事楚而去，今又从吾游，信者固多心乎？』平曰：『臣事魏王，魏王不能用臣说，故去，事项王。项王不能信人，其所任爱，非诸项即妻之昆弟，虽有奇士不能用，平乃去楚。闻汉王之能用人，故归大王。臣裸身来，不受金无以为资。诚臣计画有可采者，愿大王用之；使无可用者，金具在，请封输官，得请骸骨。』汉王乃谢，厚赐，拜为护军中尉，尽护诸将。诸将乃不敢复言。——**《史记·陈丞相世家》**

陈平跳槽来到刘邦集团，千方百计争取到单独面谈的机会，凭借自己的才华征服了刘邦，但在别人眼里，他不过是一个“降卒”罢了。这一场心理战陈平如果败下阵来，他只能卷铺盖走人！还好他保持了冷静，先解释“三易其主”，再坦言“受金之事”，这一番推心置腹略带任性的辩词，让刘邦大为激赏，也为他自己赢得了更多的信任。

太极玩家

陈平一生所遇凶险并不是一次两次，但每次他都能化险为夷，安然无恙。究其原因，恐怕还在于他善于腾挪躲闪，是一位高明的太极玩家。

这擅长打太极的本领，在陈平奉命追杀樊哙的事情上表现得尤为突出。这原本是后话，我们在这里提前略作交代。刘邦晚年征讨黥布时受了致命箭伤，好不容易回到了京城长安。没多久，又传来燕王卢绾反叛的消息，刘邦便派樊哙以相国的身份率兵平叛。樊哙刚走，就有人在刘邦面前说樊哙的坏话。刘邦一听，火冒三丈，于是找来陈平商议，而后依照陈平的计策，召周勃到病榻前受诏，要他与陈平一道乘专车赶往前线，立即斩了樊哙。

高帝从破布军还，病创，徐行至长安。燕王卢绾反，上使樊哙以相国将兵攻之。既行，人有短恶哙者。高帝怒曰：『哙见吾病，乃冀我死也。』用陈平谋而召绛侯周勃受诏床下，曰：『陈平亟驰传载勃代哙将，平至军中即斩哙头！』——《史记·陈丞相世家》

陈平、周勃在路上紧急磋商：樊哙是刘邦的老友及连襟，功勋卓著，又是吕后的胞妹吕媭的丈夫。这叫既亲且贵。这会儿皇上一时气恼要杀他，万一后悔了怎么办？那咱俩岂不是里外不是人！不如咱把人给带回来，要杀要剐，让皇上自己动手，咱别出这个头儿。两人打定主意，在快到樊哙大营之时停下来修了高坛，以皇帝之节召樊哙受诏。樊哙一到，还没回过神就被绑了起来。周勃受命代替樊哙率兵平定燕地。陈平带着樊哙，一路狂奔直赴长安。

谁料到，陈平还在路上，刘邦就归天了。听见这个消息，陈平的第一反应是：这下完了。吕后必定会听其妹吕媭的谗言，勃然大怒是必然的，搞不好还会为难自己。于是，他赶紧离开押解樊哙的车队，先行赶往京城。路上，遇到使者传达惠帝诏书，让他和灌婴驻屯荥阳。陈平接诏后，没有乖乖地去荥阳，而是快马加鞭赶往京城宫中，在刘邦灵柩前“扑通”一跪，一把鼻涕一把泪地哭号起来，俨然是当年刘邦哭祭项羽的翻版。当然，陈平也不忘顺便向吕后汇报一下奉诏抓捕樊哙的事情。陈平这顿哭，感天动地，哭得比吕后都伤心。看到这样的场面，吕后还能说什么呢？不但无言以对，心里还默默称赞陈平这人办事周到，要不然樊哙的人头早就落地了。她反倒劝起陈平来：您旅途劳顿，还是先回去休息一下吧。可是陈平呢，担心自己一离开就会有人来诋毁，于是执意要求留在宫中宿卫。吕后见他情真意切，便改任他为郎中令，也就是皇帝御前的卫队司令，办公地点就在宫中。吕后还交代他好好辅佐惠帝。事后，吕媭果然在她姐姐面前诋毁陈平，但因为陈平已经把工作做到了前头，吕媭的谗言在吕后那儿已经不起作用了。樊哙一回京城，立即被吕后赦免，且恢复了爵位、

二人既受诏，驰传未至军，行计之曰：『樊哙，帝之故人也，功多，且又乃吕后弟吕媭之夫，有亲且贵，帝以忿怒故，欲斩之，则恐后悔。宁囚而致上，上自诛之。』未至军，为坛，以节召樊哙。哙受诏，即反接载槛车，传诣长安，而令绛侯勃代将，将兵定燕反县。——《史记·陈丞相世家》

食邑。

实际上，刘邦这次盛怒之下要杀樊哙是个天大的误会。如何解释呢？这里先卖个关子，我们后文再做详述。陈平这次奉诏行事潜藏着巨大的风险，对樊哙是杀也不是，不杀也不是，干脆把人给刘邦带回来，让他亲自处置。当然，换个角度来分析，陈平不杀樊哙也许还有另一层深意：刘邦此时朝不保夕，生命垂危，万一没熬过这个关口，此后定是吕后掌权。自己若杀了吕后的妹夫，吕后、吕媭岂能轻饶了自己？陈平的高明之处正在于：无论何时何地，都为自己留条后路。

刘邦仙逝，惠帝即位，吕后掌权。惠帝下诏让陈平与灌婴驻守荥阳，以防不测。按理说，陈平应立即赶往荥阳，但他却再次抗旨，快马入宫哭祭刘邦。陈平的这番长哭，几分真假，实难评判，但不可否认他多少有点别有用心。就这样，陈平用眼泪摆平了吕后，既保住了性命，也保住了官位。

平行闻高帝崩，平恐吕太后及吕媭谗怒，乃驰传先去。逢使者诏平与灌婴屯于荥阳。平受诏，立复驰至宫，哭甚哀，因奏事丧前。吕太后哀之，曰：『君劳，出休矣。』平畏谗之就，因固请得宿卫中。太后乃以为郎中令，曰：『傅教孝惠。』是后吕媭谗乃不得行。樊哙至，则赦复爵邑。——《史记·陈丞相世家》

惠帝六年（前189），相国曹参病故，吕后按照刘邦临终前的安排，任命安国侯王陵担任右丞相，陈平担任左丞相。

孝惠帝六年，相国曹参卒，以安国侯王陵为右丞相，陈平为左丞相。——《史记·陈丞相世家》

惠帝七年（前188），刘盈病故。吕后只有这么一个儿子，没想到才二十几岁就早夭了，这件事对吕后打击非常大。悲痛之余，她开始担心吕氏宗族在朝中的势力会每况愈下，于是决定将惠帝与后宫宫女所生的前少帝扶上帝位，先把皇权牢牢抓在手里。随后，吕后又将行封吕姓诸侯王之事提上了日程。她询问右丞相王陵，能不能封吕姓为诸侯王。王陵直截了当地回答：不行！她又问左丞相陈平、太尉周勃，两人答道：高祖平定天下，封其子弟为诸侯王；如今太后称制，封诸吕为王完全可以。吕后听了这话，心里当然很高兴。

王陵下朝后质问陈平、周勃：当初高祖歃血为盟，难道你们不在场吗？现在高祖仙逝，太后想封吕氏为王，你们这般奉承太后，背弃盟约，将来到了地下，还有什么颜面见高祖呢？陈平、周勃回答王陵说：在朝堂之上顶撞太后，我们的确不如你；但是保全社稷，安定刘氏天下，你也不如我们。

太后称制，议欲立诸吕为王，问右丞相王陵。王陵曰：『高帝刑白马盟曰「非刘氏而王，天下共击之」。今王吕氏，非约也。』太后不说。问左丞相陈平、绛侯周勃。勃等对曰：『高帝定天下，王子弟，今太后称制，王昆弟诸吕，无所不可。』太后喜，罢朝。王陵让陈平、绛侯曰：『始与高帝啑血盟，诸君不在邪？今高帝崩，太后女主，欲王吕氏，诸君从欲阿意背约，何面目见高帝地下？』陈平、绛侯曰：『于今面折廷争，臣不如君；夫全社稷，定刘氏之后，君亦不如臣。』——**《史记·吕太后本纪》**

不久，吕后任命王陵为前少帝的太傅，看似升迁，实际上是罢了王陵的右丞相一职。王陵不傻，马上明白吕后这是嫌自己碍事，摆了自己一道，一怒之下，干脆以有病为由，闭门不出，不上朝了。

吕太后怒，乃详迁陵为帝太傅，实不用陵。陵怒，谢疾免，杜门竟不朝请。——**《史记·陈丞相世家》**

吕后哪管王陵生气不生气，立即任命自己的亲信审食其为左丞相，将原左丞相陈平升为右丞相。这个审食其是什么人？他曾经作为“舍人”陪侍太公、吕后，后来与吕后一块儿被项羽押了二十八个月，深得吕后赏识。此时审食其当了左丞相，实际上他的工作重点仍然是照顾好吕后。所以，审食其主要在宫中办事，也由于这层关系，此时朝中大事都由审食其决断。吕媭便趁机到吕后那儿告陈平的状，说他身为丞相，不管国事，天天沉迷酒色。陈平听说此事后，喝得更多，玩得更欢。吕后听说后，心里反倒窃喜，当着吕媭的面对陈平说，不要怕吕媭讲你的坏话。

陵之免丞相，吕太后乃徙平为右丞相，以辟阳侯审食其为左丞相。左丞相不治，常给事于中。食其亦沛人。汉王之败彭城西，楚取太上皇、吕后为质，食其以舍人侍吕后。其后从破项籍为侯，幸于吕太后。及为相，居中，百官皆因决事。吕媭常以前陈平为高帝谋执樊哙，数谗曰：『陈平为相非治事，日饮醇酒，戏妇女。』陈平闻，日益甚。吕太后闻之，私独喜。面质吕媭于陈平曰：『鄙语曰「儿妇人口不可用」，顾君与我何如耳。无畏吕媭之谗也。』——《史记·陈丞相世家》

陈平、周勃嘴里对王陵说的“臣不如君”“君亦不如臣”之类的话全是诡辩！当时，太后健在，将来形势怎么发展，陈平、周勃心中全然无数，也不可能有任何预见。他们心中对吕后这套做法肯定不满，但为了自保，他们选择了曲意阿从，远不如王陵骨头硬。

见人说人话，见鬼说鬼话。陈平靠着这见风使舵的本事，成为汉初政坛上有名的不倒翁，历经高祖刘邦、惠帝刘盈、吕后、文帝刘恒四位帝王，特别是惠帝、吕后的十五年间，政坛凶险异常，变幻莫测，他却能够稳如泰山，安如磐石。然而这位政坛不倒翁的身后之名却不够清雅，后人评价他时屡有不逊之辞，这究竟是为什么呢？

请看：臧否不一。

二十三

作为一代谋臣，陈平一生屡献奇谋。但从古至今，人们对他的评价却始终是众说纷纭，臧否不一。特别是正面评价，远不及同为谋臣的张良。陈平究竟为刘邦策划过哪些奇谋？为什么人们对他的评价会如此“保守”呢？

奇谋诡计频频出

《史记 · 陈丞相世家》对陈平的奇谋人生是这样总结的："凡六出奇计，辄益邑，凡六益封。奇计或颇秘，世莫能闻也。"这"六出奇计"都是什么"奇计"呢？

一是反间计。

汉三年（前204），项羽在荥阳围歼刘邦，刘邦势弱请和，项羽却不答应。刘邦束手无策之时，陈平献上一道反间计，离间钟离眛和项羽的关系，让项羽丧失了忠实可靠的"骨鲠之臣"，导致了集团核心层的混乱。

另一个被陈平反间计"干掉"的人是范增。汉三年夏四月，也是在荥阳，刘邦被项羽围得走投无路，还是主动请和。项羽派特使到荥阳谈判，陈平借机施计。此前，范增建议项羽趁刘邦势弱攻破荥阳城，但项羽却怀疑范增与刘邦勾结，担心他们共同下套陷害自己，便不听不信。范增抱怨项羽不纳良言，坐失战机，他自己也感觉无力扭转局势，气愤之下便请求退职还乡，最后竟病死在回乡的途中。

二是金蝉脱壳。

汉三年（前204）五月，刘邦困守荥阳，眼看就要被项羽攻陷。此时陈平献计，晚上从荥阳东门放出两千女子，趁楚军围捕她们之时，刘邦从荥阳西门逃出。不久后，刘邦收拾散兵，重新组织了队伍，东山再起。

陈平乃夜出女子二千人荥阳城东门，楚因击之，陈平乃与汉王从城西门夜出去。遂入关，收散兵复东。——《史记 · 陈丞相世家》

三是韩信封王。

汉四年（前203），韩信平定齐地，请封“假齐王”，以便镇守。刘邦大怒，幸有陈平在旁提醒，借此机会团结韩信，巩固反项统一战线。韩信得以被封齐王，刘邦也依靠韩信的力量取得了最后的胜利。

> 其明年，淮阴侯破齐，自立为齐王，使使言之汉王。汉王大怒而骂，陈平蹑汉王。汉王亦悟，乃厚遇齐使，使张子房卒立信为齐王。——**《史记·陈丞相世家》**

四是调虎离山。

高祖六年（前201），有人告发韩信谋反，陈平建议刘邦佯装游览云梦泽，并召集天下诸侯到陈地相会，借机诱捕韩信。

五是白登解围。

高祖七年（前200），匈奴南犯。三十二万汉军迎战，刘邦所率领的先头部队在平城白登山（今山西大同市东北）被匈奴的四十万骑兵围了七天七夜。当时粮断援绝，天寒地冻，情况万分危急。陈平献计，派使者游说单于阏氏，得以解围。不过此计的详情一直是个秘密，世人不得而知。

> 卒至平城，为匈奴所围，七日不得食。高帝用陈平奇计，使单于阏氏，围以得开。高帝既出，其计秘，世莫得闻。——**《史记·陈丞相世家》**

据《史记·匈奴列传》的记载，匈奴单于这次网开一面放行刘邦的原因有二：一是刘邦重礼收买单于阏氏。阏氏受贿之后对单于说：对我们匈奴而言，就是攻下了汉地，也无法长久居住，再说汉王也是有神灵保佑的君主。二是之前与单于约定联手对付刘邦的韩王信的部将未能如期而至，匈奴单于担心他和刘邦背地里有什么阴谋，于是，借阏氏之言顺水推舟，放了刘邦一条生路。

对这条解围之计，裴骃的《史记集解》引汉代学者桓谭《新论》，作出了一个另类的解答：陈平亲自拜见单于阏氏，对阏氏讲，汉朝有无数绝色美女，现在已经被紧急召集，准备献给单于，以求汉王平安。单于一定会欣喜不已，这样就会影响阏氏的地位。不如趁现在汉朝美女没有到，赶快放走汉王，我们也就不会再献什么美女了。单于阏氏毕竟是个妇人，听陈平这么一忽悠，肯定千方百计地游说单于放人。这样的“奇计”难登大雅之堂，所以一直保密，世人莫知。

《史记 · 陈丞相世家》中明确提到陈平一生“六出奇计”，然而我们从今本《史记》中却没有看到第六计，当然，这并不妨碍我们了解陈平的足智多谋。

就数他的阴招多

对于陈平为刘邦所献的计策，今人应当如何正确看待呢？这些计策到底应该算是“奇谋妙计”还是“阴谋诡计”呢？

高帝先至平城，步兵未尽到，冒顿纵精兵四十万骑围高帝于白登，七日，汉兵中外不得相救饷。匈奴骑，其西方尽白马，东方尽青駹马，北方尽乌骊马，南方尽骍马。高帝乃使使间厚遗阏氏，阏氏乃谓冒顿曰：『两主不相困。今得汉地，而单于终非能居之也。且汉王亦有神，单于察之。』冒顿与韩王信之将王黄、赵利期，而黄、利兵又不来，疑其与汉有谋，亦取阏氏之言，乃解围之一角。于是高帝令士皆持满傅矢外乡，从解角直出，竟与大军合，而冒顿遂引兵而去。——《史记·匈奴列传》

或云：『陈平为高帝解平城之围，则言其事秘，世莫得而闻也。此以工妙踔善，故藏隐不传焉。子能权知斯事否？』吾应之曰：『此策乃反薄陋拙恶，故隐而不泄。高帝见围七日，而陈平往说阏氏，阏氏言于单于而出之，以是知其所用说之事矣。彼陈平必言汉有好丽美女，为道其容貌天下无有，今困急，已驰使归迎取，欲进与单于，单于见此人，必大好爱之；爱之，则阏氏日以远疏，不如及其未到，令汉得脱去，去，亦不持女来矣。阏氏妇女，有妒媢之性，必憎恶而事去之。此说简而要，及得其用，则欲使神怪，故隐匿不泄也。』——《史记·陈丞相世家》

首先，我们来看“反间计”。反间计是从战国时期起便屡试不爽的计谋之一，齐国对燕国名将乐毅巧施反间计，秦国对赵国名将廉颇大施反间计，都取得了不错的效果。陈平在刘邦那里获得巨额资金支持，不被查账也不审计，他得以放手用钱去砸，收买人心散布谣言，效果都很到位。后来，陈平离间项羽与范增，其实没有什么技术含量，甚至还有漏洞。譬如项羽派去的使者岂能是饭桶？此等拙劣的反间计能够侥幸成功，只能说明楚使太笨，项羽太蠢，不能说明陈平此计是一“奇谋”。

其次，“金蝉脱壳”之计。陈平用两千女子换得刘邦顺利脱身，的确功不可没。但是别忘了，这里头还有一个更重要的人物：纪信。危难之中，纪信主动提出：舍身救主，假扮汉王随着两千女子东门出降，吸引了楚军上下的注意力，这才给刘邦制造出逃跑的机会。如果说陈平此计为“奇谋”，那么此奇谋的主要实施者其实是纪信。

再次，韩信封王。在刘邦怒不可遏的关键时刻，站出来谏言的其实有两个人，一位是陈平，另一位是张良，两个人都踩了刘邦的脚，还和他低声耳语。只不过，《史记 · 陈丞相世家》只记载了陈平一人。所以这块军功章，有陈平的一半，也有张良的一半。

从次，“调虎离山”之计确属陈平一人之谋。其中涉及两大核心问题：一是刘邦与开国功臣的关系；二是韩信是否谋反。陈平并没有对相关信息进行查证，只是一味迎合刘邦。因为没有真凭实据，刘邦只能把韩信放了，降为淮阴侯。可是，万一当时韩信真打算谋反，那刘邦此次南巡岂不是正中下怀？陈平这一招实在有漏洞。

不仅如此，唇亡齿寒，几位异姓诸侯王见韩信如此下场，再明白不过了，陈平此计最大的贻害就是导致其他异姓诸侯王人人自危。之后接踵而来的韩王信叛乱、陈豨叛乱、黥布叛乱、卢绾叛乱，无不是源于对刘邦的深深疑惧。这种疑惧的心理病有着极强的传染性，而且无药可治。它的主要制造者就是陈平。

最后，白登解围。如果如裴骃所说，陈平是利用了单于阏氏的自保之心，那么这一奇谋秘计实在难登大雅之堂。当然，《史记·匈奴列传》的分析也不无道理。

陈平处事机敏，脑子很好使，危急时刻总能迅速想出对策，但他也有一个致命的弱点：机变有余，深谋不足。刘邦病危时评价他说："陈平智有余，然难以独任"《史记·高祖本纪》。可见，刘邦对陈平这个人看得很清楚。

陈平也曾做过这样的自我评价："我多阴谋，是道家之所禁。吾世即废，亦已矣，终不能复起，以吾多阴祸也。"《史记·陈丞相世家》他自认为自己的奇谋不是正大光明的计谋，而是"阴谋"，当有"阴祸"，这种自我评价，也算有自知之明。

褒贬不一争议大

陈平一生屡献奇谋，但后世人一般都认为他诡计多端，圆滑世故。宋人洪迈在《容斋随笔》卷二《张良无后》中点评道："张良、陈平皆汉祖谋臣，良之为人，非平可比也。"洪迈撰，孔凡礼点校：《容斋随笔》卷二（中华书局2005年版）

两个人都是厥功至伟的谋士，为何说陈平的为人跟张良无法比呢？究其原因，一是“盗嫂受金”，二是为人圆滑，三是贪恋富贵。

陈平一生被人诟病之事很多，“盗嫂受金”一事尤为严重。我们应该如何看待这个问题呢？“受金”之事是陈平自己承认的。至于“盗嫂”之说，最早是出自《史记·陈丞相世家》，后来班固在《汉书·陈平传》中也做了相应的记载，后世流传甚广。那么，陈平“盗嫂”确有其事吗？

第一，司马迁对“盗嫂”一事持保留意见。

《史记·陈丞相世家》载：

绛侯、灌婴等咸谗陈平曰：“平虽美丈夫，如冠玉耳，其中未必有也。臣闻平居家时，盗其嫂；事魏不容，亡归楚；归楚不中，又亡归汉。今日大王尊官之，令护军。臣闻平受诸将金，金多者得善处，金少者得恶处。”

这里面有两个关键词值得注意：一是“绛侯、灌婴等咸谗陈平曰”的“谗”字；二是“臣闻平受诸将金，金多者得善处，金少者得恶处”数句中的“臣闻”二字。这样的遣词造句，显示出司马迁对此事持保留态度。

第二，周勃、灌婴并不了解陈平。

陈平是户牖乡（今河南原阳县东南）人，周勃是沛县（今江苏沛县）人，灌婴是睢阳（今河南商丘市南）人，彼此相隔较远，周勃、灌婴不可能了解陈平的个人历史。陈平参加反秦起义后在魏王咎、项羽手下任职，知名度不高，周勃、灌婴也不可能关注到陈平。然而，得知陈平一到汉军立即受到重用，周勃、灌婴马上据传闻告陈平“盗其嫂”。这明显有两人嫉妒的成分在。

第三，与史实记载不相符。

据《史记·陈丞相世家》记载，陈平的嫂子嫉恨陈平不管家里的生活，甚至说过“有这样的小叔子，不如没有”之类的话。陈平的大哥听说后，非常生气，就将妻子休了。

可见，陈平同这个嫂子之间一定不会有私情，否则，嫂子不至于说出如此刻薄的话。

那么，陈平有第二个嫂子吗？

《史记·陈丞相世家》记载，有钱人张负把自己的孙女嫁给了正在贫困中的陈平。出嫁之前，张负告诫自己的孙女：“毋以贫故，事人不谨。事兄伯如事父，事嫂如母。”“事嫂如母”一句，说明陈平有了第二个嫂子。裴骃《史记集解》对此的解释是：“兄伯已逐其妇，此嫂疑后娶也。”陈平的大哥确实再娶了一位妻子，她就是陈平的第二个嫂子。

那么，陈平与第二个嫂子的关系到底如何呢？其实稍加推敲可知。

第一，陈平的大哥对他寄予厚望，如果陈平与自己的妻子不明不白，他会毫无反应听之任之吗？还会一如既往地支持陈平吗？

第二，陈平的婚事曾遭到自己岳父的反对，理由是：“贫不事事，一县中尽笑其所为。”《史记·陈丞相世家》县里人嘲笑陈平家贫却不会为家里挣钱，而非个人私生活。如果陈平和其嫂有不明不白之事，一县之人嘲笑的肯定不是“贫不事事”，当地的“富人”也绝不会将自己的孙女往火坑里推，让她嫁给一个品行不端的家伙。

第三，陈平住所外“多有长者车辙”《史记·陈丞相世家》，这说明陈平平日里结交了不少当地有德行、有学问、有地位、有声望的人。“长者”们的到来反映了他们对陈平道德学问的肯定，如果陈平真有“盗嫂”行为，定会遭到“长者”们的唾弃。

第四，当刘邦听到周勃、灌婴的议论，质问陈平时，陈平坦言几度跳槽的经历，对收受贿赂的事情也供认不讳，唯独对“盗嫂”一事未做任何辩护。陈平不做辩解，有四种可能：一是此事纯属诬陷，无须辩解；二是陈平做了辩解，司马迁认为此事本来就是谗言，无须记载；三是刘邦认为“盗嫂”之事无关紧要，根本未问；四是刘邦问及此事，陈平默认。

综合各种情况，前两种情况的可能性较大。

陈平的人品为兄长器重，为“富人”寄予厚望，为“长者”充分肯定，这些事实都充分证明了“盗嫂”一事的荒谬。总之，陈平中饱私囊是事实，“盗嫂”之事则子虚乌有。

高祖六年（前201）十二月，刘邦首批封侯，决定封赏陈平。陈平婉拒道：我没有什么功劳。刘邦奇怪地问：我用先生的妙计战胜了敌人，这难道不是先生的功劳吗？陈平说：要不是魏无知，我怎么能见到皇上？刘邦十分感慨，说：你可真是不忘本啊！于是乎，魏无知得了赏赐，当然陈平的口袋也不会空着。

于是与平剖符，世世勿绝，为户牖侯。平辞曰：『此非臣之功也。』上曰：『吾用先生谋计，战胜克敌，非功而何？』平曰：『非魏无知，臣安得进？』上曰：『若子可谓不背本矣。』乃复赏魏无知。——《史记·陈丞相世家》

当“群臣争功，岁余不决”《汉书·萧何曹参传》之时，陈平推辞不受。不管是真情实意还是别有用心，能做到这个境界，已然是外人难以揣摩的了。

处事圆滑终伤己

陈平处事圆滑，善于迎合他人以求自保，这是他为人的又一大特点。

刘邦晚年时，对各位功臣的猜忌越来越厉害。陈平看在眼里盘算在心里，为求自保，他最终选择了迎合皇帝，从诱捕韩信到奉命击杀樊哙，他在刘邦面前表现得很乖巧，却不提醒刘邦这样做将会给汉帝国带来多大的风险。

惠帝即位七年后早夭，吕后担心儿子死后自己势孤力单，陈平主动谏言，让她任命两个侄子吕产、吕禄分别掌管京城南北二军。这么一来，吕后心中倒是有了安全感，但刘姓皇族的灭顶之灾也悄然而至。后来，他又违背刘邦晚年的“白马盟誓”，同意吕后大封诸吕为王，随后被升为右丞相。陈平的一切言行举止无不遵循着一个最高原则——自保。

陈平担任右丞相后，洞悉了吕后渴望集权的心态，以吃喝玩乐相迎合。吕后的妹妹吕媭因为当初陈平献计抓捕樊哙，一直耿耿于怀，多次说陈平的坏话。吕后并非唯陈平不用，只是自己的党羽中实在没有谁能像他一样有资历、有名声、有功劳、有水平。她骨子里并不希望陈平兢兢业业管理朝政，巴不得把一切权力集中在自己手中。陈平的表现也很明确：我陈平不是一个贪恋权力的人！我没什么大志向，这就是我想要的生活。可想而知，吕后必定大为宽心，因此吕媭多次谗言都无疾而终。

吕后下世，陈平、周勃这才联手灌婴、刘襄、刘章灭了吕后一族，共立刘邦的第四子代王刘恒为帝。然而，即便这次陈平拥立有功，但他之前迎合吕后的一系列行为给他带来了无法挽回的巨大影响。

作为汉初功臣，陈平一生仕于高祖、惠帝、文帝三朝，直至文帝前元二年（前178）去世，陈平是汉初重臣中为数不多的政坛不倒翁。历史上的不倒翁，大多有其过人之处，但是，政坛不倒翁在风谲云诡的变幻之中保持不败，一定要付出代价。得失之间，必然平衡。陈平在现实中的所得甚多，在历史上却所失甚多，人生的得失就这样获得了平衡。

高祖六年（前201）正月，刘邦进行了第二次大规模封侯。据《史记·高祖功臣侯者年表》记载，这次封侯竟多达十九人。这次大规模封侯合理吗？刘邦该怎么治理这个千疮百孔的国家呢？后来诸侯叛乱，匈奴进犯，刘邦怎样在一个旧河山上建立新帝国呢？他还会纳谏如流吗？他还会识人用人吗？他还能虚心进步吗？

请看：并峙双雄。

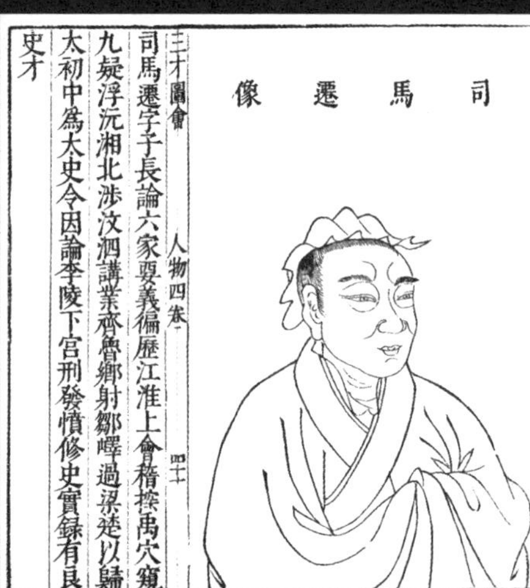

司馬遷像

司馬遷字子長論六家要義徧歷江淮上會稽探禹穴窺九疑浮沅湘北涉汶泗講業齊魯鄉射鄒嶧過梁楚以歸太初中爲太史令因論李陵下宮刑發憤修史實錄有良史才